DESCRIPTION

DU

ROYAUME THAI OU SIAM

LAGNY. — Imprimerie de VIALAT et Cie.

DESCRIPTION
DU
ROYAUME THAI OU SIAM

COMPRENANT

LA TOPOGRAPHIE, HISTOIRE NATURELLE, MOEURS ET COUTUMES,
LÉGISLATION, COMMERCE,
INDUSTRIE, LANGUE, LITTÉRATURE, RELIGION, ANNALES DES THAI
ET PRÉCIS HISTORIQUE DE LA MISSION.

AVEC CARTE ET GRAVURES

Par Mgr PALLEGOIX

Évêque de Mallos, vicaire apostolique de Siam.

TOME SECOND.

SE VEND
AU PROFIT DE LA MISSION DE SIAM, A PARIS

1854

DESCRIPTION
DU
ROYAUME DE SIAM

CHAPITRE SEIZIÈME.

HISTOIRE DE BOUDDHA.

Après la lecture du chapitre précédent, on aura pu se faire une idée de ce qu'on appelle Bouddha ; c'est un homme qui, après avoir passé par une série innombrable de générations, s'est élevé à un tel degré de science et de sainteté, qu'il devint le docteur de l'univers. Il prêcha la loi naturelle aux hommes pervers qui l'avaient oubliée, et il fut, pour ainsi dire, la lumière du monde pour un espace de quelques milliers d'années. Selon les bouddhistes, depuis la reconstruction de l'univers il y a eu déjà quatre bouddhas; le quatrième, qui est le bouddha actuel, s'appelle : *Phra-Khôdom* ou *Somana-Khôdom;* c'est celui dont nous allons esquisser l'histoire. Dans les livres sacrés des bouddhistes, on compte environ cinq cent cinquante générations ou histoires de Bouddha, qu'on dit avoir été racontées par lui-même; ce sont autant de contes ridicules qui représentent Bouddha tantôt comme *nagha* ou serpent, tantôt comme roi des éléphants blancs; il a été moineau, cigogne, singe, bœuf, tortue, cygne, lion, etc. Il a passé par les corps de toutes sortes d'animaux et surtout d'animaux blancs; mais toujours il a été à la tête de ceux de son espèce. Il a aussi été homme dans plusieurs de ses générations; il a été ange dans les différents degrés des cieux; il a même passé plusieurs milliers d'années dans les enfers; enfin il est né roi, et c'est dans cette condition qu'il est parvenu à la sainteté parfaite. Il n'y a que les dix dernières générations appelées *thotsaxàt*, qui soient vénérées comme canoniques. La dernière de ces dix s'appelle : *mahá-xat*, la grande génération. C'est une histoire très-touchante, divisée en treize livres, que les talapoins prêchent chaque année, de manière à faire couler les larmes de leurs auditeurs. Voici quel est le sujet de ce drame émouvant. Un roi de l'Inde avait un fils nommé *Vètsandon*, très-charitable et miséricordieux, au point qu'il donnait tout ce qu'on lui demandait. Il y avait dans le palais un éléphant blanc d'un grand mérite et qui avait la vertu d'attirer la pluie partout où il était. Or, les habitants d'un royaume voisin, éprouvant une grande sécheresse, vinrent trouver le prince *Vètsandon*, et lui demandèrent l'éléphant blanc. Celui-ci le leur ayant donné, le peuple se révolta, alla tumultueusement au palais et força le roi d'exiler son fils. Le prince, avec son épouse et ses deux petits enfants, chassés de la ville royale, se dirigèrent donc vers les forêts, au pied des monts Himalaya. Là, ayant bâti une cellule, *Vètsandon* menait une vie d'ermite, vivant de fruits sauvages et d'ignames, que son épouse allait chercher dans les bois. Dans ce temps-là, il y avait dans une ville de l'Inde un vieux brame, hideux et mal conformé, qui venait d'épouser une jeune femme coquette. Cette jeune femme, ne pouvant supporter les railleries des commères du marché, fit le tapage à son mari, exigeant qu'il lui procurât des domestiques. Le vieux *Xuxok* prit alors la détermination d'aller demander en aumône les enfants du prince. Après avoir traversé d'immenses forêts, il arriva enfin auprès de *Vètsandon*, dont l'épouse était absente. Le vieux brame, après avoir adoré le prince, lui demanda sans façon ses deux enfants, que le prince lui livra sur-le-champ. *Xuxok* leur lia les mains derrière le dos, et, le rotin à la main, emmena ces pauvres enfants, qui pleuraient et sanglottaient, les frappant et les accablant de paroles grossières. Lorsque leur mère fut de retour, quelle ne fut pas sa désolation en apprenant cette triste nouvelle ! Mais l'impassible *Vètsandon* parvint à calmer sa douleur. Afin que le prince acquît encore un plus grand mérite, le dieu Indra lui apparut sous la forme d'un brame, et, après avoir exalté son bon cœur, il lui demanda en aumône la reine *Massi*, son épouse. *Vètsandon* non seulement y consentit, mais encore, par des considérations philosophiques, il y fit consentir la princesse elle-même. Mais le dieu Indra, se contentant de leur bonne volonté, les combla de bénédictions et se retira. Cependant, quelqu'un ayant rencontré le vieux *Xuxok*, qui chassait devant lui les deux jeunes princes à coups de rotin courut en porter la nouvelle au roi et à la reine. Touché de compassion, le roi envoya bien vite racheter ses deux petits-fils au poids de l'or ; puis envoya des seigneurs de sa cour avec des chars, des éléphants et un brillant cortége, pour ramener de l'exil son fils *Vètsandon* et sa digne compagne la princesse *Massi*.

La dernière génération de Bouddha est contenue dans un livre appelé *Phra-Pathóm-som-Phôthijan*. Quoiqu'il y ait beaucoup de merveilleux dans cette histoire, on croit généralement que le fond en est vrai. D'après les calculs des bouddhistes, admis par la plupart des savants, *Phra-Khôdom* serait né dans une ville de l'Inde appelée *Kabillaphat*, environ l'an 543 avant Jésus-Christ. Voici comment on raconte sa naissance : *Phôthisat*, ou l'être auguste qui devait devenir bouddha, était alors dans les cieux appelés *Dusit*. Tous les habitants de ce lieu fortuné ayant entendu dire qu'un nouveau bouddha apparaîtrait bientôt parmi les hommes, s'assemblèrent autour de *Phôthisat* pour le féliciter et l'inviter à renaître sur la terre. Alors *Phôthisat* examina les circonstances qui devaient accompagner sa transmigration ; il choisit d'abord le lieu parmi les seize royaumes de l'Inde, et la ville de *Kabillaphat* fut jugée plus convenable qu'aucune autre, parce qu'elle était au centre. Après avoir déterminé le lieu, il choisit la condition royale, et le prince *Siri-Suthôt*, de la famille des *Sakkaja*, fut désigné comme devant être son père ; puis il jeta les yeux sur la glorieuse princesse *Mahá-Maja* pour être sa mère. Le moment étant arrivé, *Phôthisat* s'en alla, accompagné de tous les anges du *Dusit*, dans un jardin délicieux, où s'opéra sa transmigration.

En ce temps-là, on célébrait, pendant huit jours, les noces de la princesse *Mahá-Maja*, avec une grande magnificence dans la ville de *Kabillaphat*. La jeune reine distribua en aumône quatre cent mille pièces d'argent. Après avoir pris un bain parfumé, elle se retira dans ses appartements, et bientôt, s'étant endormie, elle eut le songe suivant : il lui semblait être transportée dans une région enchantée des monts Himalaya ; devant elle s'élevait une montagne d'argent, au sommet de laquelle se tenait un jeune éléphant blanc, d'une beauté extraordinaire. Bientôt elle le vit descendre de la montagne en jouant avec sa trompe, et faisant retentir l'air de ses cris majestueux. Enfin, il arriva jusqu'à la reine, et pénétra dans son sein d'une manière merveilleuse. Le lendemain, quand elle fut réveillée, *Mahá-Maja* raconta son rêve à son époux, qui, sur-le-champ, convoqua les docteurs et les astrologues pour en connaître le sens. Ceux-ci dirent au roi : Prince, soyez tranquille, ce songe annonce que la reine est enceinte d'un garçon, qui parviendra à la sublime dignité de bouddha.

Lorsque le temps d'accoucher approchait, la reine voulut aller passer quelques jours dans un parc où elle enfanta Bouddha en se tenant aux branches d'un arbre appelé *mai-rang*. Le même jour, naquirent plus de cinq cents enfants destinés au service de Bouddha. Ce jour-là aussi cent mille mondes tressaillirent de joie et tremblèrent pour célébrer la naissance du jeune prince. Mais, sept jours après, sa mère *Mahá-Maja*, par une fatalité commune à toutes les mères des bouddhas, termina sa vie, et alla renaître dans un des cieux. On dit que, n'étant encore qu'un faible enfant, connu sous le nom de *Sithat-raxa-Kuman*, le jeune Bouddha éleva la main vers le ciel et proféra ces paroles : De tous les êtres qui sont sur la terre et dans les cieux, c'est moi qui suis le plus auguste et le plus précieux. On dit aussi que ses gouvernantes, l'ayant placé près d'un arbre, l'ombre ne quitta pas l'enfant de toute la journée, ce qu'ayant appris son père, il vint pour être témoin de ce prodige, se prosterna devant son fils et chanta ses louanges.

Quand le jeune prince eut atteint l'âge de seize ans, son père le maria avec une princesse nommée *Phimpha* dont il eut un fils appelé *Rahún*. Cependant Indra, roi des anges, ménagea au prince diverses visions extraordinaires pour le dégoûter du monde. Pendant ses promenades au jardin du roi, il lui semblait voir des vieillards décrépits, à face hideuse, des lépreux, des gens couverts de plaies, des enfants qui se lamentaient en se roulant dans l'ordure, des moribonds luttant avec la mort et mille autres imaginations semblables. Son père, le voyant triste et rêveur, tâchait de le distraire par des fêtes et des jeux, et confirmé dans ses soupçons par un rêve qu'il avait eu, il aposta des gardes à toutes les portes du palais et de la ville, avec ordre de veiller à ce que son fils ne sortît pas ; mais ce fut en vain ; le prince avait pris la résolution de s'enfuir dans les bois, et de renoncer tout à fait à son épouse, à son palais et à la couronne. Une nuit donc, il se lève, va réveiller son écuyer, et tous les deux, sortis du palais, se dirigent vers une porte de la ville ; les gardes étaient endormis, il n'eût pas été prudent de les réveiller. En ce moment le puissant Indra vint à son secours. Quatre de ses anges saisirent chacun une patte du cheval, et l'élevant dans les airs avec le cavalier, le firent passer par dessus la porte. Dès que le prince *Sithat* eut gagné les forêts, il renvoya à la ville son cheval avec son écuyer, et s'enfonçant dans les bois, il vint fixer sa résidence au pied d'un grand arbre sacré appelé *mahá-phot* (espèce de peuplier d'Inde à larges feuilles). Là, le roi des anges Indra lui rasa la chevelure, le revêtit d'habits jaunes et l'ordonna bonze ou *somana*, d'où lui vint le nom de *Somana-Khôdom*. (*Khôdom* ou *Khôtama* était le nom de famille ou dynastie de ce prince.) On l'appela aussi *Sakkaja-muni*, parce qu'il descendait de la dynastie des *Sakkaja*. Il passa six ans dans cette solitude, menant une vie très-austère, et s'appliquant uniquement à la contemplation ; après quoi il alla voir et entendre des docteurs célèbres ; mais, s'apercevant qu'il en savait beaucoup plus qu'eux, il les abandonna les uns après les autres. Cependant la vie austère qu'il menait l'avait fait maigrir, au point qu'il ne se sentait plus de forces ; après de mûres réflexions, il sentit que ce n'était pas là la voie de la sagesse. Il renonça donc à ses austérités, se baigna, prit de la nourriture, et bientôt il recouvra ses forces. Son esprit devint parfaitement lumineux, il se rappela toutes ses générations passées et toutes celles des autres hommes, en un mot, il acquit la science parfaite et parvint à la sainteté de bouddha. Pendant qu'il était encore assis au pied de l'arbre *mahá-phôt*, le roi *Phajaman*, jaloux de la gloire à laquelle il voyait s'élever *Somana-Khôdom*, lui envoya ses trois filles pour le tenter et le détourner de la contemplation. Ces trois princesses employèrent toutes sortes de ruses pour venir à bout de leur dessein. Elles faisaient à *Phra-Khôdom* les peintures les plus séduisantes du monde et de ses plaisirs ; elles tâchaient de captiver son attention par des paroles douces et tendres, par des chants mélodieux et même par des gestes lascifs ; mais elles ne purent rien obtenir ; *Somana-Khôdom* resta inébranlable comme un rocher battu par les vagues de la mer. Quand *Phajaman* apprit le mauvais succès de ses filles, il entra dans une grande colère et, convoquant les cent mille géants qu'il avait sous ses ordres, il vint lui-même avec son armée attaquer *Phra-Khô-*

dom. Il fit pleuvoir sur lui des nuées de traits et de flèches qui, se changeant en fleurs, venaient faire comme un rempart autour du saint. Cependant l'ange, déesse de la terre, ne put pas supporter une pareille iniquité, elle entr'ouvrit la terre, et tordant sa longue chevelure, elle en fit sortir des eaux si abondantes qu'elles causèrent une inondation capable de noyer *Phajaman* et ses cent mille géants, lesquels ne purent échapper que par une fuite précipitée. Il faut savoir que chaque fois qu'on fait un acte méritoire, on répand de l'eau sur la terre, en la prenant à témoin de la bonne œuvre qu'on fait. Or, les eaux, que Bouddha avait répandues en témoignage de ses bonnes œuvres pendant ses innombrables générations, formaient comme une mer. L'ange de la terre les avait rassemblées dans sa chevelure, pour venir au secours de *Somana-Khôdom*. Cependant la renommée répandait partout le bruit de la sainteté de Bouddha, on accourait de tous côtés pour l'adorer; un trône haut de plusieurs toises s'était élevé de lui-même sous la *mahá-phôt;* Bouddha y était assis, les jambes croisées, recevant les hommages de la multitude. Alors Indra et les anges vinrent l'inviter à prêcher. *Phra-Khôdom* se rendit à leurs désirs et se mit à parcourir les bourgades et les villes, prêchant sa doctrine partout où il était invité. Une foule de disciples s'attachèrent à lui; bientôt il en compta jusqu'à cinq cents, parmi lesquels on distinguait plusieurs princes. Il paraît que *Somana-Khôdom* parcourut les principales villes de l'Inde, accompagné de ses cinq cents disciples dont les quatre plus fameux sont: le prince *Thevathat*, son beau-frère, qui devint son rival; *Sáribut*, *Môkhala*, et *Anon* avec qui il était très-familier. Les rois lui construisirent plusieurs monastères fameux; il séjourna assez longtemps dans les environs de *Pharanasi*, aujourd'hui Bénarès.

Un jour, se souvenant de sa mère, il eut envie de monter au ciel pour la prêcher. Comprenant ses désirs, Indra envoya ses anges disposer une échelle d'or par le moyen de laquelle le saint arriva au *Davadûng*. Des millions de millions d'anges y descendirent des cieux supérieurs et profitèrent si bien des prédications de Bouddha que plusieurs millions d'entre eux parvinrent à la sainteté parfaite, c'est-à-dire au *niphan* ou anéantissement. Quant à sa mère, elle fut tellement occupée à contempler les traits chéris de son glorieux fils, qu'elle perdit tout le fruit des sermons. Les anges reconduisirent Bouddha sur la terre en faisant pleuvoir des *montha* ou fleurs célestes qui répandaient des parfums délicieux à dix lieues à la ronde.

Les brames voyant glorifier Bouddha, en conçurent une grande jalousie. Chaque fois qu'on venait entendre les sermons de *Phra-Khôdom*, on lui offrait des fleurs en telle abondance, qu'elles formaient un grand monceau à côté de la salle de prédication. Les brames ayant tué une jeune fille, l'enfouirent secrètement sous ces fleurs. Au bout d'un jour ou deux, tandis qu'il y avait affluence d'auditeurs, on se demandait les uns aux autres d'où pouvait venir une certaine odeur cadavéreuse; on fit des perquisitions et, quand on eut découvert le cadavre, des brames apostés s'écrièrent que c'était une jeune fille dont *Phra-Khôdom* avait abusé. La plupart ajoutèrent foi à cette calomnie et désertèrent le parti du saint, tandis que d'autres, attribuant la chose à la malice de ses ennemis, lui demeurèrent fidèles. Les brames, voyant que leur succès n'avait pas été complet, imaginèrent une autre ruse; ils engagèrent une jeune et belle femme de leur secte à feindre qu'elle était convertie au bouddhisme.

Pendant plusieurs mois elle fut donc très-assidue aux sermons de *Phra-Khôdom* et lui faisait tous les jours des offrandes. Enfin, on s'aperçut qu'elle était enceinte; et comme de jour en jour cette femme affectait de montrer sa grossesse, le bruit courut bien vite que le saint avait eu commerce avec elle. Un jour qu'il y avait grande affluence, elle-même eut l'impudence de déclarer la chose comme telle devant toute l'assemblée; mais Indra, métamorphosé en rat, s'introduisit dans les habits de cette femme, coupa tous les cordons qui retenaient un assemblage d'étoffes qui tombèrent à terre, et tout le monde vit que c'était une grossesse factice, et l'impudente femme fut chassée, avec des huées, au milieu de l'indignation universelle.

Une certaine famille de brames feignit de se convertir au bouddhisme et invita *Phra-Khôdom* à venir prêcher chez elle; dans la partie inférieure de la maison, on plaça un énorme réchaud plein de charbons ardents, et la chaire qu'on avait préparée pour le prédicateur avait un fond à bascule arrangé de manière à le faire tomber dans le feu. *Phra-Khôdom* monta donc dans cette chaire, et à peine avait-il commencé son sermon que le plancher lui manqua sous les pieds;

mais à l'instant les charbons ardents furent convertis en un monceau de fleurs de nymphéa où le saint se trouva assis fort mollement, et ce miracle opéra la conversion de la famille. De leur côté les partisans de Bouddha voulurent rendre la pareille aux brames. Ils invitèrent donc leur plus fameux docteur à venir les prêcher, et pendant son sermon, au moyen d'une bascule, ils firent tomber le docteur dans une fosse d'aisances d'où le pauvre diable eut bien de la peine à sortir et se retira tout confus et dans le plus triste état, au milieu des risées d'une joyeuse assemblée.

Phra-Khôdom était doué d'une éloquence persuasive et entraînante. Un jour, on vint lui annoncer que plusieurs princes étaient en guerre les uns contre les autres. De chaque côté on avait levé une armée formidable et on était sur le point d'en venir aux mains, lorsque *Phra-Khôdom* accourut au milieu d'eux, et ayant convoqué tous ces petits rois autour de lui, il leur fit une prédication si éloquente, qu'ils firent la paix, se jurèrent amitié, et chacun s'en retourna joyeusement chez soi en célébrant les louanges de Bouddha.

Un jour que *Somana-Khôdom* était en méditation dans son monastère, le roi de la contrée vint le visiter en lui annonçant qu'il allait, avec son armée, donner la chasse à un terrible brigand appelé *Ong-Kuliman*. Ce brigand, ou plutôt ce monstre, était un brame qui, s'étant adressé un jour à un docteur d'une certaine secte abominable, lui avait demandé : Maître, que faut-il que je fasse pour aller au ciel? Le docteur lui répondit : Il vous faut aller dans les bois et massacrer les voyageurs que vous rencontrerez. Quand vous en aurez tué cinq cents, vous êtes sûr d'aller au ciel. Ce misérable suivit l'avis de son maître, il se mit à commettre des meurtres, et à chaque victime qu'il avait faite, il coupait un doigt qu'il portait à son cou en forme de collier, afin de ne pas se tromper sur le nombre des personnes qu'il avait tuées, d'où lui vint le nom de *Ong-Kuliman*. Il était devenu la terreur de tout le pays et, à l'époque où le roi vint trouver *Phra-Khôdom,* il avait déjà son collier composé de quatre cent quatre-vingt-dix-neuf doigts. Avant de répondre au roi, le saint entra quelque temps en contemplation, puis il dit : Sire, retournez à votre palais, n'envoyez pas vos soldats pour chasser cet homme-là, car je vois qu'il va se convertir et devenir un saint; je me charge de l'amener dans mon monastère et de l'ordonner bonze. En effet, *Phra-Khôdom* s'en alla seul dans la forêt, où le terrible *Ong-Kuliman* attendait les passants. Dès que le brigand le vit, il courut sur lui, avec ardeur, tenant le sabre levé, comptant bien compléter le nombre de ses victimes. Quant à *Phra-Khôdom*, il marchait d'un pas grave et majestueux, sans faire attention au brigand qui le poursuivait à toutes jambes. Au bout de quelque temps, *Ong-Kuliman* le voyant toujours à la même distance, se mit à lui crier : Qui es-tu donc? es-tu un homme, un ange ou un démon? car, malgré que je coure de toutes mes forces, je vois que je ne puis pas t'attraper. *Phra-Khôdom* lui répondit : Quand même tu volerais plus vite qu'un oiseau, tu ne pourras jamais m'atteindre. Le brigand le poursuivit jusqu'à perdre haleine et il tomba enfin exténué de fatigue, en priant *Phra-Khôdom* de s'arrêter, s'avouant vaincu et levant les mains pour saluer le saint avec le plus profond respect. Alors *Phra-Khôdom* lui fit un sermon qui le convertit sur-le-champ; il l'emmena, doux comme un agneau, dans son monastère, où il lui donna les habits de bonze comme il l'avait prédit.

Thevathat, beau-frère de *Somana-Khôdom*, se

fit son disciple avec plusieurs autres princes. Or, il arriva, qu'étant allé avec son maître dans une certaine ville, les habitants, qui apportaient tous les jours des présents, ne lui en faisaient jamais, ce dont il fut extrêmement indigné. Est-ce, disait-il, que je ne suis pas bonze comme les autres? Est-ce que je ne suis pas du sang royal comme eux? Il résolut donc sur-le-champ de quitter *Phra-Khôdom* et de s'attirer des disciples. Il y avait dans la ville de *Phimphisán*, un roi pieux, dont le fils était encore jeune. *Thevathat* songea à aller séduire ce jeune prince pour se servir de lui dans ses mauvais desseins. Il l'alla trouver, en reçut de grands présents et, enflé d'orgueil, il vint proposer à *Phra-Khôdom* de l'établir maître et chef de tous ses disciples : Car, dit-il, vous êtes déjà dans un âge avancé et il convient que vous vous retiriez pour passer en paix le reste de vos jours. *Somana-Khôdom* rejeta la demande impertinente de *Thevathat*; celui-ci, outré de dépit, alla trouver le jeune prince *Axata-Sattru* et lui persuada de se défaire de son père pour monter plus vite sur le trône. Le prince suivit ce conseil inique, s'empara du trône et donna à *Thevathat* cinq cents hommes armés de flèches, pour aller tuer *Somana-Khôdom*. Ils le trouvèrent qui se promenait au pied d'une montagne; mais sa seule vue leur imprima tant de respect, qu'aucun n'osa lâcher une flèche, et ils s'en revinrent chez eux. *Thevathat*, furieux, s'en alla lui-même sur la montagne et se mit à rouler des rochers, à dessein d'écraser *Phra-Khôdom*. Cependant le saint se disait à lui-même : Quel crime ai-je donc commis pour être ainsi persécuté? En s'examinant, il se rappela qu'un jour, dans une de ses générations, étant ivre, il avait atteint un talapoin d'une petite pierre qui lui avait fait sortir une goutte de sang, en conséquence, il voulut bien être atteint au pied par un éclat de rocher qui en fit sortir du sang autant qu'une mouche peut en sucer.

Thevathat singeait toutes les manières de *Phra-Khôdom*, il était parvenu à rassembler autour de lui cinq cents disciples. Un jour *Phra-Khôdom* envoya *Môkala* et *Sáribut* pour les lui enlever. *Thevathat*, les voyant venir, s'imagina qu'ils avaient comme lui quitté leur maître. Il leur dit d'un air content : Je sais que quand vous étiez avec *Somana-Khôdom*, il vous traitait comme ses deux favoris, et il vous faisait asseoir l'un à sa droite et l'autre à sa gauche; venez, mes amis, je vous traiterai avec la même distinction. Pour mieux couvrir leur dessein, les deux envoyés s'assirent à ses côtés; mais *Thevathat* étant allé dormir, *Sáribut* se mit à prêcher, et après son sermon ces cinq cents talapoins parvinrent à la sainteté d'anges, s'élevèrent en l'air avec les deux envoyés de *Phra-Khôdom* et disparurent.

Un jour *Somana-Khôdom*, prêchant à ses disciples, leur raconta des histoires de *Thevathat*. Une fois, dit-il, j'étais cigogne et lui était lion; en mangeant de la viande, il voulut avaler un os qui lui resta au gosier. Il me pria de venir à son secours et j'eus compassion de lui. J'entrai donc dans sa gueule et lui ôtai cet os avec mon bec. Comme je lui demandais la récompense qu'il m'avait promise, il me répondit que c'était bien assez de m'avoir laissé sortir sain et sauf de sa gueule.

Après cela, *Somana-Khôdom* alla dans la ville de *Savati*, et *Thevathat* étant tombé malade, désira rentrer en grâce avec son ancien maître. Ses disciples, l'ayant mis sur une claie, se mirent en chemin pour le porter au monastère de *Savati*. Comme ils approchaient, les disciples de *Somana-Khôdom* coururent l'avertir que *Thevathat* venait pour le voir : Je sais qu'il vient, leur dit-il; mais il ne me verra pas. Quand *Thevathat* fut à une demi-lieue de la ville, les disciples de *Pra-Khôdom* vinrent l'annoncer à leur maître : Je le sais, répondit-il, cependant il ne me verra pas. Lorsque *Thevathat* fut arrivé tout près du lieu où était *Somana-Khôdom*, les talapoins vinrent encore lui dire qu'il était tout près : Quelque près qu'il soit, dit-il, il ne me verra pas. Les disciples de *Thevathat* l'ayant déposé à terre, quant il voulut se mettre à marcher, ses pieds s'enfoncèrent dans la terre, qui l'absorba peu à peu jusqu'au cou. Se voyant en cet état, il commença à se recommander à *Somana-Khôdom*, il s'humilia, reconnut ses torts et en demanda pardon, exaltant et glorifiant les mérites et les vertus de *Phra-Khôdom*. La terre engloutit donc *Thevathat* qui descendit jusqu'au grand enfer *Avichi*, où son corps, haut de huit mille toises, est empalé dans trois grandes broches de fer et brûlé au milieu des flammes. Il est debout sans pouvoir se coucher ni se remuer, et souffrira ces horribles supplices pendant cent mille *kab,* après quoi il reviendra sur la terre et deviendra bouddha.

Somana-Khôdom, parvenu à l'âge de quatre-vingts ans, mangea de la chair de porc qui avait été empoisonnée par *Phajaman*. Il en éprouva un flux de sang et, s'étant rendu avec ses disciples jusqu'au jardin royal, aux environs de la ville *Kôsinarai*, il se coucha sur une table de marbre et demanda de l'eau à boire; mais avant qu'on eût pu lui en apporter, il expira le mercredi, la quinzième lune du sixième mois de l'année du Petit-Dragon. D'après sa recommandation, ses disciples firent sa statue que les bouddhistes multiplient partout avec un grand zèle. Les gens instruits regardent les *Phutharup* ou idoles de Bouddha comme une simple image qui en rappelle le souvenir; mais le peuple est persuadé que ces statues ont une vertu surnaturelle et presque divine.

Quand les différents petits royaumes de l'Inde apprirent la mort de Bouddha, il se fit un concours immense; les funérailles se célébrèrent avec une magnificence inouïe, et, après la combustion de son corps, les rois indiens se partagèrent ses reliques, qu'ils emportèrent dans des urnes d'or. Indra, roi des anges, prit sa chevelure et une de ses dents, qu'il porta au *Davadûng* et qu'il déposa dans une superbe pyramide pour être l'objet de la vénération des anges habitant les différents ordres des cieux.

Statue de Buddha.

CHAPITRE DIX-SEPTIÈME.

DES PHRA OU TALAPOINS.

Les bonzes, ou prêtres bouddhistes à Siam, s'appellent *phra* (grands). Les Européens les ont appelés talapoins, probablement du nom de l'éventail qu'ils tiennent à la main, lequel s'appelle *talapat* (qui signifie feuille de palmier). Les talapoins sont des moines qui vivent dans des couvents ou monastères, sous la direction d'un abbé appelé *chàovat*. Dans les campagnes, un couvent ne contient guère que dix ou douze talapoins; mais dans les villes et dans la capitale, il en contient depuis cent jusqu'à six cents. On évalue à environ dix mille le nombre des talapoins à *Bangkok* seulement; et dans tout le royaume, à plus de cent mille.

Le costume d'un talapoin consiste en un langouti jaune, une ceinture, un manteau et une écharpe de la même couleur. Il doit toujours avoir la tête et les sourcils rasés, et tenir sur les hanches une grosse marmite de fer contenue dans une besace passée en sautoir. Il tient aussi devant ses yeux un éventail de feuilles de palmier, de manière à ce que sa vue ne s'étende pas au-delà de quatre coudées.

Quand quelqu'un veut se faire talapoin, on l'habille tout en blanc; il descend dans une grande barque avec ses parents et ses amis; on joue des instruments de musique; la barque est chargée d'offrandes pour la pagode; elle est précédée, accompagnée et suivie d'une foule d'autres barques, qui font retentir l'air de leurs joyeuses chansons. Quand cette foule est arrivée à la pagode, le récipiendaire est introduit dans la salle des cérémonies où sont rassemblés dix ou douze *phra*, requis pour l'ordination. Celui qui est chargé de la faire, s'appelle *upaxa*; il est assis sur un tapis, au fond de la salle, ayant ses douze confrères partagés à droite et à gauche. Le candidat est présenté par un talapoin, qui a le titre de lecteur; celui-ci dit

Talapoin en méditation.

à haute voix : Je vous présente cet homme qui demande à être ordonné *phra*. Le candidat s'avance sur ses genoux, salue trois fois, et, joignant les mains jusqu'au front, il s'adresse au chef de l'assemblée, en disant : Vénérable président, je vous reconnais pour mon *upaxa* (celui qui ordonne). Après quoi, on le fait reculer de douze coudées. Alors le lecteur lui dit : Candidat, je vais te faire plusieurs questions, auxquelles il faut répondre en toute vérité. Es-tu attaqué de la lèpre? Le candidat répond : *Phante*, seigneur, je n'ai pas la lèpre. — Es-tu sujet à la folie? — *Phante*, non, seigneur. — Les magiciens ont-ils jeté un sort sur toi ? — *Phante*, seigneur, non. — Es-tu du sexe masculin? — *Phante*, oui, seigneur. — Es-tu endetté ? — *Phante*, non, seigneur. — Es-tu esclave ou fugitif? — *Phante*, non, seigneur. — As-tu le consentement de tes parents?—*Phante*, oui, seigneur. — As-tu atteint l'âge de vingt ans? — *Phante*, oui, seigneur. — As-tu le langouti, la ceinture, le manteau et l'écharpe jaunes, avec la marmite? — *Phante*, oui, seigneur. Après ces interrogations, on lui dit d'approcher ; il avance sur ses genoux, salue de nouveau, et, tenant les mains jointes, il dit : O père bienfaiteur! je demande d'être admis à la dignité de *phra*, ayez pitié de moi, tirez-moi de l'état de laïque, pour me faire entrer dans la condition parfaite des *phra*: ce qu'il répète jusqu'à trois fois. Alors, le talapoin lecteur dit à haute voix : Mes frères ! si quelqu'un a des raisons pour s'opposer à l'ordination du candidat, il n'a qu'à parler ; et, après une pause d'un moment, il ajoute : Puisque tout le monde garde le silence, c'est une preuve de consentement, ainsi, la chose est faite. On apporte un livre où l'on inscrit le nom du candidat, l'heure, le jour et l'année de l'ordination. Pendant ce temps-là, le nouveau *phra* quitte ses habits blancs, et se revêt de l'habillement jaune au complet. On lui met un éventail à la main et une marmite sous le bras ; ensuite, le talapoin lecteur lui adresse encore la parole : Maintenant que vous avez reçu la dignité de *phra*, je dois vous instruire de vos devoirs, et vous indiquer les péchés que vous devez éviter ; un *phra* doit aller chaque jour recevoir l'aumône ; il doit porter toujours l'habillement jaune ; il doit habiter dans sa pagode, et non pas dans les maisons des laïques ; il doit s'abstenir des plaisirs charnels, du mensonge, du vol et du meurtre des animaux.

Celui qui est initié au talapouinat est obligé de

rester au moins trois mois dans le monastère ; après cet intervalle de temps, il peut abandonner son état, et reprendre l'habit séculier, et si, dans la suite, il veut rentrer à la pagode, l'ordination se fait comme pour la première fois. Bien des gens ne gardent l'habit jaune qu'un an ou deux, et même quelques mois seulement, après quoi ils se marient, ce qui est contraire à l'institution primitive de Bouddha ; les anciens talapoins ne défroquaient pas, et gardaient l'habit jaune jusqu'au moment de mourir. Les talapoins doivent quitter cet habit sacré avant de rendre le dernier soupir ; selon leur croyance, ce serait un crime digne de l'enfer que d'expirer dans ce saint accoutrement.

Les talapoins ont une sorte de hiérarchie qu'ils observent très-fidèlement. La première dignité parmi eux, s'appelle *sangkharàt*, qui veut dire : roi des cénobites. Le *sangkharàt* est nommé par le roi ; il a la juridiction sur tous les talapoins et toutes les pagodes du royaume ; mais on ne voit pas qu'il l'exerce en aucune manière. Toute son autorité se réduit à faire de temps en temps des rapports au roi, touchant les matières religieuses, et à présider toutes les assemblées des chefs de pagode, quand le roi les convoque pour traiter ou juger certaines affaires religieuses, ou concernant les talapoins. Après le *sangkharàt*, viennent les grands abbés des monastères royaux, qui ont le titre de *somdet-chào* et de *raxakhana,* termes qui signifient les princes des talapoins ; c'est encore le roi qui les nomme et les installe, car il est le chef suprême de la religion, et parmi ses titres, il prend toujours celui de protecteur et conservateur de la secte de Bouddha. Chaque abbé est maître dans son monastère ; il a sous lui un grand vicaire, appelé *chào-khun-balat,* et un grand secrétaire, appelé *chào-khun-samu.* Viennent ensuite les simples talapoins, qui ont encore au dessous d'eux les *nen* ou *samanen* ; ce sont des disciples ou postulants, qui, n'ayant pas encore atteint l'âge de vingt ans, portent cependant l'habit jaune, et font, pour ainsi dire, leur noviciat. Ces *nen* ne sont tenus qu'aux huit commandements, c'est-à-dire aux cinq commandements généraux, qui sont communs aux laïques, et à trois autres que voici : Ne pas manger depuis midi jusqu'à l'aurore du jour suivant ; ne pas savourer le parfum des fleurs, et ne pas en porter sur soi ; ne pas s'asseoir sur des matelas ou sur des siéges qui auraient plus de douze pouces de haut.

Tout l'ordre des hauts talapoins est soumis à l'autorité d'un prince que le roi a établi pour veiller à leur bonne conduite : ce prince a sous ses ordres un certain nombre de commissaires, appelés *sangkhari*, qui ont droit de saisir et d'amener les délinquants à son tribunal ; là, on les dépouille de leur habit jaune, on leur administre du rotin et on les envoie en prison ou bien aux travaux forcés, selon la gravité des crimes dont ils se sont rendus coupables.

Pendant trois mois de l'année, c'est-à-dire pendant la saison des pluies, les talapoins doivent demeurer dans leur monastère respectif; tout le reste de l'année, ils sont libres de passer d'un monastère dans un autre, d'entreprendre de longs voyages et même d'aller errer à leur fantaisie dans les bois et dans les contrées les plus éloignées du royaume. Ils savent très-bien profiter de cette liberté ; partout on ne rencontre que ces talapoins vagabonds qui voyagent pour se divertir, pour chercher des plantes ou des racines médicinales, ou des minerais d'or ou d'argent ; car un grand nombre d'entre eux s'adonnent à l'alchimie ou à la médecine, quoique leur règle le leur défende absolument.

Voici la vie que mènent les talapoins : au chant du coq ils font sonner leur cloche ou battre le tambour, sans doute pour donner le signal aux femmes de cuire le riz. Ils éveillent leurs *luksit* ou écoliers, et les envoient préparer la barque. Pendant ce temps-là, ils prennent un bain, font leur toilette et vont réciter, en commun, dans le temple, quelques prières en langue bali ; puis ils descendent en barque et vont s'arrêter un instant devant toutes les boutiques ou les maisons où les femmes, prosternées, les mains jointes, les saluent et mettent dans leur marmite une grosse cuillerée de riz, du poisson, des légumes, des fruits et des gâteaux. Quand ils ont fait leur tournée, et que la grosse marmite est pleine, ils reviennent au monastère, mettent de côté ce qu'il leur plaît de garder pour eux, et livrent le reste aux *luksit*. Après avoir fait leur repas, ils fument, boivent le thé, causent ensemble ou bien vont se promener. Ils reçoivent des visites et des présents presque tout le long du jour. Ils lisent aussi un peu, étudient quelques livres balis ou apprennent à lire et à écrire à leurs écoliers. Mais, pour juger du soin qu'ils y mettent, il suffit de savoir que sur dix de ces *luksit*, qui passent sept à huit ans à la pagode,

c'est au plus s'il s'en trouve un qui sache lire et écrire correctement quand il sort du monastère.
A onze heures ou onze heures et demie, le talapoin fait son second repas, qui doit finir un peu avant midi juste, et depuis ce moment, il doit s'abstenir de nourriture jusqu'au jour suivant. Il y a cependant huit choses qu'il peut prendre dans l'intervalle sans rompre son jeûne, comme du thé sucré, de l'eau de coco, du sucre de palmier, etc. On invite souvent les talapoins à aller prêcher dans les maisons particulières ; mais ceux qui les invitent doivent préparer d'avance une foule de choses à offrir, et qui sont étalées dans la salle. On y voit une multitude de coupes à pied de diverses grandeurs ; dans l'une il y a quatre-vingts ticaux, dans l'autre des étoffes de coton ou de soie jaune ; il y en a qui contiennent l'arec et le bétel ou du tabac, des paquets de thé, du sucre candi, des cierges, du riz, du poisson sec et toutes sortes de provisions, au point que cet étalage ressemble presque à un marché. Après le sermon, tous ces objets sont transportés avec empressement dans la barque du prédicateur. Pendant la saison des pluies les talapoins se réunissent la nuit dans le temple où est l'idole de Bouddha. Là, ils récitent tous ensemble

leur office en bali, ce qui dure plus d'une heure. Ces prières nocturnes ne sont pas autre chose que les louanges emphatiques de Bouddha.

La règle des talapoins est contenue dans les livres intitulés : *Phra-Vinai*, qui, pour la plupart, sont de longs commentaires de cette règle ; mais les deux cent vingt-sept articles que doivent observer les talapoins sont exposés dans un seul volume, appelé *Patimôk*. Cette règle est si sévère et si minutieuse, qu'il est impossible aux *phra* de l'observer tout entière et avec fidélité. Elle donne une grande idée du détachement, de la mortification, de la patience et des autres vertus morales de Bouddha qui en est l'auteur. Je me contenterai ici d'indiquer les points les plus saillants de cette fameuse règle.

O phikhu! (ô *mendiants!* nom que Bouddha donne à ses disciples) vous ne tuerez point les animaux et vous ne les frapperez pas.

Ne dérobez pas ce qui appartient à autrui.

Abstenez-vous des plaisirs charnels.

Ne vous attribuez pas vos mérites et ne tirez pas vanité de votre sainteté.

Ne cultivez point la terre de peur de tuer quelque ver ou autre insecte.

Ne coupez pas les arbres parce qu'ils sont doués de vie.

Ne buvez pas de liqueur distillée, ni vin, ni aucune boisson enivrante.

Ne prenez point de nourriture quelconque après midi.

N'allez pas voir les comédies; n'écoutez pas les concerts d'instruments.

Abstenez-vous des parfums et des eaux de senteur.

Ne vous asseyez pas dans un lieu de plus de douze pouces de haut.

Ne touchez ni or ni argent.

Ne vous entretenez pas de choses futiles.

Ne portez point de fleurs à vos oreilles.

Passez à travers un linge l'eau que vous voulez boire, de peur qu'il ne s'y trouve des animalcules.

Quand vous irez faire vos nécessités, portez de l'eau pour vous laver.

N'empruntez rien des laïques.

N'ayez avec vous ni couteau, ni lance, ni épée, ni aucune espèce d'armes.

Ne faites pas d'excès dans le manger.

Ne dormez pas au delà du nécessaire.

Ne chantez pas de chansons amoureuses.

Ne jouez pas des instruments de musique.

Ne jouez pas aux dés, aux échecs et autres jeux quelconques.

Prenez garde de branler les bras en marchant.

Ne faites pas de feu avec le bois de peur de brûler quelques insectes qui y sont logés.

Vous vivrez d'aumônes seulement et non du travail de vos mains.

N'administrez pas de médecine aux femmes enceintes, de peur de faire mourir l'enfant dans leur sein.

Ne portez point vos regards sur les femmes.

Ne faites aucune incision qui fasse sortir le sang.

Ne vous livrez pas au commerce; ne vendez rien.

N'achetez rien.

Ne faites point claquer vos lèvres en mangeant.

Quand vous marchez dans les rues, il faut avoir les sens recueillis et tenir le *talapat* devant vous de manière à ne pas voir au delà de quatre coudées.

Tous les quatorzièmes de la lune, vous vous raserez les cheveux et les sourcils avec un rasoir de cuivre.

Quand vous êtes assis, vous devez avoir les jambes croisées et non étendues.

Après avoir pris votre nourriture, ne gardez point les restes pour le lendemain, mais donnez-les aux animaux.

N'ayez pas plusieurs vêtements.

Ne caressez point les enfants.

Ne parlez point à une femme dans un lieu secret.

Ne nourrissez ni canards, ni poules, ni vaches, ni buffles, ni éléphants, ni chevaux, ni cochons, ni chiens, ni chats.

En prêchant, quand vous expliquerez le bali, prenez garde de changer le sens.

Gardez-vous de dire du mal d'autrui.

Quand vous vous réveillez, levez-vous aussitôt, pourvu toutefois qu'il fasse assez jour pour distinguer les veines de vos mains.

Ne vous asseyez pas sur une même natte avec une femme.

Ne montez pas une jument ou un éléphant femelle.

N'allez pas dans une barque qui aurait servi à une femme.

Ne touchez pas une femme ni même une toute petite fille.

Ne faites pas cuire du riz, parce qu'il a un germe de vie.

Ne prenez rien qui ne vous ait été d'abord offert les mains jointes.

Ne montez pas dans une maison à moins que quelqu'un ne vous invite à le faire.

Si en dormant vous songez à une femme, c'est un péché qu'il faut expier.

Ne désirez pas ce qui appartient aux autres.

Gardez-vous de maudire la terre, le vent, l'eau ou le feu.

Ne mettez pas la mésintelligence et la discorde parmi les autres.

Ne portez pas d'habillements précieux.

Ne vous frottez pas le corps contre quoi que ce soit.

Ne portez pas de souliers qui cachent les talons.

Ne recevez aucune offrande des mains des femmes; elles doivent seulement les déposer devant vous.

Ne mangez rien qui ait vie, ni des légumes et des grains qui peuvent encore pousser ou germer.

Quand vous aurez mangé quelque chose, ne dites pas : ceci est bon, cela n'est pas bon; ces discours sentent la sensualité.

Ne riez jamais aux éclats.

Ne pleurez pas la mort de vos parents et ne vous en attristez pas.

Ne retroussez pas votre langouti pour passer l'eau ou bien en marchant dans les rues.

Quand vous prenez votre nourriture, ne causez avec qui que ce soit.

En mangeant, ne laissez pas tomber du riz de côté et d'autre.

Ne ceignez pas votre langouti au dessous du nombril.

Vous ne mangerez pas de la chair d'homme, d'éléphant, de cheval, de serpent, de tigre, de crocodile, de chien ou de chat.

Ne dormez pas dans un même lit avec une autre personne quelconque.

Quand vous allez demander l'aumôme ou que vous marchez dans les rues, ne toussez pas pour attirer les regards sur vous.

Quand vous irez réciter des prières auprès d'un mort, vous devez réfléchir sur l'instabilité des choses humaines.

Vous ferez descendre votre langouti à huit pouces au dessous du genou.

Vous ne direz pas de paroles grossières en présence des femmes.

Vous ne branlerez pas la tête en marchant.

Vous ne garderez pas l'arec et le bétel dans la bouche pendant la nuit.

Quand vous aurez commis des péchés, vous devrez les confesser au supérieur.

Tous les soirs vous balayerez la pagode.

Vous aurez soin de bien laver votre marmite. (Leurs marmites sont de fer battu, et leur forme, y compris le couvercle, ressemble assez à une courge de moyenne grosseur.)

Quand vous irez quelque part, prenez garde de fouler aux pieds sciemment des fourmis ou d'autres insectes.

En marchant dans les rues ou en allant recevoir l'aumône, vous ne saluerez personne.

Telles sont les principales maximes consignées dans le *patimôk*; on voit clairement, par cette courte esquisse de la règle des talapoins, qu'il est presque impossible de l'observer en tous points; aussi les *phra* ne se font-ils pas scrupule de l'enfreindre à tous moments.

On trouve dans les livres sacrés de très-beaux sermons de Bouddha, dans lesquels il inculque aux talapoins des vertus sublimes et dignes d'un vrai philosophe. Par exemple, en leur parlant de l'instabilité des choses humaines, il leur dit : Ne vous attachez pas aux biens de ce monde, parce qu'ils vous échapperont malgré vous ; rien dans l'univers ne vous appartient, votre personne elle-même n'est pas à vous, puisque vous ne pouvez pas la maintenir dans le même état, et qu'elle change continuellement de forme. Il leur enseigne aussi de n'avoir ni haine, ni amour pour rien que ce soit ; d'établir leur âme dans un état d'indifférence telle, que les biens et les maux les trouvent également insensibles ; qu'ils ne soient pas plus touchés des louanges que des injures, des bons traitements que des persécutions ; qu'ils supportent la faim, la soif, les privations, les maladies et même la mort avec une égalité d'âme imperturbable. Il cite des exemples de talapoins qui vivaient dans la plus grande sécurité au milieu des tigres ; de temps en temps l'animal féroce en dévorait un d'entre eux sans que les autres éprouvassent la moindre crainte et songeassent à quitter leur chère solitude.

Les talapoins regardent comme un de leurs devoirs de faire des prédications au peuple ; mais du reste ils s'inquiètent fort peu si leur doctrine est mise en pratique. Les laïques ont beau se livrer à toute sorte de désordres, et faire des actes con-

traires à la religion bouddhiste, jamais les talapoins ne leur font de réprimandes. Ils n'ont pas
charge d'âmes ; ils s'imaginent que la sainteté est
pour eux seuls, et qu'il est impossible aux laïques
d'y parvenir.

Les *Thai* ont une grande vénération pour les
talapoins ; ils leur donnent des titres pompeux ; ils
se prosternent devant eux, même au milieu des
rues, en joignant les mains jusqu'au dessus de la
tête ; les mandarins et les princes les saluent des
deux mains ; mais le roi ne les salue que d'une
seule, et les fait asseoir près de sa personne. Tous
les jours il distribue l'aumône à plus de trois cents
d'entre eux en les servant de sa propre main ;
exemple que la reine et les principales concubines
suivent avec une grande dévotion. Cette grande
vénération n'est pas précisément attachée à la personne, mais simplement à l'habit ; c'est pourquoi,
dès qu'un talapoin a défroqué, il perd à l'instant
tout droit aux égards et au respect qu'on lui témoignait naguère. Les Siamois sont dans la per-
suasion qu'on acquiert un grand mérite en prenant l'habit jaune, et que ce mérite est applicable
aux âmes des parents défunts ; voilà pourquoi ils
exigent que tous leurs garçons se fassent talapoins

au moins pour quelque temps. Très-souvent les gens riches, par esprit de dévotion, disent à leurs esclaves : Si vous voulez vous faire *phra*, je vous donne la liberté. Les esclaves, qui ne demandent pas mieux, s'empressent de se conformer aux désirs de leurs maîtres. A la pleine lune du cinquième mois, c'est la coutume à Siam que les inférieurs lavent leurs supérieurs avec des eaux parfumées. Ce jour-là les *phra* lavent leur abbé, et le peuple à son tour vient laver les talapoins pour leur exprimer son respect et sa reconnaissance.

Le métier de talapoin est assez lucratif, parce que les femmes surtout aiment à leur faire continuellement des offrandes; et, pour peu qu'un *phra* s'adonne à la prédication, il ne tarde pas à acquérir une petite fortune qui le met à même de s'établir fort honnêtement. D'ailleurs ils jouissent de bien des priviléges; ils sont exempts de toutes corvées, de tout service, ne paient aucun tribut, et ne sont jamais appelés par la cymbale des douanes; ce dont ils profitent en se procurant, soit pour eux, soit pour leurs parents, toutes sortes de marchandises qui, à la faveur de l'habit jaune, sont exemptes de payer la taxe royale ou les droits de monopole.

Il y a une époque de l'année où les *phra* vont faire une espèce de retraite au milieu des champs ou dans les bois pour expier les fautes qu'ils ont commises contre leurs règles dans le cours de l'année. Cette retraite dure trois semaines ; ils se font de petites huttes de feuillage où ils sont censés méditer toute la nuit, et le jour ils reviennent visiter leur temple, et dormir dans leurs cellules. Pendant ces veilles dans les bois, ils n'ont d'autre défense contre les bêtes féroces qu'une frêle cloison de bambous : aussi le peuple prétend que les tigres ont du respect pour les *phra*, et viennent même leur lécher les pieds et les mains pendant qu'ils sont en contemplation.

Parmi la multitude des *phra*, on en rencontre quelques-uns qui sont vraiment d'une grande austérité ; ils sont fidèles à leur règle, ne mangent que des légumes et surtout des pois ou des haricots ; ils tiennent toujours à la main un gros chapelet de cent huit grains sur lesquels ils récitent sans cesse des prières en bali ; ils marchent sans regarder personne, les yeux baissés, l'air mortifié et pénitent. Mais le plus grand nombre des *phra* ne se font pas scrupule de causer en route, regarder à droite et à gauche, courir d'une maison dans une autre, et

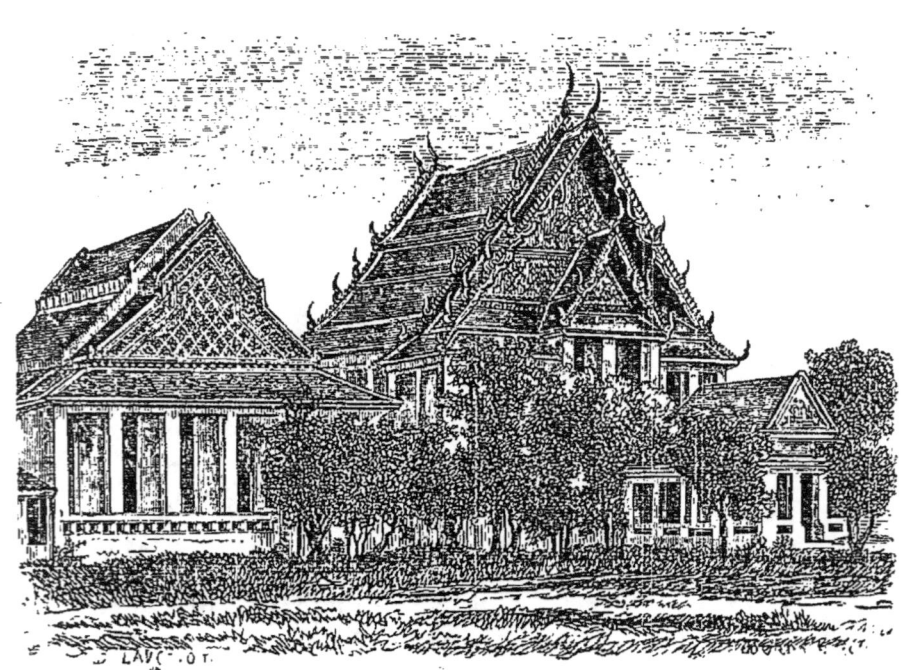

Vue d'une pagode royale, à Bangkok.

commettre une foule d'actes contraires à la règle. L'oisiveté, la paresse, le vagabondage, l'orgueil, l'arrogance, la vanité, la gourmandise et l'immoralité sont autant de vices qu'il n'est pas rare de rencontrer chez les talapoins.

Il y a, aux environs des pagodes, une certaine classe de femmes qu'on appelle *nang-xi*; ce sont des veuves qui, ne sachant que devenir, se dévouent au service des *phra*. L'abbé du monastère leur donne un habit blanc au moyen duquel elles ont droit d'aller demander l'aumône, non seulement pour elles, mais encore pour le monastère auquel elles sont attachées. Si elles se conduisent mal, on les chasse et on les livre à leurs parents pour les châtier. Ces demi-religieuses doivent réciter une espèce de chapelet, et l'on dit que, quand elles prient, elles sont obligées de se tourner le dos. Il y a aussi une classe d'hommes qu'on appelle *ta-thén*, lesquels sont vêtus de blanc et se dévouent au service des pagodes comme les *nang-xi*; leur principal office est de balayer les avenues des temples et les salles publiques du monastère.

Les habitations des talapoins sont les pagodes dont j'ai fait la description ailleurs. Quelques voyageurs ont écrit que dans l'Inde, et particulièrement à Siam, il y avait des hôpitaux pour les animaux ; mais on s'est formé une fausse idée de ces prétendus hôpitaux. Dans la réalité, les pagodes ne sont qu'un lieu d'asile pour les animaux. Quand quelqu'un a des petits chiens ou des petits chats qu'il ne veut pas nourrir, il va les lâcher à la pagode, ou bien quelqu'un, par dévotion, va offrir aux *phra* un couple de paons, des oies, des poules et des coqs pour l'ornement du monastère ; d'autres vont lâcher dans les viviers des talapoins quelques centaines de gros poissons. Les pieux fidèles apportent quelquefois des cochons, des singes, des tortues et leur donnent la liberté dans les petits bois des pagodes. Mais souvent cette affluence d'animaux devient un grand sujet de tentation pour les *luksit* et pour les talapoins eux-mêmes ; car, lorsque les offrandes des fidèles ne sont pas abondantes, les *luksit* ou les *nen* font main basse sur ces hôtes qui sont très-faciles à prendre. Il arrive aussi quelquefois que, la nuit, pendant le sommeil des talapoins, les gens du voisinage, munis d'un épervier, ou de quelque autre instrument de pêche, viennent dépeupler les étangs ; ou bien ils enlèvent lestement un cochon, au risque d'être accablés d'une grêle de pierres, si les talapoins s'éveillent aux cris de détresse du pauvre animal qu'on emporte.

CHAPITRE DIX-HUITIÈME.

SUPERSTITIONS.

Les superstitions qu'on observe chez les Siamois ne font point partie de leur religion ; car Bouddha a défendu à ses sectateurs de consulter les devins, d'ajouter foi aux présages et, en général, de se livrer à aucune pratique superstitieuse. Toutes les vaines observances usitées à Siam viennent donc de la Chine et surtout de l'Inde, où les brames excellent en jongleries, en divination et astrologie judiciaire. Je vais faire l'énumération des principales superstitions usitées dans le pays.

Le roi entretient un certain nombre d'astrologues indiens qu'on appelle *hôn*, pour lesquels il a fait bâtir une pagode dédiée au culte de *Brama*, *Vischnu* et *Siva*; on y voit les statues monstrueuses des divinités indiennes à tête d'éléphant, à quatre bras armés de glaives, et des peintures représentant la mythologie des brames. Les fonctions des *hôn* consistent surtout à prédire la pluie ou la sécheresse, la guerre ou la paix; à faire des présages par des calculs astrologiques, et surtout à indiquer les jours heureux et les heures favorables pour toutes les opérations de quelque importance. Le roi n'entreprend rien sans les consulter; s'ils réussissent dans leurs prédictions, il les comble de présents; mais quand ils sont trouvés en défaut, ils sont dégradés et accablés de coups de rotin.

Le peuple a aussi ses devins et ses diseurs de bonne aventure qu'on appelle *módu*. On les consulte dans les maladies, quand on a perdu quelque chose, lorsqu'on veut fixer l'époque d'un mariage, de raser le toupet, d'un voyage à entreprendre, etc. Il y en a qui ont recours à eux pour avoir bonne chance au jeu, pour recouvrer les choses volées, ou bien pour se faire dire la bonne aventure.

Les Siamois sont persuadés qu'il y a des moyens de se rendre invulnérable, et il n'est pas rare de trouver des gens qui se vantent de l'être en effet. Quiconque, disent-ils, peut rendre le vif-argent solide et porte sur soi une balle de ce métal solidifié, ne peut être blessé ni par le glaive, ni par les armes à feu. En conséquence, les mandarins et même les princes sont toujours à la recherche de cet art précieux ; ils s'efforcent par toutes les combinaisons possibles de solidifier du vif-argent et en portent toujours une boule enfilée dans leur ceinture. Quelques-uns y substituent de gros grains formés de bois rares ou d'autres substances auxquelles ils attribuent également la propriété de rendre invulnérable.

Il y a aussi plusieurs genres d'amulettes qu'on porte pour se préserver des maladies : ce sont des grains d'or ou d'argent enfilés dans un cordon bénit, ou bien des petites plaques métalliques où sont gravés des chiffres et des formules sacrés auxquels on attribue une grande vertu. Presque toutes les femmes portent en sautoir des colliers arrosés d'eau lustrale ; les pauvres mettent à la place des cordons de coton également bénits. Quand une personne est dangereusement malade, le magicien fait une petite statue de terre qu'il emporte dans un endroit solitaire, il récite sur elle des prières ou plutôt des malédictions pour faire passer le mal de la personne dans la statue, qu'il enterre, après quoi le malade est sûr de sa guérison.

Quand on plante une maison, on consulte d'abord le devin pour savoir la direction qu'il convient de lui donner; en second lieu, on a bien soin d'éviter les endroits où il y aurait des restes de pieux enfoncés en terre; car ce serait un signe qu'on ne serait pas heureux dans cet endroit-là; en troisième lieu, il faut que tout soit en nombre impair, surtout les marches de l'escalier, le nombre des portes, des fenêtres et des appartements. On observe aussi de ne pas employer les colonnes de bois de teck (ce qui porterait malheur). Parmi les colonnes de bois de fer, il y en a quelquefois qui laissent suinter une certaine liqueur noirâtre; aussitôt les habitants se mettent à démolir leur maison pour changer les colonnes funestes.

Beaucoup de familles établissent dans leur maison même, ou dans leur jardin, des petits autels consacrés aux génies tutélaires. Ces autels consistent en un petit temple en miniature, où l'on allume des petits cierges et des bâtons odoriférants en l'honneur du génie. Ces petits autels sont ordinairement garnis d'*ex-voto*; car souvent les malades font vœu, par exemple, d'offrir à l'ange un buffle ou un éléphant, ou une comédie ; quand ils sont guéris, ils vont acheter, avec des cauries, des statuettes de terre peintes, représentant l'objet qu'ils avaient promis, et de cette manière-là ils accomplissent leur vœu à bon marché.

Monseigneur Bruguières, dans une de ses lettres, rapporte une coutume superstitieuse et barbare, usitée à Siam, toutes les fois qu'on construit une nouvelle porte d'une ville. Quant à moi, je me rappelle avoir lu quelque chose de semblable dans les annales de Siam ; mais je ne voudrais pas affirmer le fait tel qu'il le raconte. Voici ce qu'il en dit : « Lorsqu'on construit une nouvelle porte
« aux remparts de la ville, ou lorsqu'on en ré-
« pare une qui existait déjà, il est fixé par je ne
« sais quel article superstitieux, qu'il faut immo-
« ler trois hommes innocents. Voici comment on
« procède à cette exécution barbare. Le roi, après
« avoir tenu secrètement son conseil, envoie un
« de ses officiers près de la porte qu'il veut ré-
« parer. Cet officier a l'air de temps en temps de
« vouloir appeler quelqu'un ; il répète plusieurs
« fois le nom que l'on veut donner à cette porte.

« Il arrive plus d'une fois que les passants,
« entendant crier après eux, tournent la tête;
« à l'instant l'officier, aidé d'autres hommes
« apostés tout auprès, arrêtent trois de ceux qui
« ont regardé. Leur mort est dès lors irrévoca-
« blement résolue. Aucun service, aucune pro-
« messe, aucun sacrifice ne peut les délivrer. On
« pratique dans l'intérieur de la porte une fosse,
« on place par dessus, à une certaine hauteur,
« une énorme poutre ; cette poutre est soutenue
« par deux cordes et suspendue horizontalement
« à peu près comme celle dont on se sert dans les
« pressoirs. Au jour marqué pour ce fatal et hor-
« rible sacrifice, on donne un repas splendide aux
« trois infortunés. On les conduit ensuite en cé-
« rémonie à la fatale fosse. Le roi et toute la cour
« viennent les saluer. Le roi les charge, en son
« particulier, de bien garder la porte qui va leur
« être confiée, et de venir avertir si les ennemis
« ou les rebelles se présentaient pour prendre la
« ville. A l'instant on coupe les cordes, et les mal-
« heureuses victimes de la superstition sont écra-
« sées sous la lourde masse qui tombe sur leur
« tête. Les Siamois croient que ces infortunés
« sont métamorphosés en ces génies qu'ils appel-

« lent *phi*. De simples particuliers commettent
« quelquefois cet horrible homicide sur la per-
« sonne de leurs esclaves, pour les établir gar-
« diens, comme ils disent, du trésor qu'ils ont
« enfoui. »

Quand une femme fait une fausse couche, on appelle un magicien qui met l'enfant mort-né dans un pot de terre qu'il tient de la main gauche. De la main droite il tient un sabre ; arrivé au bord du fleuve, il prononce une formule d'imprécation contre l'avorton, puis, déchargeant un grand coup de sabre contre le pot, il le jette à l'eau. Il y a des sorciers qui conservent chez eux un de ces avortons; on dit alors qu'ils nourrissent le diable. On prétend que ces sorciers font des choses merveilleuses; au moyen de certaines formules, ils peuvent envoyer les mauvais esprits dans le corps de ceux à qui ils veulent nuire, et les mauvais génies qu'ils envoient sont connus sous les noms de *Kasú, Kaháng* et *Xakla*. Quand ils sont entrés dans le corps d'un homme, ils lui dévorent les viscères et après cela les intestins. La personne maigrit à vue d'œil, se dessèche et ne tarde pas à succomber. D'autres fois, les sorciers par leurs enchantements rapetissent une peau de buffle au point qu'elle n'est pas plus grosse qu'un pois; ils la jettent dans les aliments de celui qu'ils veulent ensorceler, et, à peine est-elle avalée, qu'elle se dilate d'une manière effrayante jusqu'à faire crever le ventre de celui qui l'a mangée par mégarde.

On dit encore que les sorciers font société avec les voleurs; ils ont le moyen de jeter un sort et d'assoupir une famille tout entière, de sorte qu'il leur est très-facile de monter dans la maison et de piller tout ce qui s'y trouve de précieux. Les maîtres entendent et voient tout; mais, contenus par une force diabolique, ils ne peuvent ni bouger, ni crier, ni s'opposer en aucune façon aux brigands qui les dévalisent, et le charme ne cesse que quand ceux-ci sont déjà loin.

Il y a des magiciens que l'on dit très-habiles à composer des philtres amoureux. Quand on veut inspirer de l'amour à une fille pour un jeune homme, ou à un jeune homme pour une jeune fille, on mêle quelques drogues aux aliments de la personne, qui bientôt devient folle; et plus on s'oppose à ses penchants, plus ils deviennent impérieux, de sorte qu'il arrive presque toujours que, sans craindre ni le déshonneur, ni les châtiments, les deux amants prennent la fuite pour se livrer sans obstacle à leur passion.

A Siam, c'est une manie de chercher des trésors, surtout dans les vieilles pagodes et au milieu des ruines de Juthia. Celui que la cupidité pousse à faire ces recherches, va passer une nuit dans l'endroit où il suppose qu'il y a un trésor enfoui. Avant de s'endormir, il fait un sacrifice de fleurs, de cierges, de bâtons odoriférants et de riz crevé au génie du lieu. Pendant son sommeil, le démon lui apparaît, lui montre le trésor en disant : Donne-moi une tête de cochon et deux bouteilles d'*arak*, et je te permettrai d'emporter le trésor. D'autres fois, le démon lui apparaît avec un air menaçant, élevant sur lui une massue comme pour le tuer en lui disant : Profane ! quel droit as-tu à l'or et à l'argent qui sont enfouis ici ? L'individu s'éveille et s'enfuit épouvanté.

Les Siamois ont une cérémonie qu'ils appellent *tham-khuán*, qui est comme une espèce de consécration d'une personne dans les principales époques de sa vie ; par exemple, à l'époque de raser le toupet, avant de se faire ordonner talapoin, avant le mariage, au couronnement du roi et de la reine, etc. C'est une cérémonie qui tire son origine des Brames ; elle se fait avec plus ou moins de solennité, selon la fortune et la condition des personnes. Voici comment elle se fait pour le commun du peuple : on élève un échaufaudage de planches ou de bambous en forme d'autel, qui a sept degrés tout autour ; on le tapisse exactement avec des feuilles fraîches de bananier. Sur chacun des degrés, on dispose des figures d'anges et d'animaux en terre, en carton, et quelquefois des statuettes grossièrement travaillées avec des morceaux de courge. On y entremêle des gâteaux, du riz, et différents vases de cuivre et de porcelaine, contenant des mets, des œufs et des fruits. Dans la partie supérieure, qui est ornée de guirlandes de fleurs, de clinquant et de feuilles d'or et d'argent, on place une grande coupe d'argent avec un coco tendre. Sur les gradins de l'autel, sont neuf cierges sur leurs chandeliers. Quand le moment favorable est arrivé, on tire trois coups de fusil pour donner le signal; alors, on allume les cierges avec du feu obtenu au moyen d'un verre ardent ; la personne que l'on fête prend un des cierges, et fait trois fois le tour de l'autel; ensuite, les assistants, prenant chacun un cierge, viennent l'éteindre et en souffler la fumée à la tête du consacré, puis lui frottent le front avec la mèche encore fumante. Alors on descend le coco qui est sur l'autel, on lui en fait boire toute l'eau avec un œuf cuit dur, tandis qu'un des assistants lui offre une petite coupe contenant six *salûng*. En ce moment, on bat la cymbale, ou joue des instruments, et la cérémonie est terminée.

On pratique encore à Siam une autre cérémonie bien singulière : lorsque l'inondation a atteint son plus haut point, et dès que les eaux commencent à se retirer, le roi députe plusieurs centaines de talapoins, pour faire descendre les eaux du fleuve. Cette troupe de *phra*, montée sur de belles barques, s'en va donc signifier aux eaux l'ordre émané de Sa Majesté, et, pour en presser l'exécution, tous ensemble se mettent à réciter des exorcismes, pour faire descendre la rivière; ce qui n'empêche pas que, certaines fois, l'inondation augmente encore, en dépit des ordres du roi et des prières des talapoins.

La même cérémonie se pratique pour chasser la peste; et, lors de l'invasion du choléra, les *phra* allèrent le chasser jusqu'à la mer; mais on rapporte que le terrible fléau, pour punir les talapoins de leur audace, en enleva plus de la moitié, dans le court trajet de huit lieues, distance de la capitale à l'embouchure de la rivière.

Les Siamois ajoutent foi à une foule de contes merveilleux, tirés des livres des Brames ; ils croient aux sirènes, aux ogres ou géants, aux nymphes des bois, aux fantômes, aux revenants, et à plusieurs animaux monstrueux et prodigieux, parmi lesquels je citerai les *naghas* ou serpents, qui vomissent des flammes ; les *hera* et les *mangkon* ou dragons, dont la forme ressemble un peu au crocodile ; l'aigle *garuda*, qui dévore les hommes, et l'oiseau appelé *katsadilüng*, qu'on dit avoir un bec semblable à une trompe d'éléphant.

J'aurais encore beaucoup à ajouter au chapitre des superstitions ; mais je pense en avoir assez dit pour faire voir que les Siamois, comme tous les autres peuples idolâtres, sont fort enclins à toutes sortes de pratiques extravagantes et superstitieuses. Il faut remarquer, cependant, que parmi eux, les gens instruits n'y ajoutent pas grande foi et n'y sont pas très-attachés ; aussi, tous ceux qui se convertissent à la religion chrétienne renoncent très-facilement à leurs superstitions, et prennent ensuite plaisir à les tourner en ridicule toutes les fois que l'occasion s'en présente.

CHAPITRE DIX-NEUVIÈME.

HISTOIRE DES THAI, ANCIENNEMENT APPELÉS SAJAM.

L'abrégé de l'histoire de Siam, qui fait la matière de ce chapitre, est tiré des annales de ce pays. Ces annales se divisent en deux parties; la première partie, composée de trois volumes seulement, sous le titre de : *Phongsavada-Mûangnûa*, ou histoire du royaume du Nord, donne l'origine des *Thai*, et un abrégé de leur histoire jusqu'à la fondation de Juthia. Cette première partie est pleine de fables, et présente peu de faits historiques. La seconde partie, qui commence à la fondation de Juthia, forme quarante volumes, et donne l'histoire bien suivie de la nation *thai* jusqu'à nos jours.

PREMIÈRE PARTIE.

HISTOIRE DU ROYAUME DU NORD, JUSQU'A LA FONDATION DE JUTHIA.

Environ l'an cinq cent avant Jésus-Christ, il y avait deux frères de la caste des Brames, contemporains de *Somana-Khôdom,* qui tous deux embrassèrent la vie sainte des ermites. L'un s'appelait *Saxanalai*, et l'autre *Sithimongkhon;* leurs fils et petits-fils habitaient dix villages, gouvernés par une sainte femme, mère de *Sáribut*, qui était alors le premier disciple de *Somana-Khôdom.* Ces deux frères, parvenus à l'âge de cent cinquante ans, sentant leur fin approcher, rassemblèrent tous leurs descendants pour leur donner quelques instructions avant de quitter cette vie. Ils leur recommandèrent de vivre en paix, de garder soigneusement la religion de Bouddha, de bâtir une ville pour se mettre à l'abri de leurs ennemis, et de choisir le plus digne d'entre eux pour les gouverner. Après quoi, ces deux vieillards se retirèrent dans les hautes montagnes, appelées *luang*, où ils s'adonnèrent à la contemplation, et parvinrent à un haut degré de sainteté.

Alors, *Bathamaràt*, le plus considérable parmi

les habitants de ces dix villages, en assembla tous les chefs, et il fut résolu qu'ils bâtiraient une ville. Ils mirent de suite la main à l'œuvre, et, dans l'espace de sept ans, ils bâtirent une cité, formant une enceinte de murailles de deux mille toises en longueur, et mille toises en largeur. Quand l'ouvrage fut fini, on construisit des pagodes pour les talapoins de Bouddha, ainsi que des temples dédiés à *Siva* et *Vishnu*. Tout étant terminé, les deux vieillards ermites vinrent visiter la nouvelle ville et lui donnèrent le nom de *Savan-thevalôk,* et, par abrévation, *Sangkhalôk*. Ils établirent aussi pour roi leur petit-fils *Bathamaràt,* lequel prit pour reine *Nang-Mokhalin,* native d'un bourg appelé *Haripunxai*.

L'ermite *Saxanalai* déclara alors qu'il avait caché, sous un certain arbre, des reliques de *Somana-Khôdom,* consistant en un doigt de ce saint, qu'il lui avait coupé lui-même après sa mort, avec d'autres reliques du même, qui lui étaient échues en partage dans la distribution qui en fut faite à cette époque. Il recommanda donc à ses descendants d'aller chercher ces reliques pour les placer dans leur nouvelle ville. Après avoir donné ces dernières instructions, l'ermite fut porté dans les

Prang ou pyramide où sont renfermées des reliques de Bouddha, à Bangkok, 200 pieds de haut.

airs, et alla mourir dans les montagnes dont nous avons déjà parlé. En conséquence des ordres de l'ermite, *Bathamaràt* alla en grande pompe déterrer ces reliques, les plaça dans un vaisseau d'or qui flottait dans un grand bassin de la même matière. Le roi fit construire une pyramide, dans laquelle on les renferma avec le vaisseau d'or qui les contenait. Depuis ce moment, les prêtres de Bouddha se rassemblèrent chaque jour auprès de cette pyramide pour y prier et faire leurs adorations.

Bathamaràt bâtit encore trois autres villes où il établit rois ses trois fils. Le premier, appelé *Sôkha-Kuman*, régna à *Haripunxai*, qui devint une ville célèbre ; le second, appelé *Thama-Kuman*, fut installé dans la ville de *Kamphôxanakhon* ; le troisième, nommé *Singha-Kuman*, devint roi de *Phetxabun*. Ces quatre États vécurent en paix et en bonne harmonie. Cette dynastie fleurit pendant cinq cents ans, sans qu'il soit fait mention de troubles ni de guerres. Environ l'an neuf cent cinquante de l'ère de *Phra-Khôdom*, régnait, à *Haripunxai*, un roi nommé *Aphajakha-Muni* ; ce prince, qui était très-pieux, avait coutume de se retirer sur une grande montagne pour s'y livrer à la méditation. Un jour, il arriva que la reine des *Naghas*, étant venue sur la même montagne faire ses dévotions, fut attirée par les mérites du roi, et ils eurent commerce ensemble. Avant de se séparer, *Aphajakha-Muni* lui donna son manteau royal et son anneau ; la reine des *Naghas* s'en retourna enceinte dans sa région souterraine. Quand elle fut près d'accoucher, prévoyant qu'elle allait mettre au monde un être vivant et non pas un œuf, comme il arrive aux *Naghas*, elle vint enfanter au lieu même où elle avait eu commerce avec le roi. Elle y déposa son enfant avec le manteau et l'anneau qu'elle avait reçus, et s'en retourna dans son palais souterrain. Un chasseur, ayant rencontré, par hasard, le jeune prince, l'emporta avec le manteau et la bague, et le confia à sa femme pour le nourrir comme son propre enfant. Quelque temps après, le roi se faisant bâtir un palais, les habitants eurent ordre d'y venir travailler à tour de rôle. Le chasseur y vint aussi avec son petit fils adoptif. Comme il faisait très-chaud, il mit l'enfant à l'ombre dans le palais, qui se mit à trembler comme pour reconnaître la dignité du jeune prince. Le roi, surpris d'un tel prodige, s'informa du chasseur de qui était cet enfant. Il répondit qu'il l'avait trouvé dans les forêts, et qu'il l'avait fait élever comme son fils adoptif. Le roi lui demanda s'il n'avait pas trouvé quelque chose avec cet enfant ; le chasseur déclara qu'il avait trouvé une bague et un manteau. Alors le roi ne douta plus que ce ne fût son fils, il donna une récompense au chasseur et prit l'enfant dans son palais, lui donna le nom de *Arunnaràt*, et le fit élever avec un autre de ses fils nommé *Ritthi-Kuman*.

La naissance du prince *Arunnaràt* avait été prédite par *Somana-Khôdom*, dans une circonstance que voici : un jour, *Bouddha*, étant à prendre son repas, près du village qui devint depuis la ville d'*Haripunxai*, manquait d'eau ; alors un *Nagha* fit jaillir une source afin que *Bouddha* pût se désaltérer et se baigner. C'est pourquoi *Bouddha* lui prédit, qu'en récompense de cette charitable action, au bout de mille ans il détruirait l'ère bouddhiste et en établirait une autre; que son empire embrasserait toute la contrée arrosée par la rivière qu'il venait de faire jaillir, et que les rois du *Xomphuthavib* lui rendraient hommage.

Le prince *Arunnaràt* était né l'an neuf cent cinquante de l'ère de *Bouddha*. Son père, qui l'aimait beaucoup, lui fit épouser l'unique princesse qui régnait à *Saxanalai* ou *Sangkhalôk*; il devint donc roi de ce pays sous le nom de *Phra-Rúang*. Il fit bâtir un grand nombre de pagodes et de pyramides magnifiques.

En ce temps-là, le pays des *Sajám* était sous la domination du roi de *Kamphôxa-Nakhon*, et lui payait tribut. On rapporte que *Phra-Rúang* lui-même alla présenter ses hommages et porter des présents au roi de ce pays. Parmi les choses qu'il lui offrit, il y avait un panier plein d'eau, laquelle ne coulait pas par les fentes. Le roi de *Kamphôxa-Nakhon* ou de Camboge, surpris d'un tel prodige, songea à faire massacrer *Phra-Rúang*, prévoyant que, s'il le laissait vivre, il ne tarderait pas à s'élever par son mérite au dessus de tous les autres rois. Mais au moment où les soldats allaient se jeter sur *Phra-Rúang* pour le tuer, ce prince, doué de la faculté des *Naghas*, se plongea dans la terre et disparut; quelques jours après il était de retour dans son royaume. Dès ce moment, *Phra-Rúang* non seulement ne paya plus de tribut au roi de *Kamphôxa*, mais, au contraire, força celui-ci à reconnaire sa domination. Ce fut à cette époque que les *Sajám* prirent le nom de *Thai*, qui signifie libre.

Quand *Phra-Rúang* eut atteint sa cinquantième année, par l'effet de ses grands mérites, il trouva un éléphant blanc à dents noires. Le premier jour du sixième mois de l'année de la Chèvre, il fit assembler cinq cents des principaux talapoins pour célébrer l'établissement d'une ère nouvelle ; à cette grande réunion se trouvèrent des rois *Lao, Mon, Chin, Phama, Langkha-Phram*. Ce fut alors que *Phra-Rúang* inventa l'alphabet *thai*, et modifia l'alphabet cambogien ou *khom*, qui ne fut employé dans la suite que pour écrire les livres de religion.

Le roi de la Chine, appelé alors roi de *Maghata*, ne s'étant pas rendu à la grande assemblée pour l'etablissement de l'ère nouvelle, *Phra-Rúang* résolut d'en tirer vengeance. En conséquence, il fit voile pour la Chine avec son frère, le prince *Ritthi-Kuman*, et, favorisé par les anges, dans un mois il arriva heureusement en Chine. En ce moment, il se répandit des brouillards si épais qu'on ne pouvait voir ni le soleil ni la lune. Toute la Chine fut troublée à la vue de ce prodige ; le roi de *Maghata* assembla son conseil de mandarins pour voir ce qu'il y avait à faire. Il envoya ses officiers visiter les côtes, pour voir si des ennemis ne viendraient pas de ce côté-là. Après avoir bien examiné sur toute la côte, on ne put rien voir autre chose qu'un navire de dix toises de long, monté par des *Thai*. Les officiers se hâtèrent de faire leur rapport au roi, qui se rappela alors une prophétie annonçant que deux princes de la nation des *Thai* passeraient la mer pour chercher une reine, que l'un d'eux deviendrait le souverain de tout le continent, et qu'il établirait une ère nouvelle à la place de celle de *Bouddha*. Convaincu qu'il serait inutile de leur résister, il donna immédiatement des ordres pour les recevoir avec tous les honneurs convenables. Il fit placer *Phra-Rúang* sur son propre trône, lui rendit ses hommages et lui offrit sa fille en mariage; après quoi, il fit équiper un grand navire, qu'il chargea de présents, et après la célébration du mariage, *Phra-Rúang* s'embarqua avec la princesse son épouse et cinq cents Chinois, que le roi donna pour cortége à sa fille. Le voyage fut heureux, et après un mois de navigation, le navire parvint jusqu'à *Saxanalai;* car, en ce temps-là, la marée remontait jusqu'à cette ville. C'est depuis cette époque que les jonques chinoises viennent faire le commerce à Siam, et y apportent tous les ans une grande quantité de vases de porcelaine.

En ce temps-là, le roi de *Xieng-mai* mourut, ne laissant qu'une fille pour héritière. Les nobles du royaume adressèrent une requête à *Phra-Ruàng,* le priant de lui accorder son frère *Ritthi-Kuman* pour en faire leur roi ; il y consentit volontiers et alla lui-même installer son frère roi de cette contrée. De retour dans sa capitale, il continua de régner avec gloire et prospérité. Il ne tenait pas aux honneurs ; on le voyait souvent sortir sans aucun cortége ; il s'amusait au cerf-volant et à d'autres jeux, et cependant il était très-versé dans toutes les sciences.

Un jour que *Phra-Ruàng* avait lancé son cerf-volant, la corde cassa, et le cerf-volant, emporté par les vents, alla s'accrocher à la flèche du palais du roi de *Tong-u,* dans le *Pégu. Phra-Ruàng,* s'étant mis à la poursuite de son cerf-volant jusqu'à la ville de *Tong-u,* fit appeler le roi et lui ordonna de l'aider à le rattrapper. A cet effet, il lui monta sur les épaules, et comme il ne pouvait pas encore y atteindre, il lui monta sur la tête. Après avoir recouvré son cerf-volant, il revint dans ses États et, ayant appelé son fils *Sucha-Kuman,* il lui dit : Mon fils ! je vais prendre un bain dans le fleuve, je ne reviendrai plus ici ; prenez le gouvernement du royaume. Le prince prit les paroles de son père pour une plaisanterie ; mais *Phra-Ruàng*, s'étant jeté dans l'eau, plongea et disparut pour toujours. Comme il était fils d'une *Nagha*, on prétend qu'il alla régner le reste de sa vie dans le royaume souterrain de sa mère.

Phaja-Sucharàt monta donc sur le trône ; craignant que les troubles et la guerre ne vinssent succéder à la prospérité du règne de son père, il fit fortifier sa capitale ; il fit construire des forts qu'il garnit de canons ; il entoura de murailles cinq villes du premier ordre et huit du second ordre ; ensuite il envoya une ambassade à son grand-père en Chine, pour lui demander au moins dix ouvriers capables de fondre des canons. Le roi de Chine reçut favorablement les envoyés de son petit-fils et lui procura les ouvriers qu'il demandait. Par leur secours, *Phaja-Sucharàt* fondit cent vingt gros canons et cinq cents petits. C'est depuis cette époque qu'il y a à Siam des fondeurs de *samrit*, de bronze et de *thomphat* ou *tombac* (alliage d'une partie d'or sur deux de cuivre). Les boulets étaient alors de terre cuite.

Tout était prêt pour la guerre ; un roi Lao,

nommé *Thama-Trai-Pidok*, prépara de son côté une grande armée. *Sucharàt* ayant appris ces préparatifs, envoya un message à son oncle *Rithiràt*, roi de *Xieng-mai;* mais celui-ci venait de mourir, et son fils *Phromavadi* régnait à sa place. Chacun de ces princes se hâta de rassembler dans sa capitale tous les soldats qu'il put et se tint prêt à tout événement.

Cependant *Thama-Trai-Pidok*, s'étant mis à la tête de ses troupes, s'avança vers *Saxanalai* et l'assiégea. Les deux rois se livrèrent de furieux combats sous les murs de la ville; il y eut beaucoup de monde de tué de part et d'autre. Les choses en étaient là, lorsqu'un fameux chef de talapoins, nommé *Phra-Putha-Kôsá*, supplia les deux rois de suspendre les hostilités et d'entrer en pourparlers afin de faire la paix. Le roi *Sucharàt*, sachant que son adversaire venait lui faire la guerre pour avoir sa fille en mariage, la lui accorda; après quoi *Thama-Trai-Pidok* s'en retourna à *Xieng-sën* avec la princesse, dont il eut deux enfants, l'un appelé *Kraisón* et l'autre *Xàt-Sákhon*. Le roi *Thama-Trai-Pidok* bâtit la ville de *Phitsanulôk*, où il fit construire trois temples célèbres et fit fondre trois grandes idoles d'airain, en l'honneur de Bouddha. Il établit roi de *Lophaburi* son fils *Chào-Kraisón*, et roi de *Xieng-rai*, son autre fils *Xàt-Sákhon*, après quoi il mourut à l'âge de cent cinquante ans. *Xàt-Sákhon* vint célébrer les funérailles de son père, et régna à sa place dans le royaume de *Xieng-sën*. Alors commencèrent des guerres interminables entre les différents États *Thai* et *Lao*, pendant l'espace de sept générations, au point que l'ancienne dynastie fut presque anéantie.

Dans les siècles passés, *Somana-Khôdom*, étant venu un jour recevoir des aumônes dans la capitale du Camboge, appelée *Mûan-Inthapat*, un mendiant lépreux vint offrir à Bouddha un peu de riz dans son coco, et, en versant le riz dans la marmite du saint, la secousse qu'il donna fit tomber son petit doigt avec le riz, ce qui n'empêcha pas *Phra-Khôdom* de manger son riz en écartant toutefois le doigt du mendiant, et après son repas, il prophétisa qu'en récompense de son aumône, ce mendiant régnerait un jour dans cette capitale. Dans la suite, vers l'an mil six cents de l'ère de Bouddha, un prince nommé *Khôta-Thevaràt* régnait dans cette capitale du Camboge qui était bien déchue de sa première grandeur; aussi tout le monde était dans l'attente d'un roi plein de mérite et puissant, qui ferait refleurir le royaume. En ce temps-là, il y avait un pauvre mendiant paralytique et difforme qui, ayant entendu dire que l'homme de mérite allait venir, se traînait sur la route pour avoir le plaisir de le voir. Alors, *Indra* apparut, monté sur un cheval magnifique ; il demanda au mendiant pourquoi il se traînait ainsi sur la route ; celui-ci lui répondit que c'était par le désir de voir l'homme de mérite. *Indra*, mettant pied à terre, le pria de prendre soin de son cheval et des effets qu'il portait, tandis qu'il s'absenterait un moment. Le mendiant lui dit : Seigneur ! ne soyez pas trop long. *Indra* répliqua : Si je tarde trop, le cheval et tout ce qu'il porte sont à vous. Le mendiant, curieux de savoir ce que contenait le paquet qu'on lui avait confié, l'ouvrit et y trouva une fiole d'huile de vertu divine. Il eut l'idée de s'en frotter les jambes et se sentit bientôt guéri de sa paralysie. Enchanté des merveilleux effets de cette huile, il s'en frotta tout le corps et dans quelques instants il devint le plus beau des hommes. Alors, ne doutant plus du bonheur qui lui était réservé, il se dit à lui-même : Sans doute c'est moi qui suis l'homme de mérite qu'on attend. Il quitta immédiatement ses haillons, se revêtit des habits célestes que lui avait laissés Indra, mit la couronne sur sa tête, prit le sceptre dans sa main et monta le cheval du dieu, lequel s'éleva dans les airs, dirigeant son vol rapide vers la capitale. Le roi *Khota-Thevaràt*, l'ayant aperçu venir ainsi dans les airs, se hâta de prendre la fuite avec la reine, sa famille, ses principaux officiers et environ cent mille hommes du peuple. Quant au mendiant transformé en roi, il monta sur le trône d'*Inthapat-Nakhon*, sous le nom de *Phaja-Krek*. Il prit pour reine une des princesses de la famille de *Khota-Thevaràt*. On prétend qu'il institua aussi une nouvelle ère qui, à ce qu'il paraît, n'a pas été adoptée ni suivie après sa mort. Pour en revenir au roi *Khôta-Thevaràt*, il est rapporté qu'il se dirigea à l'Occident et, après quinze jours de marche, il s'arrêta, avec le peuple qui l'accompagnait, à la branche orientale du *Më-nam*, où il bâtit une ville dont le nom s'est perdu dans l'oubli; on sait seulement que son fils *Phaja-Khôtabong*, d'autres disent *Phaja-Mûlek*, est le fondateur de deux villes qui existent encore aujourd'hui, savoir : *Phichit* et *Phixai*, situées aussi sur la branche orientale du *Më-nam*.

Après trois générations, la postérité de *Phaja-Krëk* tomba en décadence ; il n'en resta plus qu'une princesse, qui devint la souveraine du Camboge. Les grands du royaume, ayant tenu conseil, élurent pour roi le fils d'un richard appelé *Xôdok*, et lui firent épouser la princesse cambogienne. Le nouveau roi, nommé *Phra-Chào-Uthong*, régna sept ans à *Inthapat-Nakhon;* mais la contrée ayant été ravagée par une peste terrible, *Phaja-Uthong*, avec tout son peuple, abandonna le pays et, s'étant dirigé vers le sud-ouest, après vingt jours de marche, il arriva au bord d'un grand fleuve où il trouva une île d'une forme ronde. Il passa la rivière pour visiter cette île, et il y trouva un ermite qui lui dit que dans les siècles passés *Somana-Khôdom* était venu là et avait prédit que dans la suite on y bâtirait une grande ville. *Phaja-Uthong* fut charmé d'apprendre cette nouvelle et résolut de fixer sa résidence dans cette île. Il fit construire des murailles, s'y bâtit un palais, s'y établit avec tout son peuple, et donna à sa nouvelle ville le nom de *Krung-Thèp-Mahá-Nakhon-Sí-Ajuthaja,* qui devint par la suite fort célèbre sous le nom de *Juthia.*

Il existe une autre version touchant la fondation

de *Juthia*; on lit dans certains exemplaires des Annales qu'un roi de la nation *Thai*, ayant fondé la ville de *Kamphëng-Phet*, eut un fils de beaucoup de mérite; au moment de sa naissance, Indra lui fit cadeau d'un berceau d'or; c'est pour cela qu'il fut nommé *Uthong*. Ce prince ayant succédé à son père, envoya ses officiers reconnaître le pays qui est au midi. Ceux-ci, à leur retour, annoncèrent au roi qu'ils avaient trouvé une contrée très-fertile et abondante en poissons. Alors *Phaja-Uthong* émigra avec tout son peuple et vint bâtir *Juthia* dans l'île dont nous avons parlé. Cette seconde version me paraît plus vraisemblable que la première; car si l'on adoptait la première, il s'ensuivrait que les *Thai* actuels ne sont plus de race *Thai*, mais de race Cambogienne; hypothèse qui est tout à fait inadmissible, vu la grande différence qui existe entre ces deux races.

DEUXIÈME PARTIE.

DEPUIS LA FONDATION DE JUTHIA, JUSQU'A NOS JOURS.

Ère de Siam.   Ère chrét.

712   *Phaja-Uthong*, après avoir fondé   1350
       Juthia, prit le titre de *Phra-Rama-*
       Thibodi; il établit son fils *Phra-*

Ère de Siam.		Ère chrét.
	Rame-Suén roi de *Lophaburi*. Voici la liste des États qui étaient alors sous sa domination : 1. *Malaka*. 2. *Xa-Va*. 3. *Tanaosí* (Ténasserin). 4. *Na-khon-sí-thamarát* (Ligor). 5. *Thavai*. 6. *Mo-Ta-Ma* (Martaban). 7. *Mo-Lamlóng* (Molmein). 8. *Sóng-Khlá*. 9. *Chanthabun*. 10. *Phitsanulôk*. 11. *Sukkhôthai*. 12. *Phixai*. 13. *Savan-kha-Lok*. 14. *Phichit*. 15. *Kamphëng-phet*. 16. *Nakhon-Saván*. Il ne se passa rien de remarquable sous son règne, si ce n'est qu'il porta la guerre dans le Camboge d'où il amena un grand nombre de captifs.	
731	*Phra-Rame-Suén* succéda à son père et mourut une année après.	1369
732	*Phra-Borom-Raxa*, frère du précédent, monta sur le trône et régna douze ans.	1370
744	*Phra-Chào-Tong-Lan* fut tué par son frère *Phra-Rame-Suén*, après avoir régné trois jours seulement. *Rame-Suén* s'empara de *Xieng-Mai*	1382

Ère de Siam.		Ère chrét.
	et en amena captifs plusieurs milliers de *Lao*. Il prit aussi la capi-	
747	tale du Camboge, et n'y laissa que	1385
	cinq mille âmes. En 749 il bâtit une pagode célèbre appelée la Montagne-d'Or. Son fils *Phaja-Ram* lui succéda et régna quatorze ans.	
763	Un parent du roi appelé *Intharaxa*	1401
	s'empara du trône et envoya ses trois fils gouverner les provinces du nord, et mourut l'an 780. A la nouvelle de sa mort, deux de ses fils, *Chào-Ai* et *Chào-Jì*, accoururent à *Juthia* pour s'emparer du trône ; ces deux princes, montés sur des éléphants, se rencontrèrent au milieu d'un pont ; armés tous deux d'un sabre à long manche, ils se précipitèrent l'un sur l'autre avec une telle fureur qu'ils se coupèrent mutuellement la tête. *Chào-Sám*, leur frère, devint paisible héritier de la couronne sous le nom de *Borom-*	
792	*Raxa-Thiràt*. Il alla faire la guerre à	1430
	Xieng-Mai, d'où il ramena douze	

Ère de Siam.		Ère chrét.
	mille captifs *Lao*. Il mourut l'an 796, et son fils *Boroma-Trai-Lôkhanàt* lui	
805	succéda. Sous son règne, il y eut une grande famine; la quantité de riz contenue dans une mesure de coco se vendait un *fûang*.	1443
834	Le roi étant mort, son fils *Phra-Rama-Tibhodi* occupa le trône pendant trente-six ans. Il fit fondre en airain, avec alliage d'or et d'argent, une statue de Bouddha assis, haute de cinquante coudées. *Phra-Borom-Raxa* succéda à son père et ne régna que quatre ans.	1472
875	*Raxa-Kuman* ne garda le trône qu'un an; son fils *Xaja-Raxa-Thiràt* lui succéda en 876. Dans l'année 887 *Juthia* fut presque entièrement consumée par un incendie épouvantable qui dura trois jours; il est rapporté dans les Annales que cent mille maisons devinrent la proie des flammes.	1513
899	Le roi, en mourant, ne laissa qu'un fils âgé de onze ans, appelé *Phra-Jot-*	1527

Fa. Sa mère, *Si-Suda-Chan*, devint régente du royaume. Peu après elle contracta des liaisons criminelles avec un *Phaja* avec qui elle finit par vivre publiquement dans le palais ; elle parvint même à le faire proclamer roi ; après quoi, cette mère dénaturée fit massacrer son propre fils. Mais bientôt les grands du royaume, révoltés d'une conduite si abominable, tramèrent une conjuration, et, un jour que la reine avec l'usurpateur allaient visiter une pagode, tous deux étant assis dans le même ballon, un mandarin, qui montait une des barques du cortége, accosta le ballon royal, et l'épée à la main, il se précipita sur le roi et la reine qui poussaient des cris d'effroi, et les perça tous deux de son glaive avant que personne pût venir à leur secours. Après cela les grands du royaume allèrent offrir la couronne à un oncle du roi défunt qui était alors retiré dans une pagode ; il monta sur

Ère de Siam.		Ère chrét.

	le trône sous le nom de *Mahá-Cha-*	
891	*kraphat-Raxa-Thiràt.*	1529
894	Il prit la capitale du Camboge qui	1532

s'appelait alors *Lavëk;* le roi vaincu lui livra ses fils en otage; le vainqueur en choisit un qu'il établit roi

| 905 | de *Sangkhalôk*. En ce temps-là le roi | 1543 |

du *Pégu,* dont la capitale s'appelait alors *Hóngsávadi,* leva une armée de trois cent mille hommes avec une troupe de sept cents éléphants de guerre, et vint, comme un torrent qui inonde le pays, établir son camp dans la plaine de *Juthia.* Le roi de Siam alla à sa rencontre avec les troupes qu'il put rassembler, et engagea un combat singulier avec le roi du *Pégu.* Mais l'éléphant que montait le roi de Siam ayant pris la fuite, la reine *Surijô-Thai,* qui était habillée en guerrier, combattit courageusement à la place de son époux, jusqu'à ce qu'ayant eu l'épaule coupée, elle expira sur son éléphant. Ses

Ère de Siam.		Ère chrét.

deux fils soutinrent le choc de l'ennemi pendant qu'on transportait leur mère dans la ville. Le roi du *Pégu* assiégea *Juthia* pendant quelques mois ; mais la disette de vivres l'obligea à lever le siége, et à s'en retourner dans son pays.

909 — Le royaume de Siam devenait florissant ; les marchands de diverses nations y affluaient de toutes parts ; le roi possédait sept éléphants blancs, ce qui lui fit donner le nom de *Phra-Chào-Xang-phừốk*. Le roi du *Pégu*, ayant appris cela, en devint jaloux ; il envoya une ambassade pour demander deux éléphants blancs ; mais le roi de Siam les lui ayant refusés, il entra dans une grande colère, leva une armée de neuf cent mille hommes, avec sept mille éléphants, quinze mille chevaux, et mit le siége devant *Juthia*. Cependant les deux rois, s'étant abouchés, celui de Juthia consentit à livrer quatre éléphants blancs, et un — 1547

Ère de Siam.		Ère chrét.
	de ses fils en otages, après quoi le roi du *Pégu* s'en retourna par le chemin de *Phittanulôk*.	
914	Le roi de Siam établit son fils *Mahinthara-Thiràt* à sa place, et se fit talapoin ; mais, l'année suivante, il quitta l'habit jaune, et reprit les rênes	1552
917	du gouvernement. Le roi du *Pégu* revint encore avec une armée plus formidable qu'auparavant ; il tint *Juthia* assiégée pendant neuf mois. *Phra-Chào-Xang-phŭôk* mourut pendant le siége, et son fils, tout adonné aux plaisirs, ne s'occupait point de la défense de la ville. Par surcroît de malheur, un des premiers mandarins se mit en rapport avec l'ennemi, et lui livra la ville qui fut pillée et saccagée. Le roi du *Pégu* en emporta des richesses immenses, et en emmena presque tous les habitants en captivité, n'y laissant que mille hommes, sous le commandement de *Thamma-Raxa-Thíràt*, qui était auparavant roi	1555

de *Phittanulôk*. Quant au roi de Siam, que le prince *Pégu* emmenait captif pour le faire servir à son triomphe, il tomba malade en route. Dix médecins reçurent l'ordre de lui rendre la santé; mais comme, malgré tous leurs soins, ils ne purent le sauver de la mort, le tyran, leur maître, les fit tous massacrer.

919 Le roi de *Lavëk*, qui avait conçu une haine implacable contre Siam, profita de l'état d'abaissement où il était réduit pour venir assiéger aussi *Juthia*. De son côté *Thamma-Raxa-Thiràt* s'était hâté de réparer les brèches faites à sa capitale, et y avait rassemblé un peuple nombreux, de sorte que le roi du Camboge voyant qu'il ne lui serait pas aussi facile qu'il l'avait cru de s'en emparer, se contenta de piller, saccager et faire des captifs tout le long de sa route, jusqu'à ce qu'il fût de retour chez lui. 1557

920 *Thamma-Raxa-Thiràt* établit roi 1558

Ère de Siam.		Ère chrét.

de *Phittanulôk* son fils *Phra-Narèt*, qui n'avait encore que seize ans. Pendant plusieurs années de suite, le roi du Camboge venait faire des incursions et des tentatives pour prendre *Juthia*, et à chaque fois, repoussé de la capitale, il allait dévaster les provinces.

| 926 | Cependant le jeune prince *Phra-Narèt*, obligé de prêter ses service au au roi du *Pégu,* comme étant son vassal, montra en plusieurs occasions une bravoure et une habileté extraordinaires. Le roi du *Pégu* en ayant été informé, craignit que dans la suite ce prince ne tournât ses armes contre lui, c'est pourquoi il lui envoya ordre de venir le trouver avec l'élite de ses guerriers, sous prétexte de lui confier une expédition militaire de haute importance. *Phra-Narèt* se mit donc en route avec dix mille hommes de troupes choisies. Quand il fut arrivé aux confins du *Pégu,* il alla faire ses | 1564 |

dévotions dans une pagode célèbre. Là, un vieux talapoin le prit à part et lui dit : Prince, j'ai un secret à vous confier ; j'ai appris d'une manière certaine que le roi de *Hongsavadi* vous fait venir pour se défaire de vous, tenez-vous sur vos gardes. *Phra-Narèt* remercia le talapoin de son bon avis, et, indigné de la fourberie de son suzerain, il jura de devenir son ennemi mortel. Il attaqua les Péguans, fit dix mille captifs, et rentra sur le territoire de Siam. La nouvelle en ayant été portée au roi du *Pégu,* il expédia de suite une nombreuse armée qui se mit à la poursuite de *Phra-Narèt.* La rencontre eut lieu sur les bords de la rivière du *Suphan,* au moment où le prince venait d'exécuter le passage de la rivière avec ses captifs. Loin de s'effrayer, *Phra-Narèt* commença l'attaque, et du premier coup de mousquet, il abattit de dessus son éléphant le vice-roi qui comman-

Ère de Siam.		Ère chrét.
	dait l'armée ennemie. Les Pégouans n'ayant plus de chef, prirent l'épouvante, et s'en retournèrent chez eux.	
929	Après cela *Phra-Narèt* s'empara de plusieurs États du nord et en amena quantité de captifs pour repeupler Juthia ; il répara aussi les murailles et fortifications de cette	1567
930	ville de manière à la rendre imprenable. Ensuite il s'empara de *Xieng-Mai* et de tous les États *Lao*. Plusieurs fois le roi de *Hongsavadi* vint inonder le territoire de Siam de ses nombreuses armées ; mais *Phra-Narèt* fut toujours vainqueur et le repoussa constamment jusqu'au cœur de son royaume.	1568
945°	Depuis longtemps le roi de *Juthia* avait fait le serment de se laver les pieds dans le sang du perfide roi de Camboge. Dès qu'il fut délivré de ses autres ennemis, il alla assiéger *Lavëk* ; les Cambogiens se battirent en désespérés ; le siége dura plusieurs mois ;	1583

mais enfin *Lavëk* fut prise d'assaut et le roi du Camboge, chargé de chaînes, fut amené aux pieds de son vainqueur. *Phra-Narèt*, du haut de son trône, annonça lui-même la sentence au roi vaincu : Souviens-toi, lui dit-il, comme tu nous insultais dans nos malheurs; souviens-toi de tous les maux que tu as faits à la nation des *Thai;* il y a longtemps que j'ai juré de laver mes pieds dans ton sang; sois un homme de cœur, ne regrette pas la vie et meurs courageusement. Alors retentirent les cymbales, le tambours et autres instruments de musique pendant qu'on égorgeait le pauvre monarque dans une tente voisine. Son sang encore tout chaud fut apporté dans un grand bassin d'or devant *Phra-Narèt*, qui eut le courage barbare de s'y laver les pieds au son des cymbales et autres instruments.

949   Ensuite l'infatigable *Phra-Narèt* 1587 tourna les armes contre le *Pégu*.

Après s'être emparé de *Motama* (Martaban), il alla attaquer *Hongsavadi* qui tomba aussi en son pouvoir, et il établit des gouverneurs *Thai* dans ces deux villes. En 955 il leva encore une armée formidable pour aller prendre Ava; mais il mourut en route, et son frère *Eka-Thotsarot* régna à sa place. Ce nouveau roi, n'ayant pas l'esprit guerrier, renonça à l'expédition que *Phra-Narèt* avait commencée et revint à *Juthia* avec toute l'armée.

963 *Eka - Thotsarot* étant mort après 1601 un règne paisible de six ans seulement, son fils *Chào-Fa*, le Borgne, lui succéda; mais, l'année suivante, il périt victime d'une conjuration ourdie contre lui. Son oncle *Phra-Si-Sin* fut élu roi sous le nom de *Phra-Chào-Song-Tham*. Ce fut sous son règne qu'on découvrit le célèbre vestige de Bouddha au pied d'une belle montagne à l'est de *Juthia*. Ce prince fut
989 massacré par un mandarin nommé 1627

| Ère de Siam. | | Ère chrét. |

Phája-Surivong, lequel s'empara du trône et régna sous le nom de *Phra-Chào-Prasat-Thong*. Il eut un fils qu'il nomma *Phra-Narai*, parce que, quand il vint au monde, il parut avoir quatre bras.

1017 *Phra-Chào-Prasat-Thòng* en mou- 1655
rant laissa sa couronne à un de ses fils nommé *Chào-Fa-xai*, qui fut tué peu après par *Phra-Narai* et son oncle *Sutham-Raxa*. Cet oncle régna quelques mois seulement ; car ayant tenté de violer la sœur de *Phra-Narai*, celui-ci se révolta, le battit et le
1018 fit mourir. *Phra-Narai*, devenu roi 1656
sous le nom de *Phra-Chào-Xamphuôk*, fit mourir ses deux frères qui méditaient une révolte.

1019 Constantin Falcon arriva cette an- 1659
née-là à Juthia ; il entra en faveur dans l'esprit du roi qui le fit mandarin. Ce fut à son instigation que le roi de Siam envoya des ambassadeurs en France ; mais arrivé aux environs

du cap de Bonne-Espérance, le navire qui les portait fit un triste naufrage, et les ambassadeurs ne parvinrent pas en France. *Phra-Narai* envoya une armée assiéger Ava ; mais voyant qu'il ne pouvait pas s'en rendre maître, il attaqua et prit *Xieng-Mai*. Quelque temps après, Constantin Falcon fut élevé à la dignité de premier ministre ; mais par sa haute position et sa conduite imprudente il excita la jalousie des mandarins contre lui. Plusieurs fois ils cherchèrent à le perdre dans l'esprit du roi, qui ne prêta jamais l'oreille à leurs insinuations malveillantes. Constantin rendit de grands services à Siam ; il y attira quantité de négociants hollandais, français, anglais et portugais ; chaque nation y avait sa factorerie, et le commerce y devint très-florissant. Il persuada au roi d'envoyer en France de nouveaux ambassadeurs, lesquels parvinrent heureusement à leur destination. Il s'est trouvé plusieurs historiens français qui ont prétendu que l'ambassade de Siam à Louis XIV était une fiction ; mais c'est à tort, puisqu'il y a dans les Annales de Siam un volume tout entier qui rapporte ce fait avec des circonstances fort curieuses. Il y est dit, par exemple, qu'à chaque fois que les ambassadeurs siamois étaient admis à l'audience de Louis XIV, ils avaient vu le prince, le trône et la salle d'audience briller de pierreries différentes. Un jour c'étaient des rubis, un autre jour des émeraudes ou des saphirs, etc. On rapporte aussi dans ces Annales que le roi de France les ayant invités à une grand revue où l'on fit exécuter aux soldats français toutes sortes d'évolutions militaires, le roi leur demanda si dans leur pays les soldats pouvaient en faire autant : Sire, répondit le premier ambassadeur, nos soldats s'exercent d'une autre manière, et je prie Votre Majesté de faire l'épreuve avec ceux qui m'ont accompagné. Je vais placer mes cent soldats de front, Votre Majesté ordonnera à cent de ses soldats de tirer sur les miens à la distance de trente ou quarante pas, et vous verrez que toutes les balles tomberont aplaties à leurs pieds sans qu'aucun d'eux reçoive la moindre blessure. L'expérience eut lieu et tout le monde admira la faculté prodigieuse qu'avaient les soldats siamois de se rendre invulnérables.

Cependant *Phra-Narai* tomba dangereusement malade dans son palais de *Lophaburi*; *Chào-Dûa*, son fils naturel, et *Phra-Phet-Raxa*, conspirèrent contre le monarque tout en lui témoignant de grands signes extérieurs de respect. Un jour, ils vinrent tous les deux à l'audience, et se prosternèrent avec les autres. *Phra-Narai*, qui savait leur complot, ne put

Ère de Siam.		Ère chrét.
	contenir son indignation ; tout malade qu'il était, il se leva l'épée à la main, en disant : Traîtres que vous êtes, vous avez encore l'audace de vous présenter devant moi ! Que n'ai-je ma première vigueur pour vous percer de cette épée ! Entendant ces mots, les deux conspirateurs s'esquivèrent ; mais le roi qui se précipitait vers eux tomba de faiblesse, et cette chute aggrava tellement son mal, qu'il mourut quelques jours après. *Chào-Dûa* et *Phra-Phet-Raxa* se saisirent par surprise du premier ministre Constantin, et le firent massacrer dans les bois de *Lophaburi*.	
1050	*Phra-Phet-Raxa* étouffa tous les germes de civilisation introduits à Siam par son prédécesseur ; cependant, il est fait mention dans les Annales d'une ambassade qu'il envoya	1688
1059	au roi de France. A la mort de *Phra-Phet-Raxa*, *Chào-Dûa* monta sur le trône. Contrairement au précepte des	1697

bouddhistes, il était adonné à la chasse et à la pêche; il était cruel, barbare et débauché au suprême degré.

1068 — 1706 *Chào-Dùa* étant mort, son fils (qu'on ne nomme pas) lui succéda. Il ne fit rien de remarquable, si ce n'est qu'il chassa les Annamites du Camboge qu'il rendit tributaire. A sa mort, il s'éleva une guerre civile; le vice-roi fit massacrer la famille royale et s'empara du trône. Ce fut sous le règne de cet usurpateur qu'on découvrit les mines d'or de *Bang-Taphan*.

1120 — 1758 Après lui, son fils *Chào-Dok-Ma-Dùa* ne régna qu'un an, remit la couronne à son frère et se fit talapoin. En ce temps-là, le roi d'*Ava* vint assiéger *Juthia*; mais, étant tombé malade, il leva le siége et mourut en route.

1128 — 1766 Son successeur, à la tête d'une armée nombreuse de Birmans, vint ravager toute la plaine de Siam; il tint *Juthia* assiégée pendant deux ans, et finit par s'emparer de cette

Ère de Siam.		Ère chrét.

capitale qu'il réduisit en cendres. Le roi de *Juthia* parvint à s'échapper, et, abandonné de tous, il erra quelque temps dans les bois, où il mourut de faim et de misère.

1129   Pendant que les Birmans assiégeaient   1767
Juthia, il se trouva un homme courageux, fils d'un Chinois et d'une Siamoise, appelé *Phaja-Tak*, gouverneur d'une province du nord ; cet homme, prévoyant la ruine de la capitale, rassembla environ mille soldats, hardis et déterminés, avec lesquels il se retira dans les montagnes de *Makhon-Najok*. Plusieurs fois les Birmans vinrent attaquer cette petite troupe de braves guerriers ; mais ils furent toujours repoussés et mis en déroute. *Phaja-Tak* se dirigea ensuite vers *Bang-Pla-Soi* qui le reconnut pour roi ; de là, il se rendit à *Rajong*, augmenta sa troupe en appelant auprès de lui tous les hommes de bonne volonté. Le gouverneur de *Chanthabun*

ayant refusé de reconnaître son autorité, il se mit en marche pour aller attaquer cette ville. Quand il fut arrivé près des murailles, il fit briser tous les vases de cuisine, en disant à ses soldats : Mes amis, il faut que nous allions prendre notre repas dans la ville, et il ordonna l'assaut à l'instant même. Malgré le feu des assiégés, et une grêle de pierres qu'ils faisaient pleuvoir sur les assaillants ; *Phaja-Tak*, monté sur son éléphant, s'avança à la tête de ses troupes qui le suivirent avec ardeur. Il enfonça une des portes, et bientôt la ville fut en son pouvoir. Il fit construire, à la hâte, cent barques de guerre, et, quand elle furent équipées, il alla prendre *Phuthaimàt* ou *Kankao*, sur les confins de la Cochinchine, puis il soumit le Camboge à son autorité; enfin, il revint auprès des ruines encore fumantes de *Juthia*, exterminant tous les corps de troupes des Birmans

Ère de Siam.		Ère chrét.

qui étaient restés dans le pays. Dès qu'il fut délivré de ses ennemis, il vint établir sa résidence à *Bangkok*, qu'il appela *Thanaburi*. Il régnait alors une grande famine dans le pays; *Phaja-Tak* envoya ses navires acheter du riz dans les États voisins, et le distribua libéralement au peuple.

1131 Guerrier infatigable, *Phaja-Tak* n'habitait presque jamais dans son palais; il était toujours dans les camps et à la tête de son armée; il reprit *Ligor*, *Phittanulôk* et *Xieng-Mai*, où il établit un nouveau roi. Chaque année les Birmans venaient faire des irruptions; *Phaja-Tak* les faisait cerner par ses troupes jusqu'à ce qu'ils mourussent de faim ou qu'ils se rendissent à discrétion. 1769

1139 Il entreprit aussi une expédition contre le royaume *Lao* de *Vieng-Chan*; s'étant emparé de la capitale, il en rapporta la fameuse idole d'émeraude, appelée *Phra-Këo*. 1777

1142 *Phaja-Tak* se montra constamment 1780

très-ami du peuple et des pauvres, aussi était-il très-libéral ; ses soldats recevaient une solde trois ou quatre fois plus forte que sous les règnes précédents. Mais, d'autre part, il était rude, sévère, et trop exigeant à l'égard des riches et des mandarins ; c'est ce qui fut la cause de sa perte. On dit que les mandarins lui firent prendre certaines drogues qui le rendirent fou ; il s'imagina qu'il devenait semblable à Bouddha, et il voulut qu'on lui fît des sacrifices et des offrandes comme on en faisait aux idoles ; il se mit à exiger des sommes d'argent des mandarins, et à faire battre du rotin ceux qui ne lui en donnaient pas. Le peuple, animé par les grands, se révolta et vint attaquer le roi jusque dans son palais. Le roi tremblant, s'enfuit dans une pagode, 1144 et se fit talapoin. Peu de temps après, 1782 le premier ministre s'étant emparé du trône, fit tirer *Phaja-Tak* de la pagode et le fit massacrer, sous prétexte qu'il pourrait exciter des troubles dans la suite. Le nouveau roi, qui prit le nom de *Phra-Phuti-Chào-Lùáng*, transporta la cité et le palais de la rive occidentale à la rive orientale. Sous son règne, les Birmans firent encore plusieurs irruptions sur le territoire de Siam ; mais ils furent toujours repoussés et battus.

1173 Ce monarque, qui est le premier 1811 roi de la dynastie actuelle, régna vingt-neuf ans. Après sa mort, son fils (qu'on appelle ordinairement *Phëndin-Klang*), gouverna paisiblement
1187 pendant quatorze ans. Quand il mou- 1825 rut, son fils *Chào-Fa-Mongkut* n'avait guère que vingt ans ; en sa qualité de fils aîné de la reine, le trône lui appartenait ; mais un de ses frères, fils d'une concubine, et plus âgé que lui, s'empara du pouvoir, en disant au prince : Tu es encore trop jeune, laisse-moi régner quelques années, et,

plus tard, je te remettrai la couronne. Il se fit donc proclamer roi, sous le nom de *Phra-Chào-Prasat-Thong*. Une fois assis sur le trône, il paraît que l'usurpateur, s'y trouvant bien, ne songea plus à remplir sa promesse. Cependant le prince *Chào-Fa*, craignant que s'il acceptait quelque charge dans le gouvernement, tôt ou tard, et sous quelque spécieux prétexte, son frère ne vînt attenter à sa vie, se réfugia prudemment dans une pagode, et se fit talapoin. Il se passa deux événements mémorables sous le règne de *Phra-Chào-Prasat-Thong;* le premier, fut la guerre contre le roi *Lao* de *Vieng-Chan,* qui eut lieu en 1829 ; ce monarque, fait captif, fut amené à

1191 *Bangkok*, mis dans une cage de fer, 1829 exposé aux insultes de la populace, et ne tarda pas à succomber aux mauvais traitements qu'il endurait. Le se-

1196 cond, fut une expédition dirigée 1834 contre les Cochinchinois, et par terre

et par mer, laquelle n'a pas eu d'autre résultat que de procurer à Siam quelques milliers de captifs.

Au commencement de 1851, le roi étant tombé très-malade, rassembla son conseil, et proposa un de ses fils pour successeur. On lui répondit : Sire, le royaume a déjà son maître. Atterré par cette réponse, le monarque rentra dans son palais et ne voulut plus reparaître en public ; le chagrin et la maladie le minèrent bien vite, et il expira le 3 avril 1851. Ce jour-là même, malgré les complots des fils du roi défunt, que le premier ministre sut habilement comprimer, le prince *Chào-Fa* quitta ses habits jaunes, et fut intronisé sous le nom de *Somdet-Phra-Paramander-Mahá-Mongkut*, etc. Sa Majesté le roi, qui porte la grande couronne. (Je m'abstiens de citer les autres titres qui rempliraient une page entière.) Pendant vingt-cinq ans, le souverain actuel de

Ère de Siam.

Ère chrét.

la nation *thai* s'est adonné patiemment à l'étude du sanscrit, du bali, de l'histoire, de la religion, de la géographie, de la physique et de la chimie, de l'astronomie, et enfin de la langue anglaise. Dès son avénement au trône, Sa Majesté s'est occupée de faire exercer ses troupes à l'européenne, de creuser des canaux, faire des routes, bâtir des forteresses, construire des navires, faire des commandes de bateaux à vapeur, favoriser les arts, l'industrie et le commerce; elle a établi une imprimerie royale; elle accorde la liberté de l'enseignement religieux aux diverses nations qui composent la population du royaume; en un mot, tout présage que son règne deviendra une époque remarquable dans l'histoire de la nation des *Thai*.

CHAPITRE VINGTIÈME.

HISTOIRE DE LA MISSION DE SIAM.

On peut dire avec raison que saint François-Xavier a été le premier missionnaire de Siam, puisqu'il a exercé son zèle à Malacca, État qui dépendait alors de Siam, aussi bien que l'île de Syngapore. Il existe encore des lettres de ce saint, datées de Syngapore, dans lesquelles il témoigne un vif désir d'aller prêcher dans l'empire de Siam. Un historien portugais rapporte que, peu d'années après la mort de saint François-Xavier, plusieurs navires de guerre de sa nation, faisant la chasse aux pirates, allèrent jusqu'à Siam, où le roi employa les soldats portugais dans ses expéditions mi litaires. Deux ou trois cents d'entre eux se fixèrent dans le pays, aux environs de la capitale. Dans la suite ils obtinrent quelques jésuites, des dominicains et des franciscains, qui établirent trois petites paroisses, de quatre à cinq cents âmes chacune.

Plus tard, vers l'an 1658, monseigneur Palu, évêque d'Héliopolis, et monseigneur De la Mothe-Lambert, évêque de Bérythe, ayant fondé la congrégation des Missions étrangères, dans le but de former un clergé indigène dans la Chine et les pays voisins, par ordre du Saint-Siége, monseigneur de Bérythe, avec six ou sept missionnaires, se mit en route à travers la Syrie, la Perse, l'Inde, le Bengale et la presqu'île Malaise, et, après un voyage périlleux d'environ trois ans, il arriva, le 22 août 1662, à la capitale de Siam, qu'on nomme Juthia.

Peu de jours après son arrivée, il rendit visite au capitaine des Portugais. Cet officier le reçut avec beaucoup de politesse et de grands témoignages d'estime et de respect; il voulut qu'il logeât dans leur camp. Les Portugais appellent camps les quartiers où villages qu'ils habitent aux environs des villes. Cet officier procura à monseigneur de Bérythe un logement proche du sien, et fit avertir de son arrivée tous les prêtres et tous les religieux qui étaient dans la ville ; la plupart d'entre eux vinrent rendre visite au prélat, selon la coutume du pays.

Après une retraite de quarante jours, qu'il fit avec ses missionnaires, pour y reprendre l'esprit du recueillement, prévoir et préparer les choses qui regardaient la mission, monseigneur de Bérythe commença à fréquenter les Portugais, il s'appliqua à se perfectionner dans leur langue, à les entretenir des vérités de la religion, et à former avec les plus distingués des liaisons qui pussent lui être utiles dans la suite.

Cependant, il apprit qu'on faisait courir contre lui mille bruits désavantageux. On révoquait en doute s'il était évêque, et si ses missionnaires étaient prêtres. On affectait de dire que de toutes les lettres qu'on avait reçues d'Europe, pas une ne disait un seul mot de ces prétendus envoyés du Saint-Siége ; qu'on ne devait pas croire des inconnus sur leur parole ; qu'on avait bien vu d'autres imposteurs dans le monde, qui se paraient de la dignité épiscopale et du caractère de la prêtrise, pour s'introduire et pour s'accréditer dans des pays éloignés ; qui couvraient de mauvais desseins sous de beaux dehors de religion et de piété, et qui, dans le fond, n'étaient que des fourbes, des hypocrites, des hérétiques et des espions.

La malignité de quelques particuliers sut donner à ces calomnies des couleurs si apparentes, qu'un grand-vicaire de Goa, qui se trouvait alors à Siam, crut qu'il était de son devoir d'en éclaircir la vérité. Accompagné des principaux du camp des Portugais, il alla trouver monseigneur de Bérythe dans sa maison, au nom de l'archevêque de Goa, qui prétend être primat de toutes les Indes, le priant de lui montrer ses pouvoirs par écrit, et de qui il les avait reçus.

Monseigneur de Bérythe, pour se conformer aux ordres du pape, qui avait expressément défendu aux vicaires apostoliques de montrer leurs pouvoirs à qui que ce fût, s'ils en étaient requis par voie d'autorité ou de justice, répondit au grand-vicaire que, n'étant pas sujet du roi de Portugal, encore moins de l'archevêque de Goa, il ne pouvait obéir à sa sommation sans donner atteinte aux droits du Saint-Siége, duquel il tenait ses pouvoirs, mais qu'il offrait de les lui montrer en particulier, comme à son ami. C'est ce qui fut exécuté le lendemain. Le grand-vicaire en parut très-satisfait, et en fit le rapport à tous les Portugais du camp.

Cet éclaircissement, qui devait faire la pleine et entière justification de monseigneur de Bérythe, n'apaisa pas les esprits prévenus contre lui; et ce prélat, voyant que sa présence leur devenait de jour en jour plus odieuse, fut contraint de se retirer dans le camp des Hollandais. Là, pour employer utilement le séjour qu'il serait contraint de faire à Siam, il résolut de s'appliquer à l'étude des langues de la Chine et de la Cochinchine, où il voulait aller quand il en trouverait les moyens. Deux chrétiens, l'un Chinois et l'autre Cochinchinois, qui savaient la langue portugaise, offrirent de lui enseigner, aussi bien qu'à ses missionnaires, chacun la langue de son pays, et lui apprirent, en même temps, qu'il y avait, à une lieue du camp des Hollandais, un camp de Cochinchinois, dont les uns étaient païens, les autres chrétiens, et quelques-uns renégats. Comme la Cochinchine était renfermée dans l'administration de monseigneur de Bérythe, et que, par conséquent, ces Cochinchinois étaient de ses ouailles, il crut que son devoir l'obligeait à les instruire. Il alla à leur camp. Le capitaine de cette nation, qui était chrétien, le reçut avec beaucoup de joie et de respect. Tous les autres chrétiens, et les païens même, lui témoignèrent un ardent désir d'entendre de sa bouche les paroles du salut. Le jour de Noël 1663 il y dit la messe de minuit, et donna commencement à sa mission par un discours en langue portugaise, qui était expliqué par un interprète en cochinchinois, afin que tous pussent l'entendre. Ils furent si charmés de cette première instruction et goûtèrent si avidement la sainte parole, que, dès lors, ils quittaient leur travail ou les affaires de leur commerce pour se rendre chaque jour à la chapelle qu'on avait dressée. Ils écoutaient, avec une attention et une docilité admirables, les vérités de la foi.

A peine eut-on fait trois ou quatre instructions, que plusieurs païens demandèrent le baptême; d'autres voulurent avoir des conférences particulières avec les missionnaires, pour proposer leurs difficultés. Tous donnèrent de grandes espérances de leur prochaine conversion.

Les chrétiens, touchés des effets que la grâce produisait dans l'âme des païens, firent éclater leur zèle et leur ferveur. Ceux qui savaient la langue portugaise, s'approchaient des sacrements avec de très-vifs sentiments de componction et d'humilité, instruisaient les catéchumènes et n'oubliaient rien pour gagner à Jésus-Christ les païens encore rebelles à la vérité. Ceux que la persécution avait fait tomber dans la Cochinchine, témoignaient, par leur confusion et par leurs larmes, un sincère repentir de leur chute et le désir qu'ils avaient de faire pénitence et de se relever.

Le départ inopiné de vingt Cochinchinois retarda quelque temps une partie du progrès que faisait cette mission naissante. Ils étaient enrôlés dans les troupes de la marine du roi de Siam, et reçurent ordre de se rendre à leurs galères ; mais le roi congédia bientôt ses troupes, et ils revinrent à leur camp, plus fervents qu'ils ne l'étaient à leur départ. Le capitaine et plusieurs soldats de l'équipage étaient chrétiens. Pendant la navigation, tous les matins et tous les soirs ils faisaient la prière et récitaient les points fondamentaux de notre foi. Les soldats païens furent édifiés et touchés de ce pieux exercice. Ils se prosternèrent avec les chrétiens, apprirent par cœur ce qu'ils entendaient réciter, et, le jour de leur arrivée à Siam, ayant aperçu un missionnaire, ils coururent à lui, le saluèrent avec des transports de joie en disant : Nous ne voulons plus d'idoles, nous sommes chrétiens, nous savons les principaux mystères de la foi, nous les croyons, nous demandons le baptême.

Dans ces régions orientales où l'idolâtrie, la volupté et les vices exposent les nouveaux chrétiens au danger continuel de décréditer la religion par leur inconstance, ou de la déshonorer par une vie déréglée, la prudence ne permet pas d'admettre les catéchumènes au baptême, qu'après s'être assuré, par une épreuve suffisante, de la fermeté de leur foi et de la pureté de leurs mœurs. Ces précautions si nécessaires ayant été prises, la plupart des Cochinchinois païens furent baptisés, et ceux qui étaient déjà chrétiens mieux instruits.

Il y avait aussi à Siam un petit camp de Japonnais chrétiens, qui s'y étaient réfugiés pour éviter la cruelle persécution que souffrait l'Église dans leur pays. Monseigneur de Bérythe les alla visiter, loua leur zèle pour la religion, les consola et leur offrit tous les secours et les services qui dépendaient de lui et de ses missionnaires. Ces chrétiens persécutés n'avaient jamais vu d'évêque; il se jetèrent aux pieds de monseigneur de Bérythe pour lui marquer leur respect; ils furent infiniment consolés et encouragés par les discours qu'il leur fit et qu'un interprète leur expliquait. Ils lui dirent que l'année précédente, trois cent soixante et dix personnes, de tout âge et de tout sexe, avaient souffert le martyre au Japon, et qu'il y en avait encore un grand nombre dans les fers ; que la ferveur des fidèles était toujours très-grande quoiqu'ils eussent perdu tous leurs pasteurs, et que cette perte les privât des secours de la sainte parole et des sacrements. Ce triste récit et l'impuissance où se trouvait monseigneur de Bérythe d'aller secourir cette Église persécutée, touchèrent vivement son cœur et lui arrachèrent des larmes. Il leur promit qu'il informerait le Pape de l'extrême besoin où ils étaient, afin que Sa Sainteté cherchât les moyens de les secourir. Ils les avertit que s'ils avaient parmi eux quelque bon sujet, qu'on pût rendre capable du sacerdoce, ils pouvaient le lui envoyer, et qu'on l'ordonnerait après l'avoir préparé aux saints ordres.

Les éloges que les Cochinchinois et les Japonponnais faisaient de monseigneur de Bérythe, inspirèrent à un grand nombre de Siamois la curiosité de voir ce prélat ; leurs entretiens roulaient principalement sur la religion qu'il venait leur annoncer ; ils lui faisaient des questions, proposaient des difficultés, admiraient les sublimes vérités du christianisme et la pureté de sa morale ;

mais ils prétendaient que leur religion n'était ni moins belle, ni moins sainte, ni moins propre à leur procurer la félicité éternelle. Voici l'idée que donnent de cette fausse religion les missionnaires les mieux instruits.

Les Siamois, disent-ils, ont des temples magnifiques, où l'on voit des statues colossales d'une figure monstrueuse ; ils les surdorent si proprement que nos Français se sont laissés persuader, plus d'une fois, que celles du palais du roi sont d'or massif. Les riches particuliers en ont aussi de fort brillantes dans leurs maisons, qu'ils embellissent par les ornements les plus précieux. Leurs prêtres, que les Portugais ont appelés talapoins, sont logés dans des cloîtres et des cellules auprès des temples. Ils ne sortent presque jamais de leur monastère que pour recevoir l'aumône ; ils la demandent sans parler et se contentent de présenter leurs marmites. Le peuple, qui sait qu'ils ne possèdent aucun bien, qu'ils vivent très-sobrement, et qu'ils distribuent aux pauvres ce qu'ils ont de superflu, leur prodigue ses charités. Leur vie est fort austère ; leur habit, fait de toile jaune, est plus modeste que celui des laïques. Ils peuvent le quitter lorsqu'il leur plaît, abdiquer la prêtrise et se marier. La science des plus habiles se réduit à entendre la langue des savants (cette langue est le bali), et à avoir l'intelligence de certains mystères impies ou fabuleux, qu'ils tiennent fort secrets. Quand les missionnaires ont voulu parler de la religion avec ceux qui passaient pour leurs plus grands docteurs, au lieu de répondre, il les ont renvoyés aux livres qu'ils révèrent comme des livres divins, et qui ne sont qu'un recueil de contes et de fables ridicules. La métempsycose est un des points fondamentaux de leur religion.

Les chrétiens, les mahométans et les païens exercent librement leur religion dans la capitale du royaume et sous les yeux de la cour. On n'en défend aucune, pourvu qu'elle n'attaque point les lois du gouvernement. La politique favorise cette tolérance. La liberté qu'on laisse à chacun de vivre comme il lui plaît attire un grand nombre d'étrangers. Ils y apportent des marchandises, ils font débiter celles du pays, ils y établissent leur commerce et y perfectionnent les arts. Ces établissements augmentent les revenus du roi et les richesses de l'État; cette diversité de religion ne cause nul trouble, parce que chacun peut suivre, prendre ou quitter celle qu'il lui plaît. Personne n'est en droit de combattre ni de mépriser celle d'autrui.

Telle était la tolérance des religions à Siam, lorsque les vicaires apostoliques y arrivèrent. Mais, dans la suite, les talapoins voyant que, par le zèle des missionnaires, le christianisme faisait des progrès considérables, appréhendèrent qu'à la fin on n'abandonnât entièrement le culte des idoles, et qu'on ne leur retranchât les aumônes. Ils ont tâché de décrier cette nouvelle religion parmi le peuple ; ils ont fait craindre à la cour qu'elle ne causât quelque changement dans l'État. La révolution arrivée en 1688 leur a fourni des raisons spécieuses pour rendre leurs calomnies vraisemblables. Ils sont venus à bout d'obtenir du roi des défenses de prêcher l'Évangile à ses sujets, et les ouvriers évangéliques ont été souvent cruellement persécutés, comme nous le dirons plus tard.

Pour ce qui regarde l'âme de l'homme, les Siamois sont persuadés qu'elle ne meurt point avec le corps ; de là vient que chacun vit avec épargne pour amasser de l'argent qu'il cache le plus secrètement qu'il peut, afin que son âme puisse s'en servir au besoin, quand elle sera errante après s'être séparée de son corps. Cette folle opinion déroba à l'État des sommes immenses. Les princes et les grands seigneurs font élever des pyramides sous lesquelles ils enterrent leurs trésors pour l'autre vie, et quoiqu'ils croient que le plus énorme sacrilége qu'on puisse commettre c'est de voler l'argent des morts, néanmoins, pour plus grande sûreté, on commet des talapoins à la garde de ces dépôts sacrés.

La métempsycose, dont ils sont si entêtés qu'ils la regardent comme le fondement de leur religion, a donné cours à une autre opinion qui n'est pas moins extravagante que celle dont je viens de parler. Ils croient qu'après que les âmes ont passé successivement par les corps d'un certain nombre d'hommes ou d'animaux, elles ne sont plus unies qu'à des corps aériens qu'elles transportent dans les lieux les plus éloignés avec une vitesse égale à celle de la pensée, et que, par cette agilité, elles acquièrent le pouvoir de conduire toute chose dans le monde ; mais, qu'après qu'elles ont rempli ce pénible ministère pendant quelques siècles, elles sont anéanties par l'excès de leurs mérites.

Quelque difficile que parut la conversion d'un peuple si attaché aux cérémonies pompeuses de sa superstition, monseigneur de Bérythe, comptant sur la miséricorde de Dieu et sur la puissance de sa grâce, ne désespérait pas que la lumière de l'Évangile n'éclairât plusieurs Siamois. Il demandait à Dieu leur conversion par des prières et par des larmes continuelles, et cherchait les occasions de les voir et de les instruire. Sa charité le conduisait chez les malades et chez les prisonniers. Il soulageait leur misère par des aumônes, les consolait dans leurs souffrances, les exhortait à croire et à recourir au Dieu véritable, Créateur du ciel et de la terre, et à Jésus-Christ rédempteur des hommes. Les missionnaires partageaient avec le prélat ces soins charitables; ils distribuaient des remèdes qu'ils avaient apportés d'Europe, et quand ils étaient appelés pour des enfants malades et qu'ils les voyaient moribonds, ils les baptisaient.

Cependant monseigneur de Bérythe prenait les mesures les plus justes pour le succès de sa mission. Il désirait obtenir de la sacrée congrégation et du Pape la décision des difficultés importantes qui l'embarrassaient, afin qu'il pût régler toutes choses selon l'esprit de l'Église. D'ailleurs il était surpris de n'avoir reçu aucune lettre depuis son arrivée à Siam, quoique, selon les apparences, plusieurs de ses correspondants lui en eussent envoyé. Il craignait que l'on n'eût porté à Rome des plaintes contre lui et contre ses missionnaires pour les faire rappeler. Il voyait que le nombre des missionnaires français n'était pas suffisant pour les besoins de la mission, que les secours n'étaient pas assez abondants pour pouvoir soutenir les dépenses qu'on était obligé de faire ; enfin, qu'il était de la dernière conséquence pour la mission, de demander au Saint-Père qu'il voulût bien étendre l'administration des vicaires apostoliques sur les royaumes de Siam, de Pégu, de Camboge, de Ciampa, de Lao, ainsi que sur les îles et les contrées voisines.

Ces raisons firent prendre la résolution de renvoyer un missionnaire en Europe. M. de Bourges, que son mérite éleva dans la suite à l'épiscopat, parut à monseigneur de Bérythe le sujet le plus propre à faire réussir tant d'affaires si épineuses.

Il n'était pas encore de retour de Ténasserin, où il avait été envoyé pour tâcher d'apprendre des nouvelles de monseigneur d'Héliopolis ; mais, malgré les fatigues d'un voyage de plus de dix mille lieues que M. de Bourges était obligé de faire pour aller en Europe et revenir aux Indes, on se tenait si assuré de son consentement, que monseigneur de Bérythe, étant sur le point de partir pour la Chine, fit toutes les dépêches et les lettres dont il devait être porteur, afin qu'il pût profiter de la première occasion de se mettre en mer. Il fallut l'attendre assez longtemps.

Monseigneur de Bérythe, ayant donné tous ses ordres, prit congé des Cochinchinois dans le mois de juillet 1663, et partit pour la Chine avec deux missionnaires dans un vaisseau qui faisait voile pour Canton. Mais après avoir essuyé une tempête qui mit ses jours en danger, et à laquelle il n'échappa que par un miracle, monseigneur de Bérythe fut obligé de retourner par terre à Siam ; il n'y arriva qu'environ deux mois après qu'il en était parti. Pour se mettre plus en sûreté, et plus à portée d'instruire les Cochinchinois, il alla se loger dans leur camp. Les esprits prévenus contre lui, qui s'étaient flattés qu'il ne paraîtrait plus à Siam, furent très-irrités de son retour, et pour ne pas lui donner le loisir de s'y établir, peu touchés des maux qu'il avait soufferts sur la mer, du danger qu'il avait couru, et de la nécessité qui l'avait contraint de revenir sur ses pas, ils prirent la résolution de se saisir de sa personne et de l'envoyer en Europe. Un aventurier, nouvellement arrivé de

Lisbonne, se chargea de l'exécution. Un jour de dimanche, sur le soir, il se rendit à la maison de monseigneur de Bérythe avec une nombreuse escorte, et affectant des airs audacieux : Qu'on avertisse, dit-il, l'évêque que je veux lui parler. Monseigneur de Bérythe averti alla avec deux missionnaires le trouver dans la salle où il se promenait, l'aborda avec politesse, le remercia de l'honneur qu'il lui faisait de le visiter et le pria de s'asseoir. Ce n'est pas pour vous faire une visite, lui répondit brusquement l'aventurier, que je suis venu. Je viens pour vous sommer de me montrer la permission que le roi, mon maître, vous a donnée de venir aux Indes, et, si vous y êtes venu sans son ordre, je vais dans le moment vous saisir avec vos prétendus missionnaires, et vous conduire au pied de son trône. Sourd à toutes les raisons que monseigneur de Bérythe lui alléguait, il l'eût infailliblement enlevé par violence ; mais les Cochinchinois, avertis de l'insulte qu'on faisait chez eux à un évêque destiné pour leur nation, coururent aux armes, entrèrent en foule le sabre à la main dans la salle. Leur capitaine saisit l'aventurier à la gorge, le menaça de lui trancher la tête ; le chassa, et si monseigneur de Bérythe n'eût arrêté l'emportement des Cochinchinois, ils l'auraient taillé en pièces avec tous ceux qui l'accompagnaient. L'aventurier, ayant manqué son coup, gagna son bateau avec précipitation et se retira.

Cette affaire pensa avoir des suites fâcheuses. On rapporta aux Cochinchinois que ce fanfaron, piqué de l'affront et des rudes traitements qu'on lui avait faits, avait juré qu'il irait brûler leur camp. Ceux-ci, à l'insu de monseigneur de Bérythe, irrités de ces menaces, armèrent deux galères que le roi de Siam leur avait confiées, et descendirent par la rivière au camp des Portugais, passèrent et repassèrent trois ou quatre fois, en les défiant d'en venir aux mains par des cris et des huées selon la coutume du pays. Les Portugais, saisis de frayeur, n'osèrent paraître. L'aventurier, blâmé par tous les habitants les plus considérables et les plus sages du camp, se déroba secrètement et disparut, et depuis, on ne l'a plus vu à Siam.

Il n'est point de nation dans les Indes plus courageuse et plus emportée que les Cochinchinois. Le capitaine du camp hollandais, qui les connaissait depuis longtemps, et qui ne voulut point se mêler de cette affaire, avertit les Portugais qu'il était à craindre que les Cochinchinois, qui avaient beaucoup de soldats parmi eux, ne vinssent quelque nuit les massacrer tous dans leurs maisons. Monseigneur de Bérythe, informé de ce qui se passait, se servit de l'ascendant qu'il avait sur l'esprit des Cochinchinois pour modérer leur colère, et par ses remontrances et ses prières, il les apaisa. Mais un service si important rendu aux Portugais ne diminua rien de l'animosité de ceux qui s'étaient déclarés contre le prélat. Ils le traitaient d'hérétique, ne parlaient que d'enlèvement, de chaînes, de prison, d'inquisition contre tous les prêtres français qui étaient venus aux Indes sans la permission du roi de Portugal.

Ces insultes réitérées firent sentir encore plus vivement la nécessité d'envoyer monseigneur de Bourges à Rome. Il partit de Siam le 14 octobre 1663, sur un vaisseau anglais, et n'arriva en Angleterre que le 20 juillet 1665. Il fut reçu à Londres avec les plus grands honneurs, de là vint à Paris, et se hâta de se rendre à Rome pour exécuter les ordres de monseigneur de Bérythe.

Ce prélat se disposant à donner la confirmation aux Cochinchinois ses ouailles, consentit, à la prière des jésuites et des dominicains, qui conduisaient deux paroisses composées de Portugais, à conférer ce sacrement aux chrétiens des autres nations qui lui seraient présentés par leurs pasteurs. On lui en fit un crime. L'affaire fut portée à Rome, et ne fut décidée que le 20 décembre 1668. Le Pape approuva et confirma toutes les fonctions que monseigneur de Bérythe et ses missionnaires avaient faites à Siam, et pour prévenir de pareilles accusations, le 7 mars 1669, Sa Sainteté permit à monseigneur d'Héliopolis (quand la nécessité ou l'utilité de l'Église le demanderait), de faire toutes les fonctions épiscopales hors de l'Europe, dans tous les lieux qui ne seraient pas soumis à la domination des princes catholiques.

Monseigneur d'Héliopolis arriva à Siam le 27 janvier 1664. Il était parti de Marseille le 2 janvier 1662, accompagné de six missionnaires, et d'un gentilhomme de Champagne d'une grande piété, nommé M. de Foissy de Chamesson, qui, quoique laïque, s'était consacré à la mission. MM. Perigot, de Mauvole, Danville et Cheveau étaient morts des fatigues du voyage. M. Lanneau, qui fut évêque de Métellopolis, et M. de Chamesson, restaient seuls de la suite du prélat. Quelle fut la joie des deux vicaires apostoliques et des missionnaires, de se voir réunis, contre leur attente, dans un même lieu par un pur effet de la Providence !

A peine monseigneur d'Héliopolis se fut-il délassé pendant quelques jours à Siam, qu'il se mit en devoir de passer au Tong-King qui était le lieu principal de son vicariat. Mais un marchand mahométan à qui il avait prêté cinq cents écus pour le transporter dans cette contrée, lui manqua de parole et lui vola son argent, ce qui l'obligea à séjourner à Siam. Messeigneurs les vicaires apostoliques résolurent alors de fonder à Siam un séminaire; mais le manque d'argent les empêcha de mettre ce projet à exécution. De concert avec les missionnaires, ils firent alors divers règlements, et monseigneur d'Héliopolis consentit à partir pour Rome afin de les faire approuver par le Pape, et d'obtenir divers brefs nécessaires au bien de la mission. Il partit donc de Siam le 19 janvier 1665, trois ans après son départ de France.

Vers le même temps, le roi de Siam, qui avait souvent entendu parler avantageusement des missionnaires français, eut la curiosité de les voir. Par son ordre, ils se rendirent au palais et furent introduits en particulier à l'audience de Sa Majesté. Quoique ce prince fût grand en tout et magnifique à l'excès, quand il paraissait en public, il n'affectait point dans les audiences particulières cette grandeur fastueuse, ni ces manières hautaines qui rendent inaccessibles la plupart des souverains de l'Asie. Humain, poli, bienfaisant, il savait associer à la majesté royale les agréments de la vie civile, et se familiariser quelquefois, sans rien perdre de sa dignité. Il aimait ses sujets en père, et il en étaient aimé jusqu'à l'adoration. Tous les étrangers étaient reçus par lui avec bonté, jouissaient de sa protection et affluaient de toutes parts dans son royaume. Ses ports étaient remplis de vaisseaux de toutes les parties du monde. On entendait parler tant de langues, on voyait tant de différentes nations dans sa capitale, qu'il semblait, dit un voyageur français, qu'elle fût la ville de tous les peuples et le centre du commerce de tout l'univers.

Les missionnaires se présentèrent sans crainte devant un roi si chéri, et si digne de l'être. Il les reçut avec sa politesse ordinaire. Monseigneur de Bérythe le remercia, par une courte harangue, de la bonté avec laquelle il leur permettait de rester dans ses États, et de la grâce qu'il leur accordait de paraître en sa présence. Le roi parut satisfait du discours du prélat, et lui fit plusieurs questions sur l'étendue de la France, sur son commerce, ses richesses et ses armées, sur le caractère de la nation et sur la puissance du souverain. Faisant ensuite tomber la conversation sur le dessein qui les avait amenés aux Indes ; *Pensez-vous*, leur dit-il, *que la religion que vous venez prêcher soit meilleure que celle dont les Siamois font profession?* Monseigneur de Bérythe prit de là occasion de lui expliquer les principales vérités du christianisme. Il développa les maximes fondamentales de la morale chrétienne, il parla de la vie et de la mort de Jésus-Christ, de ses miracles et du pouvoir qu'il avait donné à ses apôtres et à leurs successeurs.

S'il en est ainsi, reprit le roi, obtenez de votre Dieu, par vos prières, la guérison d'un de mes frères qui, depuis plusieurs années, est entièrement perclus de ses bras et de ses jambes. Si vous me donnez cette preuve sensible de la vérité de votre religion, nous l'embrasserons volontiers. Nous ne sommes pas assez saints, répliqua monseigneur de Bérythe, avec une profonde humilité, pour mériter que Dieu exauce nos prières ; mais, Sire, puisque Votre Majesté promet d'embrasser la religion chrétienne si son frère guérit, j'espère, avec une humble confiance, que Jésus-Christ voudra bien renouveler, en sa faveur, le miracle qu'il opéra autrefois à Jérusalem sur un paralytique, et comptant sur la promesse que fait Votre Majesté de se rendre à la vérité, nous allons nous mettre en prières avec tous les chrétiens pour obtenir la guérison qu'elle désire. Le prélat prit congé, fit assembler les fidèles dans sa chapelle, leur déclara la demande et la promesse du roi, et les exhorta à se joindre à lui et aux missionnaires, à veiller, à jeûner, à prier, à demeurer prosternés nuit et jour aux pieds de Jésus-Christ, jusqu'à ce que, par leurs prières et par leurs larmes, ils eussent obtenu une grâce si importante pour le progrès de la foi.

Après cette exhortation courte et pathétique, le Saint-Sacrement fut exposé. Le prélat et les missionnaires se mirent en prières. Les chrétiens, pénétrés jusqu'au fond du cœur de ce qu'ils venaient d'entendre, furent saisis d'une ferveur et d'un zèle si extraordinaires qu'ils ne pouvaient venir que de Dieu. Les uns élevaient les mains vers le ciel, les autres demeuraient prosternés la face contre terre. Ceux-ci frappaient leur poitrine, ceux-là faisaient éclater leurs soupirs et leurs gémissements. Tous formaient des vœux ardents pour la conversion du roi et pour la guérison de son frère. Pendant trois jours et trois nuits la prière fut continuée avec la même ardeur. Le jeûne fut si rigoureux qu'à peine les fidèles se permettaient les uns après les autres d'aller prendre quelque nourriture pour ne pas tomber en défaillance.

Sur la fin de la troisième nuit, des mandarins entrèrent dans la chapelle, et avec un empressement qui marquait la surprise et la joie dont ils étaient pénétrés, ils dirent à monseigneur de Bérythe, de la part du roi, que le prince sentait ses bras et ses jambes se ranimer et qu'il les remuait, ce qu'il n'avait pu faire depuis plusieurs années. A cette heureuse nouvelle, l'évêque, les prêtres et le peuple se prosternèrent de nouveau pour remercier Dieu. Un missionnaire renferma le Saint-Sacrement, et monseigneur de Bérythe répondit aux mandarins : Dites au roi qu'à la prière de l'Église, Dieu lui a accordé en partie la grâce qu'il demandait. Je ne doute pas, s'il exécute sa promesse, que Dieu n'accorde au prince une guérison et une santé parfaites ; mais, s'il y manque, qu'il appréhende la justice du Dieu Tout-Puissant qui laissera retomber son frère dans son infirmité.

Les mandarins rapportèrent fidèlement au roi la réponse de l'évêque ; il en fut frappé et parut pendant quelques jours, inquiet et fort rêveur. Il voulut revoir plusieurs fois, en particulier, monseigneur de Bérythe, et lui donna de grands témoignages de l'estime et de la vénération que cet événement, qui lui paraissait miraculeux, lui avait inspirées pour le Christianisme ; mais il ajouta, qu'avant de l'embrasser, il avait de sages précautions à prendre et de grands ménagements à garder. Qu'une démarche si extraordinaire pourrait avoir des suites fâcheuses et exciter des troubles et des révolutions dans l'État.

Monseigneur de Bérythe jugea qu'il devait, pour l'établissement de la mission, profiter des offres que le roi lui avait faites. Il présenta un placet à Sa Majesté, la supplia de lui donner un terrain pour bâtir une maison. Le roi lui accorda plus qu'il n'avait osé demander. Non seulement il lui donna un ample fonds de terre, dans le camp des Cochinchinois, mais encore, par surcroît de bonté, il lui promit de faire fournir les matériaux dont ils avaient besoin pour leur bâtiment, et, en effet, les officiers de Sa Majesté ne tardèrent pas de fournir de la brique et du bois pour commencer à bâtir.

Les missionnaires n'osèrent d'abord construire

que deux chambres pour y garantir leurs ornements d'église, leurs livres et leurs meubles du danger du feu et des eaux du fleuve qui inonde, chaque année, le royaume de Siam, comme le Nil inonde l'Égypte. Ensuite ils entreprirent un corps de logis; le premier étage était bâti de briques et partagé en plusieurs cellules, et la chapelle était placée au plus haut étage, pour la mettre à couvert des inondations. A côté du bâtiment, ils firent un cimetière entouré d'une muraille de briques et élevé de six pieds au dessus du terrain, afin de pouvoir y ouvrir la terre malgré les débordements du fleuve. Il y avait alors, autour de la ville de Siam, plusieurs peuplades de différentes nations, dispersées dans des villages que les Portugais appelaient camp. Les missionnaires donnèrent au leur le nom de camp Saint-Joseph, en reconnaissance des grâces qu'ils croyaient avoir obtenues de Dieu, par l'intercession de ce grand saint, et en mémoire du révérend père de Rhodes, qui étant arrivé au Tong-King le jour que l'Église célèbre la fête de saint Joseph, le choisit pour protecteur et pour patron de la Mission.

Ce fut le premier établissement que les missionnaires firent dans les Indes, et il semble qu'il leur attira de nouvelles bénédictions du ciel. Les catéchumènes se multiplièrent. Un talapoin fut éclairé des lumières de la foi. Malgré les obstacles que ses collègues mirent à sa conversion, il ouvrit son cœur à la vérité, reçut le baptême de la main de monseigneur de Bérythe, et déclara hautement qu'il était chrétien. Il arrive rarement que ces religieux idolâtres renoncent à leurs superstitions; mais plus leur conversion est rare, plus celle-ci réjouit l'Église de Siam. Des Cochinchinois furent pris, vers les côtes, par les galères du roi; on les mit en prison comme des espions. Monseigneur de Bérythe alla les visiter, les consola et obtint leur liberté. Tout le camp vint, en cérémonie, le remercier, et quatre de ces prisonniers demandèrent le baptême. Des jeunes gens de différentes nations se présentèrent pour être reçus dans le nouveau séminaire. Plusieurs pères de famille offrirent leurs enfants pour y être élevés. Le roi même confia aux missionnaires l'éducation des fils de quelques mandarins. Parmi ces élèves, il s'en trouva un qui avait reçu de Dieu une grâce singulière. Quelques années auparavant il était tombé grièvement malade; ses parents, qui le chérissaient, eurent inutilement recours aux médecins, aux idoles, aux sorciers ; le mal empirait, sa vie paraissait désespérée. Sur l'avis d'un néophyte, ils prièrent un missionnaire de voir ce petit moribond, et lui promirent que, s'il guérissait, ils consentiraient volontiers qu'il fût instruit et baptisé. Le missionnaire, attiré par cette promesse, alla réciter sur le malade le commencement de l'évangile de saint Jean. A peine eut-il prononcé ces paroles : *Et verbum caro factum est,* que le mourant ouvrit les yeux et regarda les assistants en souriant. Le père et la mère, frappés de cette prompte guérison, qu'on peut bien appeler miraculeuse, se jetèrent aux pieds du missionnaire et protestèrent qu'ils voulaient se faire chrétiens. Quatre autres personnes, qui étaient parentes, firent la même protestation, et ils furent en effet baptisés tous sept, dès qu'on les eût instruits. Ce fait est traduit exactement d'une lettre de monseigneur de Bérythe, écrite de Siam dans le mois de février 1664. Cet événement était tout récent, et un évêque de son caractère n'aurait eu garde de l'écrire et de le rendre public, s'il n'avait été constant et bien prouvé.

Le nombre des élèves était si grand qu'on manquait de logement pour les placer et de maîtres pour les instruire. Monseigneur de Bérythe n'avait que trois prêtres auprès de lui, dont un seul, M. Lanneau, travaillait à l'instruction des séminaristes avec un zèle et une application infatigables ; mais il ne pouvait, seul, former tant de sujets. Monseigneur de Bérythe n'épargnait pas les soins ; mais un camp de Japonnais, réfugiés à Siam, auxquels il ne pouvait refuser les secours spirituels, l'occupait souvent. Il fallait encore aller dire la messe le dimanche et les fêtes, et administrer les sacrements à des prisonniers chrétiens du royaume de Lao. Leur pauvreté, le triste état où ils gémissaient, leur naturel docile, leur attachement à la religion, l'espérance qu'ils pourraient être un jour utiles à la mission qu'on méditait d'ouvrir dans leur pays, toutes ces considérations obligeaient à exercer une charité particulière envers ces pauvres malheureux.

Dans une audience que le roi de Siam donna à monseigneur de Bérythe, au commencement de l'année 1667, ce prince lui témoigna qu'il souhaitait connaître plus parfaitemeut la religion chrétienne, pour pouvoir en parler plus savamment. Ce prélat, voulant lui en faciliter l'intelligence, lui fit présent d'un recueil d'images en taille douce, qu'on avait fait relier à Paris, avec des feuillets blancs entre les images, pour y écrire ce qu'elles signifiaient. Ces images représentaient tous les Mystères de la Vie et de la Passion de Notre-Seigneur Jésus-Christ, les Apôtres, les Évangélistes, les principaux fondateurs des Ordres religieux, deux des plus illustres saints de chaque Ordre et les quatre fins de l'homme.

Le roi, ayant parcouru ce recueil, dit à monseigneur de Bérythe qu'il lui ferait plaisir d'en écrire l'explication en langue siamoise sur les feuillets blancs. M. Lanneau, qui savait assez bien parler, lire et écrire cette langue, fut chargé de cet ouvrage, et lorsqu'il l'eut mis dans sa perfection, il le présenta au roi. Sa Majesté le lut, l'examina avec beaucoup d'application, et voulut avoir plusieurs conférences sur ce sujet avec ce missionnaire. Il le communiqua ensuite aux plus considérables et aux plus habiles de sa cour. Chacun employa tout son esprit et toutes ses lumières pour en faire un examen exact, et pour pouvoir, après ses réflexions, dire au roi ce qu'il en pensait. Dans le rapport qu'ils en firent à Sa Majesté, tous avouèrent que la religion chrétienne était belle, et qu'elle enseignait des choses fort relevées ; mais ils ajoutèrent que celle dont Sa Majesté faisait profession n'était ni moins bonne, ni moins estimable. Le roi approuva les éloges que les mandarins donnèrent à la religion chrétienne, et déclara, en diverses rencontres, qu'elle lui plaisait extrêmement. L'estime qu'il en avait conçue le porta à favoriser hautement les missionnaires jusqu'à la fin de sa vie. Le second frère du roi, ayant eu la curiosité de parcourir le recueil d'images qu'on avait présenté au roi, et d'en lire l'explication, obtint de Sa Majesté la permission d'en conférer avec les missionnaires. Il fit appeler M. Lanneau au palais. Dès que ce prince l'aperçut, il lui ordonna de s'approcher, de s'asseoir auprès de lui, et le pria de l'éclaircir sur notre religion, qu'il trouvait belle. M. Lanneau profita de cette heureuse disposition; il commença à l'entretenir de nos mystères, comme on a coutume d'en entretenir ceux qui n'en ont jamais entendu parler. Ce prince, qui ne manquait ni d'esprit, ni d'éducation, prit tant de goût dans ces entretiens, qu'il pria M. Lanneau de le venir voir de temps en temps, et, après quelques conversations, désabusé du culte des idoles, il confessa qu'il n'y avait qu'un seul Dieu, auquel seul il rendrait désormais ses adorations.

Ces heureuses dispositions de la maison royale favorisaient le progrès de la religion ; mais monseigneur de Bérythe et M. Lanneau étant seuls, se renfermaient principalement dans le soin du nombreux séminaire qu'ils avaient assemblé. L'éducation de tant de sujets, qu'on destinait, la plupart, à être un jour catéchistes, et ensuite élevés au sacerdoce, les occupait sans relâche. On leur montrait à lire et à écrire le latin ; on leur faisait apprendre les vérités de la foi, les prières chrétiennes, les cérémonies, le chant de l'église et les premiers éléments des sciences. Il fallait proportionner leur instruction à leur âge et à leur capacité, ce qui multipliait les leçons auxquelles on ajoutait les exercices de piété qui se pratiquent ordinairement dans tous les séminaires. Tant d'occupations laissaient peu de temps libre pour les fonctions de la mission.

Un mandarin, attaqué d'une maladie qui le tenait au lit depuis plusieurs mois, fit dire, le 30 janvier 1668, à monseigneur de Bérythe, qu'il souhaitait l'entendre parler de notre religion. L'évêque se rendit chez lui, et lui expliqua nos mystères. Pendant que ce mandarin écoutait ces divines vérités, la grâce agit si efficacement sur son cœur, qu'il répéta plusieurs fois qu'il était charmé de la beauté et convaincu de la vérité de notre religion, et supplia monseigneur de Bérythe de ne point différer de le baptiser, puisqu'il croyait en Jésus-Christ, et qu'il était dans la disposition de faire tout ce qu'on lui ordonnerait pour se mettre en état de recevoir ce sacrement qui donne la vie éternelle. Cette vocation parut si forte et si divine, qu'à cause de sa maladie on se hâta de l'instruire; il fut baptisé dans sa maison, et ne vécut que cinquante jours après son baptême. Dans ce court espace de temps, il reçut la Confirmation, l'Eucharistie et l'Extrême-Onction, avec de si grands sentiments de foi et de piété, qu'il n'y a pas lieu de douter que sa mort n'ait été aussi précieuse devant le Seigneur qu'elle fut édifiante pour les chrétiens. Son épouse, qui était dame d'honneur de la reine, touchée de son exemple, se convertit aussi et fut baptisée treize jours après la mort de son époux. Ce mandarin avait demandé à être enterré dans le cimetière du séminaire, mais sa veuve fut obligée de souffrir que ses funérailles fussent faites à la manière du pays, pour ne pas choquer ses parents et le premier ministre, qui voulut assister à son convoi.

Tant de conversions éclatantes et l'estime que le roi de Siam et son frère faisaient paraître pour la religion chrétienne, remplissaient les missionnaires de joie et d'espérances; mais la réception magnifique que Sa Majesté fit à des ambassadeurs d'Achen et de Golconde, qui étaient venus avec quelques-uns de leurs docteurs, pour le solliciter d'embrasser le mahométisme, à l'exemple de plusieurs princes idolâtres ses voisins, fit justement appréhender que cette détestable religion, qui flatte les sens et toutes les passions, ne s'introduisît à la cour et parmi le peuple. Déjà le grand crédit que les mahométans avaient dans ce royaume, les richesses qu'ils y possédaient, les services qu'ils rendaient aux Siamois, les intrigues qu'ils ménageaient, les mesures qu'ils prenaient pour faire des prosélytes, mettaient de grands obstacles à la conversion de cette nation. On avait donc lieu de craindre que cette ambassade n'achevât de tout perdre; mais la miséricorde de Dieu la rendit sans effet.

Peu de temps après, MM. de Bourges, Mahot, Bouchard, Guiaud et Savari, arrivèrent à Siam, au mois de février 1669. M. Brindeau les avait joints en chemin. Il avait été conduit de Macao à Goa, et mis dans les prisons de l'Inquisition ; mais les inquisiteurs, ayant reconnu son innocence, l'avaient traité avec beaucoup de douceur et renvoyé avec éloges. Son élargissement et son retour rendirent encore plus agréable l'arrivée des missionnaires venus de France. Ils étaient partis de La Rochelle dans le mois de mars 1666, sur un vaisseau de la nouvelle Compagnie Française. Leur voyage avait été long et fort périlleux, ayant passé près de trois ans sur mer, ou à Madagascar, ou au Brésil. La longueur du voyage, les tempêtes fréquentes, les chaleurs excessives de la zône torride, les avaient extrêmement fatigués. Quoiqu'on eût des provisions en abondance, et que, par ordre de MM. les directeurs de la Compagnie, on leur fournît tous les rafraîchissements nécessaires pour entretenir la santé, M. Lambert, un des premiers directeurs du séminaire de Paris, et frère de monseigneur de Bérythe, qu'il voulait aller rejoindre, fut attaqué d'une fièvre violente qui l'emporta en peu de jours. Il avait signalé son zèle dans tous les emplois ecclésiastiques, surtout dans les missions de la campagne auxquelles il s'était longtemps occupé, pour se rendre plus propre à celles des Indes. Sa perte sembla être réparée par un autre missionnaire, nommé M. Frachey, qui, étant parti de Paris pour Siam, l'année précédente, avait été obligé de séjourner à Madagascar. Il s'y embarqua avec M. de Bourges; mais il n'arriva pas au terme, il tomba malade et mourut très-saintement dans le royaume de Golconde. Quelques jours s'étant passés, on annonça à monseigneur de Bérythe la mort de M. Lambert. Il fut très-affligé de la perte d'un frère plein d'œuvres et de vertus, qui venait le chercher aux extrémités de la terre, pour partager ses travaux et ses tribulations; mais l'arrivée des nouveaux missionnaires, l'espoir qu'on lui donnait qu'il en arriverait bientôt un plus grand nombre, les secours effectifs qu'on lui envoyait du séminaire de Paris, pour soutenir celui de Siam, et surtout les bonnes nouvelles que M. de Bourges lui apportait de Rome, lui furent de grands sujets de consolation. Le Pape avait reçu cet envoyé avec toutes les marques de sa bonté paternelle, et avec de grands témoignages d'estime pour les vicaires apostoliques et pour leurs missionnaires. Par une nouvelle bulle, Sa Sainteté donnait pleins pouvoirs à monseigneur de Bérythe et à monseigneur d'Héliopolis, ou à l'un deux, au défaut de l'autre, de choisir, parmi les missionnaires, celui qu'ils jugeraient le plus capable de l'épiscopat, et de le consacrer évêque de Métellopolis, avec la même étendue de juridiction et d'administration que son prédécesseur. Enfin, le Saint-Père avait promis de soumettre à leur juridiction le royaume de Siam et quelques États voisins, et leur avait permis et à leurs missionnaires, d'exercer leurs fonctions et de faire des établissements dans toutes les Indes, excepté dans les lieux dépendants de la domination d'Espagne ou de Portugal.

Quelque temps après, monseigneur de Bérythe partit pour le Tong-King. Pendant son absence, les missionnaires s'étaient particulièrement attachés à instruire, à consoler et à secourir des prisonniers étrangers qu'on traitait avec une extrême rigueur et dont plus de quarante, se voyant sur le point de mourir, avaient demandé et reçu le baptême avec de grands sentiments de foi et de pénitence.

A son retour à Siam, dans le mois d'avril 1670, monseigneur de Bérythe voulut partager les travaux des directeurs du séminaire. Le soin de préparer ces jeunes Indiens aux ordres, ou du moins à l'emploi de catéchistes, fut sa principale occupation le reste de cette année 1670.

Pendant un voyage que fit monseigneur de Bérythe à la Cochinchine, les trois directeurs du séminaire de Siam, animés par le bref de Clément IX, qui avait étendu sur tout ce royaume la juridiction des vicaires apostoliques, résolurent d'établir une mission dans un lieu fort peuplé, appelé *Phitsilôk*, et éloigné de la ville royale d'environ cent lieues. M. Lanneau, qui parlait avec beaucoup de facilité la langue siamoise, s'y rendit dans le mois d'août 1671. Un des principaux habitants, qui connaissait sa capacité et ses vertus, vint le recevoir à son arrivée et le logea chez lui. Le bruit s'étant bientôt répandu qu'un missionnaire français, fort estimé du roi, était venu, le peuple, empressé de le voir, s'assembla chez son hôte. L'ouvrier évangélique, environné de cette multitude de gens simples et dociles, était occupé, du matin jusqu'au soir, à leur expliquer les premières vérités de la foi et les principes de la morale chrétienne. Ils l'écoutaient avec admiration et disaient hautement que la religion qui enseignait de si sublimes vérités, était la seule véritable, et qu'il fallait la préférer à toutes les autres.

Dans ce premier moment de ferveur, plusieurs demandaient le baptême, et tous lui promettaient de se convertir, s'il voulait demeurer un an chez eux. M. Lanneau, connaissant l'inconstance des Indiens, ne voulut pas hasarder le sacrement; il ne l'administra qu'à six ou sept enfants moribonds. Les deux directeurs du séminaire lui ayant donné avis que sa présence était absolument nécessaire dans la ville royale, il prit congé, le 11 septembre, des habitants de *Phitsilôk*, les exhorta à persévérer dans leurs bons sentiments, leur promit de les visiter de temps en temps, de baptiser ceux qui, par leurs bonnes mœurs, donneraient des preuves d'une véritable conversion, et de leur procurer, dans la suite, un missionnaire qui ferait sa résidence chez eux.

Cette course apostolique lui fit sentir la nécessité de composer un catéchisme, et de traduire les prières chrétiennes en langue siamoise. Il mit la main à cet ouvrage qui fut bientôt achevé, et il y ajouta un petit traité sur l'existence de Dieu, sur les mystères de la Trinité et de l'Incarnation. Dans la suite, il composa aussi une grammaire et un dictionnaire de la langue de Siam et de celle des savants, qu'on nomme le bali, dont la connaissance est absolument nécessaire pour développer les mystères impies de l'idolâtrie.

Ces occupations n'empêchaient pas M. Lanneau de prendre soin des malades qui s'adressaient à lui, et la bénédiction que Dieu donnait à ses remèdes le fit considérer à la cour et dans la ville comme un habile médecin. Pour travailler à sauver les âmes, sous prétexte de guérir les corps, il fit bâtir, près du séminaire, un hospice où il recevait les pauvres attaqués de quelque maladie. Plusieurs y reçurent les lumières de la foi, le baptême et les autres sacrements, et y moururent chrétiennement. D'autres, ayant été guéris par les soins charitables des missionnaires, mirent notre sainte loi en grande estime parmi les païens qui ne pouvaient comprendre qu'on rendît au prochain des services si pénibles et si rebutants non seulement sans aucun intérêt, mais même avec beaucoup de dépenses.

Le succès qu'avait l'hospice érigé en faveur des pauvres malades porta monseigneur de Bérythe à exécuter le projet qu'il avait formé d'établir à Siam la congrégation des Amantes de la Croix. Déjà il y avait quelques vierges et quelques veuves chrétiennes qui vivaient ensemble en esprit de communauté. Elles embrassèrent avec joie ce saint institut, commencèrent leur année de noviciat à la fin de laquelle elles firent leurs vœux et s'occupèrent avec zèle à élever les jeunes filles et à exercer les œuvres de miséricorde envers les personnes de leur sexe.

Le séminaire, multiplié par les élèves venus de la Cochinchine, était composé d'environ cent personnes. L'éducation de tant de sujets qui parlaient diverses langues, le soin des malades, des captifs renfermés dans les prisons et des petits enfants moribonds, épuisaient les forces et la santé de MM. Lanneau, Bouchard et Langlois. Ils succombaient sous le poids de tant de travaux. Pour leur donner quelque soulagement, monseigneur de Bérythe rappela de *Jongsélang* M. Perez, quoiqu'il travaillât utilement dans cette pénible mission. Vers ce même temps, M. de Courtaulin, missionnaire, arriva de Surate. Il rapporta l'agréable nouvelle qu'il y avait laissé monseigneur d'Héliopolis qui n'attendait qu'une occasion pour se rendre à Siam.

Monseigneur d'Héliopolis arriva à Siam le 27 mai 1673. Son retour, si longtemps attendu, ramena la joie dans le séminaire. Les secours temporels qu'il apportait, ne pouvaient venir plus à propos. On en avait un si pressant besoin, que les fonds étant presque épuisés, on se serait bientôt vu dans la triste nécessité de congédier une partie des séminaristes. Dans le camp des Cochinchinois, les chrétiens ayant appris son arrivée et celle des nouveaux missionnaires qui l'accompagnaient, en firent des réjouissances publiques, et plusieurs mandarins, amis de monseigneur de Bérythe, vinrent obligeamment l'en féliciter.

Dès que les deux prélats purent conférer en particulier, monseigneur d'Héliopolis fit à monseigneur de Bérythe le récit détaillé de tout ce qui lui était arrivé et de tout qu'il avait fait à Rome et en France. Il lui raconta avec quelle bonté il avait été reçu par Clément IX et par Louis XIV, qui l'avaient chargé de lettres et de magnifiques présents pour le roi de Siam, afin d'engager ce prince à le recevoir et à le considérer comme leur ambassadeur. La chose tourna effectivement comme on l'avait prévu et souhaité. Monseigneur de Bérythe ayant fait savoir au roi de Siam, par le Barcalon, qu'un vicaire apostolique, nouvellement arrivé de l'Europe, lui apportait des lettres du Pape et du roi de France, qu'il avait été contraint de laisser à *Bantan* des riches présents que ces deux grands potentats lui envoyaient, et qu'il n'attendait que les ordres de Sa Majesté pour se présenter à son audience, ce prince, dis-je, instruit de la grandeur et de la puissance de ces deux grands souverains qui lui envoyaient de l'extrémité de la terre des gages si obligeants et si honorables de leur estime, déclara sur-le-champ qu'il voulait recevoir leur ambassadeur avec une magnificence et des honneurs extraordinaires.

Cette déclaration, que le roi fit de sa propre bouche, causa une extrême joie aux évêques. Il était d'une grande conséquence que le roi donnât ces marques publiques de son estime pour la religion chrétienne, pour les souverains qui la professent et pour les ministres évangéliques qui l'enseignent. Mais le cérémonial qu'il fallait observer fit naître des difficultés qu'il n'était pas aisé de lever. A Siam c'est une coutume, dont les ambassadeurs même des rois ne sont pas affranchis, que personne ne peut se présenter à l'audience publique de Sa Majesté, que nu-pieds et prosterné le visage contre terre. Les évêques, voulant s'exempter de tout ce qui pouvait blesser la religion ou l'honneur du Pape et du roi de France, firent représenter qu'il y avait, dans les cérémonies qui leur avaient été marquées, plusieurs points qu'il ne leur était pas permis de suivre. Les mandarins, au contraire, et les ministres du roi de Siam voulaient que toutes les coutumes fussent observées, ou que le roi ne donnât point audience publique aux vicaires apostoliques. Cette affaire demeura trois ou quatre mois indécise.

Tandis qu'on travaillait à la régler, les évêques résolurent de procéder à l'élection de l'évêque de Métellopolis. Le Pape leur avait accordé, par deux brefs, le pouvoir d'élire et de consacrer celui des missionnaires qu'ils trouveraient le plus digne de l'Épiscopat. Monseigneur de Bérythe proposa M. Lanneau, et monseigneur d'Héliopolis, M. Chevreuil. M. Lanneau fut nommé. Ce choix fut universellement approuvé parce que, quel que fût le mérite de M. Chevreuil, M. Lanneau avait de grands avantages sur lui par rapport au royaume de Siam, où le nouvel évêque devait faire sa résidence ordinaire. Il savait parler et écrire en langue siamoise; il entendait les langues de plusieurs nations qui avaient des camps autour de la ville. Il avait un grand crédit parmi le peuple, et jouissait d'une grande estime à la cour et même dans l'esprit du roi. Ce prince, par une grâce qui est rarement accordée aux étrangers et aux plus considérables du royaume, lui avait permis d'approcher de sa personne royale et de lui parler toutes les fois qu'il le voudrait.

Après cette élection, les vicaires apostoliques renouvelèrent leurs instances à la cour pour obtenir l'audience qui leur avait été promise. Le roi, par considération pour le Pape et pour le roi de France, voulut bien exempter les évêques des cérémonies qui leur paraissaient blesser la pureté de la religion ou la dignité des souverains dont ils portaient les lettres. Sa Majesté décida qu'ils se présenteraient de la manière dont les ambassadeurs se présentent en Europe à l'audience des rois vers lesquels ils sont envoyés. Toutes les difficultés étant levées par cette décision, le jour de l'audience fut fixé au 18 d'octobre. La veille, monseigneur de Métellopolis, accompagné des missionnaires et de sept autres Français, porta les lettres du Pape et du roi très-chrétien dans un lieu où on a coutume de mettre en dépôt celles des rois étrangers. Des officiers, députés du palais, vinrent les prendre, les mirent séparément dans des corbeilles d'or, et les portèrent à la salle du conseil où le ministre et un grand nombre de mandarins s'étaient rendus pour être présents à l'interprétation que monseigneur de Métellopolis fit de ces lettres en langue siamoise.

Ensuite elles furent posées sur une espèce de trône, porté par deux mandarins, soutenu par plusieurs autres grands du royaume, et environné de soldats armés qui tenaient un grand parasol sur les corbeilles. On les porta ainsi au palais au son des hautbois, des tambours et des trompettes.

Le lendemain, sur les cinq heures du matin, un bateau à cinquante rames, suivi de quatre autres plus petits, vint prendre les évêques au camp de Saint-Joseph pour les conduire au palais avec toute leur suite. Jamais on n'avait fait à des ambassadeurs une réception aussi magnifique. Tout ce que la cour avait de plus riche et de plus grand fut étalé. Le roi voulut recevoir les évêques dans un corps de logis tout doré par dehors, et dans une salle dont l'entrée n'avait jamais été permise à aucun étranger, et dans laquelle jamais aucun ambassadeur n'avait été reçu. Cette faveur singulière ne causa pas peu d'étonnement à toute la cour; mais on fut encore plus étonné lorsqu'on vit les évêques, en présence du roi, s'asseoir sur des tapis brodés qu'on leur avait préparés, tandis que tous les mandarins, dont la salle était remplie, demeuraient prosternés la face contre terre. Dèsque les évêques furent assis, ils firent, sans se lever, trois inclinations au roi. Le ministre et les mandarins, ayant sur la tête des bonnets de forme pyramidale, dont quelques-uns étaient entourés d'un cercle d'or, se levèrent sur leurs genoux, firent trois inclinations au roi, les mains jointes et élevées sur leur tête, et se prosternèrent de nouveau, excepté le ministre, qui dit quelques paroles au roi, après lesquelles un mandarin vint se mettre devant les évêques et fit à haute voix la lecture des lettres du Pape et du roi de France. Voici la traduction de celle du Pape et la copie de celle du roi.

AU SÉRÉNISSIME ROI DE SIAM, LE PAPE CLÉMENT IX.

« Sérénissime roi, salut et lumière de la grâce
« divine. Nous avons appris avec plaisir que votre
« royaume, toujours comblé de richesses et de
« gloire, ne fut jamais aussi florissant qu'il l'est
« sous le règne de Votre Majesté. Ce qui touche
« encore plus sensiblement notre cœur, c'est la
« clémence, la justice et les autres vertus royales
« qui vous portent non seulement à traiter avec
« votre équité générale, mais encore à favoriser

« avec une bonté singulière les prédicateurs évan-
« géliques qui pratiquent et qui enseignent à vos
« sujets les lois de la véritable religion et de la
« solide piété. La renommée a publié dans toute
« l'Europe la grandeur de votre puissance et de
« vos forces, l'élévation de votre génie, la sagesse
« de votre gouvernement et mille autres qualités
« éclatantes de votre auguste personne.

« Mais nul n'a publié plus hautement vos
« louanges en cette ville que l'évêque d'Hélio-
« polis. C'est de sa bouche que nous avons ap-
« pris que Votre Majesté à donné à notre véné-
« rable frère l'évêque de Bérythe un terrain et
« des matériaux pour bâtir une maison et une
« église, et que votre libéralité a ajouté à ce bien-
« fait d'autres grâces signalées que nos mission-
« naires qui travaillent depuis si longtemps dans
« vos États n'avaient jamais obtenues. Monsei-
« gneur d'Héliopolis, plein de reconnaissance et
« brûlant d'un saint zèle pour le salut des âmes,
« nous demande de retourner dans votre royaume.
« Nous lui accordons volontiers cette permission,
« et nous vous conjurons de protéger et de mettre
« ces deux vénérables évêques à couvert de la
« haine des méchants et des insultes de leurs en-

« nemis, par votre autorité, par votre justice et
« par votre clémence.

« Ce prélat vous offrira de notre part quelques
« présents. Ils ne sont pas d'un grand prix ; mais
« je vous prie de les recevoir comme des gages de
« la parfaite bienveillance et de la grande estime
« que j'ai conçues pour vous. Il vous dira que nous
« prions jour et nuit le Dieu tout-puissant, et
« que, dans ce moment même, nous lui adressons
« nos prières, dans toute l'effusion de notre cœur,
« pour obtenir de sa bonté et de sa miséricorde,
« qu'il répande sur vous la lumière de la vérité,
« et que, par ce moyen, après vous avoir fait régner
« longtemps sur la terre, il vous fasse régner éter-
« nellement dans le ciel.

« Donné à Rome, le 24 août 1669, etc. »

LETTRE DE LOUIS XIV AU ROI DE SIAM.

« Très-haut, très-excellent, très-puissant prince,
« notre très-cher et bon ami, ayant appris le
« favorable accueil que vous avez fait à ceux de
« nos sujets qui, par un zèle ardent pour notre
« sainte religion, se sont résolus de porter la lu-
« mière de la foi et de l'Évangile dans l'étendue

« de vos États, nous avons pris plaisir de profiter
« du retour de l'évêque d'Héliopolis pour vous en
« témoigner notre reconnaissance, et vous mar-
« quer, en même temps, que nous nous sentons
« obligé du don que vous lui avez fait, et au sieur
« évêque de Bérythe, non seulement d'un champ
« pour leur habitation, mais encore de matériaux
« pour construire leur église et leur maison; et
« comme ils pourront avoir de fréquentes occa-
« sions de recourir à votre justice dans l'exécution
« d'un dessein si pieux et si salutaire, nous avons
« cru que vous auriez agréable que nous vous de-
« mandassions, pour eux et pour tous nos autres
« sujets, toutes sortes de bons traitements, vous
« assurant que les grâces que vous leur accorde-
« rez nous seront fort chères, et que nous
« embrasserons avec joie les occasions de vous
« en marquer notre gratitude; priant Dieu, très-
« haut, très-excellent, très-puissant prince, notre
« très-cher et bon ami, qu'il veuille augmenter
« votre grandeur avec fin heureuse.

« Votre très-cher et bon ami,

« *Signé* : LOUIS.

« Et plus bas : Colbert. »

Cette lecture étant finie, le roi parla aux prélats, par interprètes. Il adressait la parole à son ministre qui rapportait à monseigneur de Métellopolis ce que le roi disait, et celui-ci rendait au ministre la réponse des évêques. Tout le discours du roi roula sur l'estime qu'il avait pour le Pape et pour le roi de France, et sur le plaisir que lui causaient les témoignages que ces grands princes lui donnaient de leur amitié, et il finit en disant à monseigneur de Bérythe : C'est vous qui avez commencé cette agréable liaison, c'est aussi à vous à trouver moyen de l'entretenir. Alors, les hautbois, les trompettes et d'autres instruments commencèrent à jouer. Des officiers du roi présentèrent, dans des coupes d'or, l'arec et le bétel aux évêques ; d'autres leur offrirent des confitures dans plusieurs bassins d'or, et, peu de temps après, un autre officier apporta dans une caisse deux habits violets de soie de la Chine pour les prélats, et un habit noir pour monseigneur de Métellopolis, qui n'était pas encore sacré. On tira des rideaux qui cachèrent la personne du roi et le trône. Les mandarins se levèrent, firent beaucoup d'honnêtetés et de grandes félicitations aux évêques, sur s'en retournèrent dans le même équipage qui les avait amenés.

Peu de jours après l'audience publique, le ministre écrivit aux évêques que le roi avait pris la résolution d'envoyer des ambassadeurs en Europe. L'officier qui leur remit cette lettre les avertit, de la part du roi, qu'ils pouvaient venir à *Louvo*, où le roi se rendait pour prendre le divertissement de la chasse des tigres et des éléphants, leur promettant de leur donner une audience particulière, et le gouverneur de la ville eut ordre de leur fournir un ballon pour aller par la rivière à *Louvo*.

Ils s'embarquèrent le 19 de novembre et arrivèrent, le 21, à une maison que le ministre leur avait fait préparer. Le lendemain matin, ils montèrent sur des éléphants que le roi leur envoyait, et allèrent au parc où le roi s'était déjà rendu et voyait dompter un éléphant nouvellement pris. Le roi était aussi monté sur un éléphant noir paré très-magnifiquement. Une foule de seigneurs et de mandarins accompagnaient Sa Majesté. Sa garde suivait en bon ordre, et des écuyers conduisaient plusieurs éléphants et des chevaux de main.

Dès qu'on aperçut les évêques, le ministre vint

au devant d'eux et les présenta au roi. Sa Majesté les reçut très-obligeamment et les fit approcher fort près de sa personne pour leur parler. Ce premier entretien dura environ trois heures, qui fut le temps qu'on employait à dompter cet éléphant furieux. Le roi ne se lassait point de leur faire des questions sur le caractère, le gouvernement, les finances et les armées du roi de France, ainsi que sur les États et l'autorité du Pape. Le 27, le roi envoya aux évêques deux chevreuils et un grand régal de confitures de la Chine, du Japon et de Siam. Le ministre imita aussi la libéralité de son maître par ses présents. Le jour suivant, le roi les fit inviter à un combat d'un tigre contre un éléphant; mais ils firent supplier Sa Majesté de les dispenser d'assister à ce spectacle, où il y a toujours quelque chose de cruel. Le roi reçut leur excuse et les manda pour le lendemain matin, où il leur donna encore une audience publique qui dura environ une heure et demie. La curiosité du roi en fournit presque tout le sujet. Il voulut savoir combien il y avait de rois et de royaumes chrétiens, comment on les nommait, s'il n'y avait nulle différence entre eux par rapport à la religion, et plusieurs autres choses semblables. A la fin de l'audience, il demanda fort obligeamment aux évêques s'ils voulaient passer quelque temps à *Louvo*. Ils s'en excusèrent, remercièrent Sa Majesté, et le soir ils s'embarquèrent pour retourner à Siam.

A tant de grâces pour les évêques et les chrétiens, le roi voulut en ajouter une nouvelle encore plus signalée. Le jour étant arrivé auquel Sa Majesté se montre chaque année à son peuple dans tout l'éclat, tout l'appareil et toute la magnificence que ses richesses immenses et sa puissance peuvent lui fournir, ce prince, suivi de sa cour, à la vue de toutes les nations qui se trouvaient alors à Siam, et d'un peuple innombrable qui couvrait le rivage de la belle rivière de Më-Nam, sur laquelle se fait cette auguste cérémonie, ordonna aux rameurs de quitter la route ordinaire et de le conduire vers le camp des Cochinchinois. Dès qu'il fut arrivé vis-à-vis le Séminaire, il s'arrêta pour considérer cet édifice et l'emplacement qu'il avait donné aux vicaires apostoliques. Sa Majesté trouva que ce terrain n'était pas assez grand ; elle y ajouta une partie du camp des Cochinchinois, et ordonna à ceux qui y étaient logés d'aller camper plus loin. Elle déclara de nouveau qu'elle voulait faire bâtir une magnifique église, proche du séminaire, dans laquelle elle voulait que rien ne fût épargné ni pour la beauté, ni pour la grandeur du dessin, ni pour la solidité et les ornements.

Cependant les ouvriers évangéliques manquaient. Monseigneur de Bérythe, voyant que le séminaire de Paris ne pouvait en fournir un assez grand nombre, avait envoyé M. Bouchard à Manille, solliciter les religieux de Saint-Dominique et de Saint-François de s'unir à la mission. Ce missionnaire fut d'abord pris pour un espion et mis en prison ; mais il fut bientôt relâché. Les dominicains promirent qu'ils enverraient de leurs religieux, et un franciscain, nommé le père Louis de la Mère de Dieu, vint à Siam avec M. Bouchard. Le père Louis, homme plein de zèle et de charité, fut employé pendant plusieurs années à diriger avec succès la seconde classe du séminaire de Siam.

Sur la fin de cette année 1673, M. de Chaudebois, entièrement guéri de son hydropisie par les eaux minérales de *Rajapour*, arriva aussi à Siam avec un jacobin qui fut employé dans les missions qu'on établit en diverses contrées du royaume.

M. Lanneau, évêque, fut sacré évêque de Métellopolis le 25 mars 1674, et il fut déclaré vicaire apostolique de Nankin, de tout le royaume et de la ville capitale de Siam. Monseigneur de Métellopolis, se voyant chargé du salut des Siamois, envoya M. Perez à Ténasserim, et il alla lui-même à *Bangkok* pour y établir une résidence. Il obtint du roi un terrain pour y bâtir une église et une maison, et en peu de temps il y érigea une paroisse sous le titre de l'Immaculée-Conception. Comme les habitants n'avaient pas encore été instruits des vérités de la foi, ils commencèrent par murmurer de ce qu'on voulait introduire dans le pays une religion étrangère ; mais le roi de Siam, d'après la requête des vicaires apostoliques, ayant déclaré dans une assemblée publique qu'il permettait à tous ses sujets d'embrasser la religion chrétienne, il se fit un grand changement, et le nombre des catéchumènes augmenta de jour en jour. Monseigneur de Métellopolis confia le soin de cette mission à M. de Chaudebois, qui commençait à parler la langue siamoise, et lui-même alla dans d'autres endroits du royaume prêcher les vérités de la foi, et partout ses efforts furent couronnés du succès.

Les vicaires apostoliques, craignant que la faveur du roi de Siam pour les chrétiens ne se ralentit, si les présents qui lui étaient envoyés par le Pape et par le roi de France, et qui avaient été laissés à *Bantan*, tardaient à arriver, allèrent trouver le ministre et lui représentèrent que, la guerre étant déclarée entre la France et la Hollande, on n'osait les faire venir sur un vaisseau français, de peur qu'il ne fût capturé par les Hollandais. Le ministre, qui savait avec quelle impatience le roi attendait ces présents, fit partir une jonque pour les aller prendre. Le roi de *Bantan* fit porter sur cette jonque tous les présents destinés au roi de Siam ; mais à peine le bâtiment fut-il sorti du port qu'il fut capturé par les Hollandais. Ce fut en vain que l'on fit des réclamations et des menaces, les Hollandais gardèrent leur prise, et ne rendirent qu'un corps saint que monseigneur d'Héliopolis avait apporté de Rome et un miroir.

Monseigneur de Bérythe, étant de retour à Siam d'un voyage qu'il avait fait à la Cochinchine, obtint du roi de Siam une audience dans laquelle il lui demanda un passe-port en bonne forme pour la Cochinchine, et un décret par lequel il permettait à tous ses sujets d'embrasser la religion chrétienne. Le roi lui dit qu'un pareil décret était une affaire très-importante ; il lui promit de le donner par la suite, et, en attendant, il déclara de nouveau en public qu'il permettait à tous ses sujets de se faire chrétiens. Pour le passe-port, il dit à monseigneur de Bérythe qu'il avait jeté les yeux sur lui pour accompagner les ambassadeurs qu'il voulait envoyer en Europe au Pape et au roi de France. Le prélat répondit qu'il était entièrement à ses ordres ; mais que ses ambassadeurs ne pouvaient pas partir dans ce moment à cause de la guerre entre la France et la Hollande ; il lui promit d'être de retour dans un an, et sur cette promesse le roi lui fit délivrer un passe-port. Monseigneur de Bérythe revint à Siam sur la fin du mois de mai 1676, amenant avec lui M. Mahot. Le 23 juin de la même année, M. l'abbé Sevin arriva aussi à Siam avec quatre missionnaires, MM. Thomas, Clergues, Lanoir et Geffard.

Pendant le voyage de monseigneur de Bérythe à la Cochinchine, monseigneur de Métellopolis avait fait plusieurs courses apostoliques dans le royaume de Siam, et, ayant trouvé, en divers endroits, le peuple disposé à écouter l'Évangile, il résolut d'établir une résidence à *Phitsilôk*, comme il l'avait promis aux habitants de cette ville la première fois qu'il les visita. Il y envoya M. Langlois, qui avait travaillé quelques années dans le séminaire, et lui donna pour adjoint M. Gaime, nouvellement arrivé de *Bantan*. Il fit un second établissement dans un camp de quatre cents Pégouans, situé à dix lieues au dessous de la ville royale, et en confia le soin à M. Clergues, qui avait appris la langue de cette nation avec une facilité surprenante. M. Langlois, à son arrivée à *Phitsilôk*, y trouva quarante habitants blessés depuis peu dans une querelle avec des Malais, qui sont des mahométans fort répandus dans les Indes. Le missionnaire avait appris, dans l'hôpital de Siam, à panser les plaies ; il avait des onguents apportés de France, avec lesquels il guérit presque tous les blessés. Cette cure, le désintéressement et la charité qu'il fit paraître, lui attirèrent l'estime et l'affection du peuple. Il bâtit en peu de temps une église, un petit hôpital et une maison. Bientôt il eut la consolation de voir dans son église plusieurs néophytes fervents, dans son hôpital plusieurs malades guéris par ses remèdes, et dans sa maison une nombreuse jeunesse qu'il catéchisait. Si l'on avait eu des ouvriers et des fonds suffisants pour les entretenir, on ne se serait pas contenté d'avoir établi cinq résidences dans un si vaste royaume ; mais on était contraint de proportionner ses entreprises aux moyens qu'on avait en main.

Les lettres de monseigneur de Bérythe et de monseigneur de Métellopolis assurent que l'état spirituel de la mission de Siam, en 1677, était assez heureux ; qu'à *Ténassérim*, à *Phitsilôk*, à *Bangkok*, au camp des Pégouans, les conversions se multipliaient ; que plus de quarante villages infidèles s'instruisaient des vérités de la foi, et qu'un plus grand nombre demandaient d'en être instruits ; mais qu'on manquait de catéchistes, parce qu'on n'avait pas de quoi fournir à leur subsistance. Les fonds qu'on avait en main suffisaient à peine pour les dépenses du séminaire, pour l'entretien des missionnaires et d'un grand nombre d'écoliers qu'on instruisait dans toutes les résidences, pour les rendre capables des ordres sacrés, ou du moins, pour en faire d'habiles catéchistes.

Tandis que les vicaires apostoliques gémissaient sur cette disette d'ouvriers, si préjudiciable à l'œuvre de Dieu, MM. Paumard et Leroux, missionnaires, avec un chirurgien nommé Charbonneau, qui s'était consacré au service de la mission, arrivèrent à Siam. M. Leroux, qui était attaqué du scorbut, mourut le 24 octobre 1677. M. Charbonneau fut employé à panser les malades dans un hôpital que le roi de Siam avait fait bâtir, et dont il avait confié le soin aux vicaires apostoliques. Outre les pauvres qui y étaient reçus, chaque jour il en venait deux ou trois cents de la ville et des camps voisins, pour se faire panser. Monseigneur de Métellopolis s'y rendait presque tous les jours, pour aider le chirurgien. Le remède le plus fréquent et le plus efficace dont on se servait, était de l'huile et de l'eau bénite. Les guérisons qui s'opéraient tous les jours paraissaient miraculeuses à ceux qui se trouvaient guéris, et plusieurs embrassaient la foi. Les autres, qui persistaient dans leur idolâtrie, publiaient partout ces prodiges, ce qui faisait un grand honneur à la religion. M. de Chaudebois, qui gouvernait la résidence voisine de *Bangkok,* guérit tant de maladies, qu'on croyait incurables, que le bruit s'en répandit dans tout le royaume, et on amenait chez lui des malades des provinces les plus éloignées. Ce don des guérisons était, en quelque sorte, la récompense de sa vie austère et laborieuse. Peu de missionnaires ont égalé sa pénitence, son zèle et ses travaux.

Le roi de Siam ayant appris que M. Paumard avait apporté aux vicaires apostoliques des lettres de France, leur envoya un mandarin, pour s'informer si on y avait reçu les dépêches données à M. de Chamesson, en 1673. Les évêques répondirent que ces dépêches n'avaient été remises au roi qu'en 1675, à cause de la mort de M. de Chamesson, à Golconde ; que Sa Majesté avait fait paraître une extrême satisfaction en apprenant la réception magnifique que le roi de Siam avait faite à monseigneur d'Héliopolis, lorsqu'il lui présenta sa lettre et celle du Pape, et qu'elle avait promis que quand les ambassadeurs, qu'on avait dessein de lui envoyer, seraient dans ses États, elle ne manquerait pas de leur témoigner, à son tour, son estime et sa reconnaissance.

Ces témoignages si obligeants et cette promesse de Louis XIV firent tant de plaisir au roi de Siam, que si on n'avait connu la profonde politique de ce prince, on se serait persuadé qu'il était déterminé à embrasser la religion chrétienne. Sur la fin de l'année 1677, il défendit à tous ses sujets d'aller aux temples des idoles, et en fit punir quelques-uns qui n'avaient pas obéi à cette défense. Il voulut entretenir en particulier plusieurs fois les évêques sur la religion. Il fit achever un grand corps de logis du séminaire, donna aux évêques une chaire dorée pour annoncer la parole, déclara de nouveau publiquement qu'il permettait à ses peuples d'embrasser le christianisme, et ordonna à ses ministres de choisir, parmi les mandarins, ceux qu'ils jugeraient les plus propres pour l'ambassade de Rome et de France, qu'il méditait d'envoy r dès que la paix serait publiée en Europe.

En 1679, la mission fit à Siam, par la mort de monseigneur de Bérythe, premier vicaire apostolique, la plus grande perte qu'elle pouvait faire. La nouvelle de sa mort s'étant répandue dans la ville et dans les camps des différentes nations qui l'environnent, le lendemain, tandis qu'on se préparait à faire ses funérailles, on vit arriver au séminaire les prêtres, les religieux, les plus notables du camp des Portugais. Les Français, les Anglais, les Hollandais, les Japonais, les Arméniens, les Maures, les Siamois, y abordèrent en grand nombre. Le roi y envoya de ses principaux mandarins. Les plus considérables même des talapoins vinrent assister à son convoi. Cette pompe funèbre, quelque extraordinaire et magnifique qu'elle fût, honora moins ce pieux prélat que ne l'honoraient les larmes des missionnaires et de tous les séminaristes qui le pleurèrent comme un père, les cris et les gémissements des pauvres, qui ne cessaient de publier les secours et les aumônes dont il avait soulagé leur misère.

Dès le mois d'octobre 1679, MM. Brugnon et Pascot abordèrent à Merguy, et en moins de deux ans il arriva quatorze missionnaires par différentes voies, savoir : MM. Joseph Beugnon, François Grégoire, Joseph Duchesne, Philibert Leblanc, Bernard Martineau, Ignace Andrieux, Pierre Terin, Jean Genoud, Jérôme-Pierre Grosse, Jean-Baptiste Caponi, Antoine Monestier, Jean-Baptiste Auriers, Pierre Ferreux et Robert Noguète ; en sorte qu'on comptait dans le royaume de Siam trente-six ouvriers européens et un grand nombre de prêtres, de clercs et de catéchistes du pays.

La nouvelle de la paix conclue à Nimègue le 10 août 1678, entre la France et les États-Généraux, ayant été portée à Siam, le roi désigna un mandarin du premier ordre et deux du second pour aller, avec une nombreuse suite, en ambassade à Rome et en France. Sa Majesté voulait envoyer des présents en or et en argent ; mais on lui fit entendre qu'il était plus convenable d'envoyer des raretés du pays ; on mit donc dans le vaisseau deux jeunes éléphants, deux petits rhinocéros, du musc, du bois de Calambac et beaucoup d'autres choses très-rares et très-estimées. M. Geaime, missionnaire, fut choisi pour accompagner les ambassadeurs et leur servir d'interprète. Ils partirent de Siam la veille de Noël 1680, sur un vaisseau de la Compagnie-Française; mais depuis leur départ on n'a eu aucune nouvelle ni des ambassadeurs ni du vaisseau.

Un dominicain milanais, nommé de Lozeli, arriva à Siam au commencement de 1681. Monseigneur d'Héliopolis y arriva au commencement de juillet 1682 avec une lettre et des présents pour le roi de Siam. Ce prélat, ayant fait savoir à Sa Majesté siamoise qu'il lui apportait une lettre de Louis XIV, ce prince, sachant que ses ambassadeurs ne pouvaient être arrivés en France, agréablement surpris d'être prévenu une seconde fois par un roi si puissant, qui venait de donner la loi à toute l'Europe, ordonna que cette seconde lettre fût reçue avec le même appareil et la même magnificence que l'avait été la première, et ses ordres furent ponctuellement exécutés. M. Constance Falcon, qui était en grande faveur auprès du roi, et qui était déjà parvenu à une des premières dignités du royaume, donna dans cette rencontre aux vicaires apostoliques des marques très-obligeantes de sa reconnaissance. Il était originaire de l'île de Céphalonie, et devait à monseigneur de Bérythe le poste élevé qu'il occupait. Il engagea donc le roi de Siam à faire bâtir une église pour les chrétiens. Le prince envoya sur-le-champ en demander le plan. Elle fut bâtie de pierres, à trois nefs et assez vaste pour y former un chœur pour les séminaristes et pour contenir un peuple nombreux. Un particulier de Macao aborda à Siam et offrit au roi des présents qui plurent à Sa Majesté. Par reconnaissance, elle l'exempta d'une partie des droits que ses marchandises devaient à la douane. Ce bon accueil l'enhardit à parler contre les missionnaires français, et à demander qu'il lui fût permis de les enlever et de les conduire à Macao ; mais on lui répondit que tout ce qu'il alléguait contre eux n'était que des impostures et des calomnies, et il eut ordre de se retirer.

L'événement le plus considérable qui se passa à Siam et qui donnait les plus belles espérances pour la conversion de ce royaume, fut l'envoi de deux mandarins que le roi fit partir pour la France. Sa Majesté, n'ayant point reçu de nouvelles des ambassadeurs qu'elle avait fait partir il y avait deux ans, voulait y envoyer une seconde ambassade; mais ses ministres lui représentèrent qu'il suffirait d'envoyer deux mandarins aux ministres de France et de leur donner les mêmes pouvoirs qu'elle avait donnés à ses ambassadeurs. Le roi suivit l'avis de ses ministres ; mais il voulut que M. Vachet, à qui il donna la qualité de son premier envoyé, et M. Pascot, missionnaire, fissent le voyage avec les deux madarins, et qu'ils emmenassent avec eux six jeunes Siamois pour apprendre des métiers en France. Ces mandarins arrivèrent heureusement dans ce royaume, obtinrent audience du roi, furent reçus avec les plus grands honneurs, et M. le chevalier de Chaumont fut nommé ambassadeur à Siam, où il arriva le 22 septembre 1685. Il fit partir alors M. Vachet pour donner avis de son arrivée.

Le roi de Siam reçut cette nouvelle avec une grande joie, donna à M. Vachet une audience de trois heures, lui renouvela les assurances de sa protection et de sa reconnaissance, et ajouta ces paroles dignes d'un roi chrétien : Ne soyez pas orgueilleux, père Vachet, de l'heureux succès de votre voyage, ce n'est pas vous qui avez fait de si grandes choses en si peu de temps ; c'est le Dieu du ciel et de la terre qui les a fait réussir pour sa gloire, et c'est lui que nous devons en remercier.

Du palais, M. Vachet alla au séminaire, redit à monseigneur de Métellopolis ces dernières paroles du roi qui le remplirent de consolation, et il lui remit une lettre par laquelle M. l'ambassadeur le priait de venir à son bord avec M. l'abbé de Lyonne. Monseigneur de Métellopolis et M. de Lyonne se rendirent au vaisseau le 29 ; après avoir conféré avec M. l'ambassadeur, ils retournèrent à Siam et revinrent, le 8 octobre, avec des mandarins qui complimentèrent M. l'ambassadeur de la part du roi et le prièrent de mettre pied à terre. Depuis ce moment, monseigneur l'évêque fut toujours à côté de M. l'ambassadeur dans toutes les cérémonies. Lors même que le roi lui donna son audience publique, M. l'abbé de Choisy, qui portait la lettre de Louis XIV, était assis à la droite, monseigneur l'évêque et M. de Lyonne à la gauche de son Excellence.

M. l'ambassadeur vit baptiser dans l'église du séminaire, érigée en paroisse, sous l'invocation de Saint-Joseph, deux familles siamoises, composées de douze personnes. Il voulut bien être parrain de l'un de ces catéchumènes. M. l'abbé de Choisy et des gentilshommes français présentèrent les autres au baptême. Dans toutes les provinces du royaume, où il y avait des missionnaires, il se faisait des conversions, et on priait avec ferveur pour obtenir celle du roi qui aurait entraîné la plus grande partie du royaume.

Ce prince, après avoir lu la lettre de Louis XIV, tint des discours qui donnèrent lieu de croire à sa conversion; il chercha à sonder les mandarins et les ministres sur son changement de religion; il lut le saint Évangile que monseigneur de Métellopolis lui avait donné, traduit en langue siamoise; il avait de fréquentes conférences avec ce prélat; il avait fait placer un crucifix dans sa chambre, et M. Constance, qui était chrétien, se servait de toute l'autorité qu'il avait sur l'esprit de Sa Majesté pour l'engager à embrasser la religion chrétienne.

Cependant, soit par attachement pour son sérail, soit par la crainte d'exciter des troubles dans ses États, il répondit qu'il voulait être mieux instruit, que cette affaire demandait du temps, qu'il y réfléchirait, et que dès cet instant M. l'ambassadeur pouvait lui présenter un Mémoire où il expliquerait les priviléges que le roi de France souhaitait qu'il accordât aux missionnaires apostoliques dans son royaume.

On ne perdit point de temps; M. Constance présenta ce mémoire à Sa Majesté, elle en accorda tous les points. Voici quelle en était la substance :

1° Que le roi de Siam fasse publier dans tout son royaume la permission qu'il accorde aux missionnaires de prêcher l'Évangile, et à ses sujets d'embrasser le christianisme;

2° Que les missionnaires puissent enseigner leurs élèves dans leurs couvents et leurs autres habitations sans qu'on puisse les inquiéter pour cela;

3° Que tous les Siamois qui se feraient chrétiens soient exempts, les jours de dimanches et de fêtes des services qu'ils doivent à leurs mandarins;

4° Que si quelques chrétiens deviennent, par vieillesse ou par infirmité, incapables de servir, ils en soient exempts en se présentant à un mandarin nommé à cet effet;

5° Que pour éviter toutes les injustices, on nomme un mandarin, juste et qualifié, pour juger gratuitement tous les procès des nouveaux chrétiens.

Le roi ordonna que ce traité, fait avec l'ambassadeur de France, fût publié sans délai dans toutes les villes de son royaume. M. Constance avait été nommé par le roi pour traiter cette affaire avec M. l'ambassadeur, et dans cette circonstance il rendit de grands services à la mission. M. Vachet et M. de Lyonne furent choisis pour accompagner les ambassadeurs en France.

Le roi de Siam voyant les Hollandais maîtres de la presqu'île de Malacca, frontière de ses États, et craignant qu'ils ne fissent une invasion dans son royaume, avait songé à faire alliance avec le roi de France, qui venait de vaincre les Hollandais et de leur donner des lois, persuadé que ces derniers n'oseraient l'attaquer s'il était allié à un monarque si puissant, ou que, s'ils l'attaquaient, les Français lui seraient d'un grand secours pour les repousser.

En 1680, la Compagnie royale envoya un vaisseau à Siam, avec des officiers, pour y établir une factorerie. Le roi favorisa en tout cet établissement, et leur accorda plus de priviléges qu'il n'en avait jamais accordé à aucune nation. Par le retour de ce vaisseau, il fit partir trois ambassadeurs avec des présents et un nombreux équipage, et leur ordonna d'offrir de sa part au roi de France, la ville de *Singor* avec son territoire. Cette ville est située entre Malacca et Siam. Sa Majesté siamoise comptait que le voisinage des Français tiendrait les Hollandais en respect.

Après plusieurs ambassades envoyées de part et d'autre, les mandarins demandèrent aux ministres du roi de France d'envoyer des troupes à Siam, leur promettant que le roi, leur maître, ne donnerait jamais aucun sujet de mécontentement au roi de France, et qu'il prendrait toutes les mesures nécessaires pour pourvoir à la sûreté de ces troupes. Sur cette assurance, on fit équiper cinq navires pour conduire les ambassadeurs et pour transporter à Siam un régiment composé de douze compagnies, commandées par M. Desfarges, maréchal de camp. On envoya en même temps deux députés, M. de Laloubère, pour les affaires du roi, et M. Cébret, pour celles de la Compagnie, dont il était un des directeurs généraux. M. l'abbé de Lyonne, nommé évêque de Rosalie, et quelques missionnaires, s'embarquèrent avec eux. Cette flotte arriva à Siam au commencement d'octobre 1687. Les ambassadeurs siamois allèrent en diligence informer le roi du succès de leur négociation, de l'arrivée des troupes françaises et des deux députés du roi de France. Sur cet avis, le roi envoya de ses principaux officiers avec des troupes pour recevoir au bord de l'eau ces deux députés et les conduire à son audience. Les troupes demeurèrent quelques jours dans leurs vaisseaux et ne débarquèrent qu'après que le roi eut accordé, aux instances réitérées des députés, les deux forts de *Bangkok*. Elles y furent reçues par M. Constance, ministre d'État, qui proclama M. Desfarges général des troupes siamoises qui en composèrent la garnison avec les troupes françaises.

Peu de jours après, M. Desfarges, avec ses deux fils, l'un et l'autre capitaines, se rendit à la cour. Le roi, dans son audience, lui donna les marques les plus obligeantes de sa bonté royale, et, voulant montrer avec quelle satisfaction il voyait dans son royaume les troupes qu'il avait demandées à Sa Majesté très-chrétienne, il leur fit envoyer des provisions et des rafraîchissements en abondance, pour les régaler pendant un mois, et leur faire oublier les fatigues d'un si long voyage. Une réception si favorable prouve évidemment que le roi de Siam avait demandé ces troupes, et que c'est une fausseté de dire que M. Constance les avait fait venir sans ordre de Sa Majesté siamoise. Ces troupes demeurèrent en repos dans *Bangkok*, jusqu'au mois de janvier 1688, qu'on envoya quatre compagnies à *Merguy*, dans le dessein de faire fortifier cette place. Un grand nombre de travailleurs fut en même temps commandé pour avancer les ouvrages avec plus de diligence.

On travailla sans trouble à ces fortifications jusqu'au mois de mai. Tout était tranquille dans le royaume ; mais alors deux mandarins malais ayant commis une faute, en furent très-sévèrement punis. Ce châtiment les irrita. Tout le camp de cette nation, qui était fort nombreux, entra dans leur ressentiment, prit les armes et fit craindre une révolution dans l'État. M. Constance assembla en diligence un corps de troupes, se mit à leur tête, attaqua les rebelles, en tua trois ou quatre cents, mit le reste en fuite, et fit raser ou brûler toutes leurs maisons. Cette défaite ne fit qu'augmenter le parti des rebelles, car tous ceux de cette nation qui étaient répandus dans les provinces accoururent au secours de leurs compatriotes. On en vint à un accommodement, et le roi donna amnistie à tous les coupables. Ce premier mouvement fut comme le signal des troubles de l'État. Des bruits sourds et mensongers se répandirent dans les esprits ; chaque mandarin faisait prendre les armes à ceux qui étaient sous sa dépendance ; on craignait quelque dessein contre le gouvernement ; le roi indisposé ne pouvait s'occuper des affaires. Une flotte de Cambogiens vint insulter les côtes, on la poursuivit et on la força à prendre la fuite.

Pendant ce temps, le roi de Siam tomba grièvement malade, sa maladie augmenta les troubles. Il avait deux frères qui devaient naturellement lui succéder; mais l'un était infirme, et l'autre manquait de génie. Il avait alors résolu de marier sa fille à un jeune seigneur bien fait et plein d'esprit, qui se nommait *Monphit*, et de leur transmettre la couronne. Mais les mandarins, par jalousie, avaient toujours retardé ce mariage, et M. Constance s'y opposait de tout son pouvoir, et ne laissait pénétrer personne auprès du roi. Les mandarins, irrités de cela, s'assemblèrent secrètement et donnèrent à *Phra-Phet-Raxa,* qui commandait tous les éléphants, le titre de grand mandarin pour gouverner l'État jusqu'au rétablissement du roi qui, ne pouvant s'opposer à ce choix, fut contraint de le confirmer.

Ce premier mandarin résolut alors de reprendre

la couronne qui avait autrefois appartenu à ses ancêtres ; mais il dissimula si bien ses vues ambitieuses qu'il trompa *Monphit*, à qui il fit croire qu'il le mettrait sur le trône, et il trompa M. Constance lui-même. Sous prétexte de ne vouloir rien changer au gouvernement, il laissa tout à la dispositions de M. Constance, et par là le rendit odieux aux mandarins et au peuple en rejetant sur lui tout ce qui pouvait déplaire. D'un autre côté, les créatures du grand mandarin murmuraient contre M. Constance, l'accusant de concussion, de trop de sévérité, et d'avoir fait venir des troupes étrangères pour l'aider à monter sur le trône.

Les amis de M. Constance l'avertirent du péril où il se trouvait ; mais ébloui par l'autorité qu'on lui laissait, il reçut fort mal ces avertissements, et ne voulut rien entendre. Cependant le grand mandarin *Phra-Phet-Raxa* ne se contraignait plus ; voyant que le roi baissait chaque jour, il fit poignarder *Monphit* dans le palais même, et ne permit plus à M. Constance d'approcher de la personne du roi. Le ministre fut alors effrayé, et voulut prendre la fuite ; mais on lui avait fermé toutes les issues. *Phra-Phet-Raxa* lui dit alors d'écrire à M. Desfarges, de la part du roi, de venir avec cent soldats.

M. Desfarges se mit en route ; mais ayant appris en chemin l'état des affaires, et qu'on voulait entourer sa troupe et la détruire, il retourna à *Bangkok*. *Phra-Phet-Raxa* voyant que, malgré les lettres réitérées qu'il fit écrire au général par M. Constance, il ne pouvait pas le faire tomber dans le piége, fit mettre M. Constance en prison, et peu après il le fit tuer dans la forêt de *Louvo*. Ensuite il menaça les vicaires apostoliques de détruire et de brûler leurs églises, de massacrer tous les chrétiens, si M. Desfarges ne venait pas à *Louvo*. M. Desfarges, averti des menaces du grand mandarin, s'y rendit seul et lui parla avec fermeté ; mais *Phra-Phet-Raxa* ne voulut rien entendre. Alors la guerre fut déclarée entre les Français et les Siamois. Cependant les troupes qui étaient à *Merguy* ayant été attaquées par les Siamois, repoussèrent cette attaque, mirent en fuite les *Thai*, prirent un bâtiment anglais et un petit vaisseau siamois qui étaient dans le port, s'embarquèrent, et voyant l'impossibilité d'aller rejoindre leurs compatriotes à *Bangkok*, firent voile pour Pondichéry où ils arrivèrent heureusement. Le grand mandarin, irrité de voir que ces troupes lui avaient échappé, fit prendre monseigneur de Métellopolis, et le fit conduire à

Bangkok afin d'engager M. Desfarges à se rendre à *Louvo* avec ses troupes. Pendant le trajet, on accabla ce saint prélat de toutes sortes d'injures et de mauvais traitements et, lorsqu'il fut arrivé dans le fort vis-à-vis *Bangkok*, on l'exposa à découvert sur le bastion contre lequel le canon des Français faisait le plus de ravages. Les Français, apercevant monseigneur de Métellopolis, tirèrent d'un autre côté, et, au bout de huit à dix jours, les Siamois, effrayés de la valeur des Français, devinrent plus traitables.

La paix fut conclue, à condition que le grand mandarin, devenu roi, fournirait aux Français deux vaisseaux pour les conduire à Pondichery, et que monseigneur de Métellopolis et les missionnaires qui restaient à Siam répondraient sur leur tête du retour des deux vaisseaux et des matelots siamois qu'on donnait aux troupes pour les conduire. Monseigneur de Métellopolis aurait bien voulu refuser ce cautionnement; mais il fut forcé d'y consentir. Cependant madame Constance se sauva à *Bangkok* pour partir avec les Français; le roi la réclama avec ardeur, menaçant de rompre le traité si elle ne lui était pas rendue, et les Français, malgré le désir qu'ils avaient de secourir cette dame, se virent forcés de la remettre entre les mains des mandarins.

Les Français s'embarquèrent, laissant des ôtages et emmenant avec eux deux mandarins ; mais en route il s'éleva une contestation sur la reddition des otages : M. Desfarges ne voulut pas céder, malgré les lettres pressantes de monseigneur de Métellopolis. Alors les Siamois irrités se jetèrent avec impétuosité dans le balon de monseigneur de Métellopolis, se saisirent de sa personne, le chargèrent de tant de coups, qu'il est étonnant que ce prélat, déjà infirme, ne mourut pas entre leurs mains. Ils le traînèrent par la vase de la rivière, le prirent par les mains, par les pieds et par la tête, et le jetèrent demi mort sur des herbes où, pendant deux heures, il demeura exposé aux ardeurs du soleil, aux moustiques, aux insultes des soldats, des matelots, des femmes et des enfants, qui accouraient de toutes parts à ce spectacle. On lui arrachait la barbe, on lui crachait au visage, on vomissait contre lui les imprécations les plus horribles et les invectives les plus atroces. Ceux qui ne pouvait fendre la presse et s'approcher pour le frapper, lui jetaient de la boue. Il souffrit tous ces rudes traitements en présence du barcalon, qui pouvait les empêcher par un seul mot, et qui ne daigna pas jeter sur cette innocente victime un seul regard de pitié. Loin de lui donner aucun soulagement, on le chargea d'une cangue très-pesante, on lui serra si rudement les bras dans des menottes dont les trous étaient trop étroits, qu'il a avoué dans la suite que cette douleur lui avait paru plus aiguë et plus insupportable que toutes celles qu'il avait endurées pendant deux ans de prison.

En ce triste état, on le mit avec M. Dular, officier français, qui avait été traité avec la même barbarie dans une galère, où on leur fit passer le fleuve, et ils trouvèrent à l'autre bord tous les Français assommés de coups et chargés de cangues et de menottes. Le prélat, en abordant, tomba dans la vase, et il y aurait perdu la vie, si on ne se fût hâté de l'en retirer. Il passa le reste du jour et toute la nuit suivante dans ses habits mouillés et couverts de boue, ce qui le rendit pendant trois mois comme perclus de la moitié du corps.

Le lendemain matin, les Siamois le voyant moribond, lui ôtèrent la cangue, le conduisirent à *Bangkok* et le renfermèrent dans une cabane voisine de la maison d'une femme chrétienne fort âgée, qui avait souvent ressenti les effets de sa charité. Par reconnaissance, elle lui donna tous les secours et lui rendit tous les services que sa pauvreté put lui permettre. De là, il fut conduit à la ville royale avec les autres Français ; on le sépara de la troupe et on le mit dans une autre cabane sous la garde des bras-peints, qui sont les principaux soldats du roi. Il n'avait point de cangue, mais il était enchaîné au cou et aux jambes, et, pour lui extorquer de l'argent, ses gardes lui remettaient de temps en temps la cangue, les menottes et les ceps. Les missionnaires, qui étaient au séminaire, furent, par ordre de la cour, appelés à la salle d'audience le 9 novembre. Le président leur reprocha l'ingratitude et la mauvaise foi de M. Desfarges, comme s'ils en eussent été les complices. « Vous êtes ses cautions, ajouta-t-il ; selon les lois du pays, vous méritez la mort. » Et, sans leur permettre de répondre un seul mot, il les arrêta prisonniers de la part du roi, ordonna à ses officiers d'aller faire l'inventaire de tous les effets du séminaire, et désigna MM. Martineau et Chevreuil pour y être présents. Ces officiers exécutèrent leurs ordres avec la dernière rigueur, mirent dans leur procès-verbal jusqu'aux moindres choses, et en constituèrent MM. Martineau et Chevreuil dépositaires. Le lendemain, ils firent conduire les séminaristes, les écoliers et les domestiques au *Lakhonban*. C'est une prison formée par une enceinte de gros pieux, sans couvert, remplie de boue, d'insectes et de puanteur, où l'on est exposé à toutes les rigueurs des saisons et surtout aux pluies qui inondent chaque année le royaume. Là, ils partagèrent les souffrances des Français qui n'étaient pas partis avec M. Desfarges. On n'eut aucun égard ni à l'âge des écoliers, dont plusieurs étaient encore enfants, ni à la dignité des missionnaires. On leur fit souffrir la faim, la soif, la nudité, les cangues, les ceps, les menottes et des coups de rotin, sans nulle compassion. Il n'y en eut pas un seul qui ne portât des marques sanglantes de la cruauté avec laquelle leurs gardiens les traitaient. Sept laïques y perdirent la vie, et plusieurs missionnaires, comme nous verrons, moururent peu de temps après qu'ils furent délivrés. De neuf jésuites français qui étaient à Siam, le seul père La Breville y était resté. On alla le saisir dans la maison des Pères portugais de sa compagnie, et on le mit en prison avec les missionnaires.

Ce fut alors qu'on vit dans les rues de Siam ce

qu'on n'avait peut-être jamais vu en aucun endroit du monde : des officiers et des gentilshommes français, des ecclésiastiques et des prêtres, presque nus, semblables à des squelettes et à des cadavres, enchaînés avec les plus infâmes scélérats, porter sur leurs épaules des paniers pleins de terre et d'immondices, exposés aux railleries et aux insultes d'un peuple irrité et insolent.

Les Maures, quoique mahométans et ennemis des chrétiens, firent une requête en leur faveur; mais leur chef, qui était un mandarin de première classe, voyant que cette requête n'avait pas plu à la cour, demanda des prisonniers pour transporter de la terre dans son jardin; on lui donna deux missionnaires et il les traita très-rudement. Des officiers anglais, passant dans la rue des Maures, virent ces deux missionnaires chargés de paniers; ils furent touchés de leur état, allèrent trouver le mandarin mahométan, lui protestèrent que, s'il ne faisait cesser ce rude traitement, ils ne feraient aucun quartier aux Maures qu'ils rencontreraient dans leurs courses, et de plus ils firent porter aux missionnaires une somme assez considérable.

Le mahométan, effrayé de ces menaces, fit ôter les chaînes aux deux missionnaires, les exempta du travail et leur donna du riz et des fruits à manger,

Il y a apparence qu'il dit aux mandarins siamois que les mauvais traitements qu'on faisait aux prêtres français allaient irriter toutes les nations chrétiennes, puisque dès ce temps-là on ne les envoya plus au travail ; mais les écoliers, les séminaristes, les officiers et les soldats y furent toujours assujettis, avec ce seul adoucissement qu'on leur permettait chaque jour de mendier pendant une heure. Quelques personnes, touchées de compassion, leur faisaient des aumônes ; mais les criminels enchaînés avec eux leur en enlevaient la meilleure partie.

Pendant ce temps-là, des officiers nommés par la cour firent transporter dans les magasins du roi tous les effets du séminaire, excepté les livres, quelques ornements d'église et les habits des missionnaires, que le roi leur accorda par grâce. Tout ayant été consfiqué et enlevé, on ordonna, le 1er janvier 1689, à MM. Martineau et Chevreuil de se retirer où ils voudraient, et d'emporter les meubles qu'on leur avait laissés. Dans cette triste conjoncture, un chrétien tonquinois, sans craindre ce qui pouvait lui en arriver, leur offrit sa maison. Les jésuites qui n'étaient pas Français, et qui n'avaient pas été arrêtés, leur portèrent des vivres. M. Paumard, missionnaire français, qui avait guéri le nouveau roi d'une maladie dangereuse, jouissait de sa liberté avec quelques domestiques du séminaire qu'on lui avait laissés ; sa charité lui fit trouver des ressources, et chaque jour il envoyait des provisions aux prisonniers.

On ne se contenta pas de faire souffrir les missionnaires, les séminaristes et les Français, plusieurs chrétiens, de différentes nations, furent mis en prison, exposés à des traitements barbares, et plusieurs même payèrent de leur vie leur fidélité à la religion chrétienne. Un volume entier ne suffirait pas pour faire le détail des maux que souffrirent, dans toutes les provinces, tant de chrétiens français, siamois, portugais, chinois, cafres, malabres, tonquinois et cochinchinois. L'avarice des mandarins leur enleva tous leurs biens, et leur fit souffrir mille tourments pour les contraindre à donner ce qu'ils n'avaient pas. Il y en eut qui se rachetèjusqu'à cinq fois, et furent ensuite réduits à l'esclavage.

Parmi tant de confesseurs de Jésus-Christ, une métisse, âgée de dix-huit ans, fit éclater un courage et une vertu extraordinaires. Elle préféra souffrir les supplices les plus cruels et les plus infâmes, plutôt que d'abjurer la religion chrétienne. Son exemple inspira les mêmes sentiments à ses compagnes, qui persévérèrent dans la foi malgré les promesses et les menaces des mandarins. A force de fermeté d'âme et de résignation, elles parvinrent à obtenir quelque adoucissement à leur cruelle position.

Les séminaristes ne montrèrent pas moins de courage. On voulait les faire travailler à une pagode, mais, malgré les mauvais traitements qu'on leur fit subir, ils refusèrent constamment, et obtinrent d'être employés à d'autres travaux.

Les Portugais se montrèrent insensibles aux persécutions que l'on faisait souffrir aux chrétiens français.

Sur la fin du mois d'août 1689, on apprit que M. Desfarges était arrivé à *Jongsélang* avec cinq navires. Comme on appréhendait qu'il ne vînt en ennemi, on tira monseigneur de Métellopolis de sa petite cabane, et on le mit en prison chargé de chaînes et d'une cangue. Lorsqu'on eut reçu les lettres du général, qui ne demandait que la paix, on fit sortir monseigneur de Métellopolis de sa prison, on lui ôta tous ses fers, et le lendemain on le conduisit, à travers toute la ville, mal vêtu, sans souliers, sans chapeau, dans une salle publique où l'on a coutume de traiter les affaires. On y avait aussi conduit les officiers français ; on leur fit entendre qu'ils étaient redevables au roi de n'avoir pas subi la mort, puisqu'ils la méritaient, selon les lois du pays, pour avoir faussé la parole donnée à Sa Majesté par le général. On ordonna ensuite à monseigneur de Métellopolis d'écrire à M. Desfarges comme il le jugerait à propos.

L'évêque écrivit sur-le-champ. Dans sa lettre, il priait ce général, selon le style de Siam, d'avoir égard à l'amitié royale, à la religion, au traité d'accommodement qu'il avait signé, et enfin à lui-même et à ses missionnaires, qui étaient ses cautions, et à tant de Français qui étaient détenus dans les prisons de Siam. Il finissait sa lettre par ces paroles : « Nous périrons tous misérablement si vous n'accommodez les affaires, et vous seul serez la cause de notre perte. Prêtez-vous à tout, et je ne doute pas que le roi de Siam et ses ministres ne fassent ce qui convient pour entretenir l'amitié royale. »

Le mandarin, et ensuite le roi, furent fort satisfaits de cette lettre, qui fut traduite en Siamois. On permit d'abord à monseigneur de Métellopolis, aux missionnaires et à tous les chrétiens, d'écrire et de faire le détail des maux qu'ils souffraient. Ensuite, on changea d'avis; les mandarins firent eux-mêmes une réponse, à laquelle ils obligèrent monseigneur de Métellopolis de mettre son cachet, sans lui permettre de la lire; et ils attendirent en repos de nouvelles réponses.

Sur ces entrefaites, le père Louis, de la Mère de Dieu, religieux franciscain, mourut des incommodités qu'on lui avait fait souffrir.

Cependant M. Desfarges, voyant qu'on ne faisait aucun accommodement pour la paix, fit voile pour le Bengale avec trois vaisseaux, et M. de Vertesale partit douze jours après. MM. Ferreux et Pinchero, interprètes, qu'il avait envoyés avec le dernier mandarin qui était ôtage, firent connaître la droiture des intentions avec lesquelles l'escadre française avait abordé à *Jongsélang*.

On espérait que, par suite de ces déclarations et du renvoi des ôtages, les prisonniers seraient mis en liberté; mais le chef de la factorerie hollandaise publia que la guerre était déclarée entre la France et la Hollande, et empêcha leur élargissement. L seul, monseigneur de Métellopolis eut la permission d'aller demeurer avec M. Paumard, et d'y recevoir des visites, mais avec défense de sortir de sa maison.

Les prisonniers ayant fait présenter un placet dans le mois de février 1690, par lequel ils suppliaient d'adoucir la rigueur avec laquelle on les traitait, obtinrent quelque adoucissement à leur sort ; mais, par la jalousie et par les plaintes des Hollandais contre les Français, ils furent bientôt traités avec plus de rigueur qu'auparavant.

Le jour de l'Assomption 1690, tous les missionnaires et les séminaristes furent tirés de la prison et conduits dans une petite île qui en est peu éloignée. Malgré la liberté dont ils jouissaient dans cette île, par suite des souffrances qu'ils avaient éprouvées, ils tombèrent presque tous dans des maladies dangereuses. MM. Gefrard, Monestier, Chevalier et Paumard, missionnaires, et cinq séminaristes, succombèrent en peu de jours. Les autres missionnaires se virent en danger de la vie, et traînèrent longtemps dans un état de langueur dont ils ne croyaient pas pouvoir revenir.

Sur la fin de 1690, le père Tachard, jésuite, débarqua au port de *Merguy* avec deux mandarins qu'il avait accompagnés en France et à Rome. Il écrivit au barcalon qu'il était porteur d'une lettre du roi de France, et qu'il venait par ordre de Sa Majesté pour terminer toutes les affaires et pour renouveler l'alliance entre les deux couronnes. La cour de Siam, qui redoutait encore plus les Hollandais depuis qu'ils s'étaient emparés du royaume de *Bantan*, et qui ne voulait point, par surcroît, avoir les Français à craindre, parut fort satisfaite de cette lettre et de ce rapport. C'est pourquoi, dans le mois d'avril 1691, on rendit le séminaire à monseigneur de Métellopolis, et on lui permit d'y demeurer avec les missionnaires, les séminaristes et les écoliers. Comme les Siamois n'avaient laissé dans cette maison que les murailles et qu'ils ne rendaient rien, ce prélat fut obligé d'emprunter une somme considérable pour acheter des meubles et des ornements ; on recommença le cours des études et des exercices ecclésiastiques.

Par les prières et les sollicitations de monseigneur de Métellopolis, on mit en liberté tous les Français laïques qu'il s'était engagé à loger et à nourrir, et le roi de Siam, touché de sa charité, lui fit présent de cinq cents écus. Ces dispositions favorables, dans le cœur du souverain, firent espérer au charitable prélat qu'il pourrait obtenir la liberté d'un grand nombre de chrétiens siamois qu'on avait faits esclaves. Il la demanda avec instance, quelques-uns furent relâchés, d'autres furent retenus par des maîtres avides.

La guerre étant allumée dans toute l'Europe, on trouvait rarement des voies sûres pour envoyer de l'argent aux Indes. Le séminaire de Siam, toujours fort nombreux, ne pouvait ni fournir la pension annuelle à ceux qui travaillaient dans les royaumes voisins, ni entretenir les séminaristes. Une sécheresse extraordinaire fit extrêmement renchérir les denrées à Siam. Le poisson, qui est la nourriture la plus commune après le riz et les fruits, manqua presque entièrement par un accident qui semblait tenir du prodige. Le 28 février 1693, la rivière étant fort basse et fort claire, l'eau tout à coup en devint si épaisse et si verte qu'elle était propre à teindre en cette couleur. Une espèce de crême encore plus épaisse et plus verte couvrait toute la surface de ce grand fleuve. Une quantité prodigieuse de poissons mourut, et on n'osait manger de ceux qu'on prenait vivants. Ce phénomène dura environ quinze jours, après quoi l'eau devint claire et potable. La sécheresse devint encore plus grande en 1696 ; mais, sur la fin du mois d'août, la pluie commença à tomber ; l'inondation se répandit dans les campagnes et ramena l'abondance. Vers la fin de l'année, la petite-vérole infecta toutes les provinces et fit mourir une grande multitude de peuple. Pendant cette épidémie, les missionnaires baptisèrent un grand nombre d'enfants moribonds. Monseigneur Louis Lanneau, évêque de Métellopolis, vicaire apostolique de Siam, et administrateur général de toutes les missions de l'Inde, termina sa pénible carrière en l'année 1697.

Après sa mort, M. Braud se trouva chargé de l'administration du séminaire et du collége. Le séminaire était composé de quarante personnes, et on élevait dans le collége vingt-cinq étudiants de diverses nations. Depuis que les cruels traitements soufferts pendant la grande Révolution avaient fait mourir tant de missionnaires, on était dans une si grande disette d'ouvriers, qu'on fut obligé de rappeler ceux qui travaillaient dans les résidences pour leur confier le soin de cette jeunesse indienne.

On ne conserva que la résidence de *Merguy*. Un prêtre milanais, élevé à Siam, qui régissait cette église et celle de *Ténasserim*, eut la consolation, en 1699, d'y voir arriver monseigneur Kemener, évêque de Sura, avec MM. de la Balüère, Forcet, Postel, Hervé, Bernard, Henry et Okham, ecclésiastique siamois, qui avait fait ses études à Paris.

Monseigneur de Sura n'arriva à Siam que le 20 juillet 1700. Son voyage à travers les fôrets fut si pénible, que M. Forcet mourut après quelques journées de chemin. M. Postel y contracta aussi une maladie dont il mourut peu de jours après son arrivée. M. de la Balüère fut dangereusement malade. Revenu en santé, il travailla avec monseigneur de Sura, dans le séminaire, jusqu'au mois d'avril 1701, qu'ils partirent pour la Chine.

Le 6 septembre 1702, arriva à Siam monseigneur de Cicé, évêque de Sabule, vicaire apostolique de Siam et administrateur général des missions des Indes. Peu de jours après son arrivée, il alla offrir au roi quelques curiosités d'Europe. Quoiqu'elles ne fussent pas d'un grand prix, Sa Majesté les trouva très-belles, assura monseigneur de Cicé de sa protection et de sa bienveillance, témoigna une grande estime pour la nation française et un sincère désir de rétablir l'ancienne union entre la France et Siam.

Le roi mourut dans le mois de février suivant.

Son fils monta sur le trône et ne parut pas moins favorable à monseigneur de Cicé. Il l'obligea d'écrire, de sa part, à M. de Ponchartrain, que tous les ports de son royaume étaient ouverts aux marchands français, qu'il souhaitait que la Compagnie royale y vînt rétablir des factoreries et qu'il leur accorderait les mêmes priviléges qu'aux Hollandais.

Monseigneur de Cicé donna à M. Braud le soin de la paroisse de Saint-Joseph, composée de chrétiens siamois, cochinchinois et de quelques familles françaises établies dans le camp du séminaire. Il confia l'éducation des écoliers à M. Jarossier, et lui-même se chargea du séminaire, de la mission et des enfants moribonds. Malgré des fatigues inouïes, il remplit cette mission, au péril de sa santé et de sa vie, avec tant de zèle et de succès, qu'il lui arriva de baptiser jusqu'à cinq mille enfants dans une seule année.

Malgré son zèle pour le séminaire, la pauvreté le contraignit, en 1707, de congédier avec douleur un grand nombre de ses élèves ; mais, en 1710, ayant reçu de Paris des fonds suffisants, il repeupla le séminaire et le collége, et y introduisit la coutume de n'y parler que latin, afin que l'usage facilitât aux Indiens cette langue qu'ils ont tant de peine à apprendre par l'étude. On voit par expérience qu'en peu d'années les étudiants la parlent avec beaucoup de facilité, et en expliquent les auteurs.

Quoique monseigneur de Cicé manquât d'ouvriers, il envoya un prêtre siamois à *Chanthabun*, où M. Heurté avait bâti une chapelle et une maison. C'est un lieu important, éloigné de la ville royale de cent vingt lieues. On y comptait déjà un grand nombre de chrétiens.

Le nombre des chrétiens se multiplia aussi considérablement à Siam en 1711. Monseigneur de Sabule fut obligé de rappeler le prêtre qui était à *Merguy*. Peu de temps après son départ, un talapoin siamois, qui prétendait être de l'ancienne famille royale, arriva dans ce port avec des barques et des troupes de Pégouans qu'on nomme *Thavai*, s'empara de la ville et contraignit un petit vaisseau français, que la tempête y avait jeté, à le suivre à *Ténasserim*. Il se servit de son canon pour battre la ville. Le capitaine se plaignit hautement de la violence qu'on exerçait contre lui, et menaça le talapoin rebelle d'une escadre française qui était sur le point d'aborder à *Merguy*. L'escadre arriva en effet. Le talapoin et ses troupes, en ayant eu avis, laissèrent le petit vaisseau en liberté et prirent la fuite. M. le marquis de La Roques, commandant de cette escadre, écrivit au roi de Siam, et lui offrit de poursuivre les rebelles, ou, s'il y en avait de cantonnés dans le royaume, de mettre ses troupes à terre pour les soumettre. Le roi fut si satisfait de cette lettre, qu'il dit devant toute la cour qu'il n'avait pas de meilleurs amis que les Français. Il envoya à M. de La Roques une robe magnifique et une veste pareille à celle que Sa Majesté portait. Il témoigna aussi être très-content de monseigneur de Sabule qui avait envoyé en diligence un prêtre à *Ténasserim* pour retenir les chrétiens de cette contrée dans la fidélité et dans l'obéissance.

Depuis la grande Révolution, le terrain où était autrefois bâti le collége de *Mahápram* avait été usurpé par un mandarin. Monseigneur d'Auren étant arrivé à Siam, et ayant amené vingt-deux écoliers tonquinois, on racheta ce terrain. On y bâtit un nouveau collége où l'on commença de cultiver ces jeunes plantes que la persécution avait arrachées de la terre natale. On leur joignit quelques Cochinchinois, et c'est de cette troupe d'élèves qu'ont été formés la plupart des prêtres tonquinois qui ont rendu de si grands services à la mission.

Monseigneur de Cicé fut bien consolé en apprenant que M. Texier de Keralais avait été nommé évêque de Rosalie et son coadjuteur. Ce nouveau prélat arriva à *Merguy* en 1720 avec M. Aumont, qu'il envoya de là à Siam avec un prêtre siamois nommé Innocent. Lui-même resta à *Merguy*, et s'occupa des soins de cette mission. Ce ne fut qu'au bout de deux ans qu'il céda aux instances de monseigneur de Cicé qui l'appelait à Siam pour le sacrer. M. Aumont fut envoyé à *Merguy* en qualité de pro-vicaire, et y exerça ces fonctions pendant près de dix-huit ans.

Les deux prélats gouvernèrent la mission dans une union intime jusqu'au commencement de l'année 1727. Le 1er avril, monseigneur de Cicé mourut des suites d'une fièvre violente accompagnée d'une inflammation de poitrine et d'une dyssenterie. La pompe de ses funérailles fut honorée par la foule du peuple, des seigneurs de la cour et même des talapoins.

Un prince de l'ancienne famille royale, qui aimait les Français, emprunta de monseigneur de Rosalie des livres écrits en siamois, touchant la vérité de notre religion, dont il disait qu'il voulait s'instruire. Il en parla et les prêta au grand prince qui les lut avec attention, et en fit demander d'autres à monseigneur l'évêque. On ne pouvait les lui refuser sans l'offenser, on les lui envoya donc. La lecture de ces livres fit naître de grandes disputes. Pendant quelques mois, les mandarins, les princes, le roi même n'avaient point d'autre sujet de conversation. Les talapoins ne pouvant répondre aux objections qu'on leur faisait, étaient souvent couverts de confusion et exposés aux railleries.

Pour se tirer de ce mauvais pas, ils se mirent à déclamer hautement contre la religion chrétienne, qui tournait en ridicule la religion du royaume, qui y exciterait, comme elle avait fait dans le Japon, des dissensions et des guerres intestines, et qui, à la fin, abolirait entièrement le culte de leurs ancêtres. Les déclamations de ces hypocrites inspirèrent tant d'animosité et de haine contre notre sainte religion, que la cour résolut de la détruire entièrement.

En conséquence de cette résolution, monseigneur de Rosalie, M. Lemaire, missionnaire, un diacre et un sous-diacre indiens comparurent devant le conseil souverain. On leur fit subir un interrogatoire fort long, et enfin on leur défendit : 1° d'écrire en langue siamoise ou en bali des livres sur la religion chrétienne ; 2° de la prêcher à des Siamois, à des Pégouans ou à des *Lao ;* 3° de les tromper ou de les engager, par quelque voie que ce soit, à se faire chrétiens ; 4° de condamner la religion du royaume.

Le prélat répondit avec douceur et fermeté en même temps, et refusa de se soumettre aux défenses qu'on lui faisait. Les autres répondirent de la même manière. Le 19 octobre 1730, des mandarins vinrent au séminaire pour enlever tous les livres écrits en siamois et en bali ; mais comme on avait prévu cette visite, on avait caché ou brûlé tous les livres de religion ; ils ne trouvèrent donc que quelques volumes d'histoire profane. On craignait des violences encore plus terribles, lorsqu'un mandarin, nommé *Chung-Kanam,* favori du grand prince, et ami des Français, fit appeler un des prêtres, et lui dit que lorsqu'on voulait renouveler l'amitié avec Sa Majesté, la cérémonie ordinaire était de lui offrir des cierges allumés avec des couronnes de fleurs, et que monseigneur pouvait, par cette marque de respect, rentrer en grâce.

Comme cette cérémonie est purement civile et n'a aucun rapport à la religion, monseigneur de Rosalie prépara ce présent et se rendit, accompagné de sept à huit personnes, à la salle d'audience du barcalon. Celui-ci, le voyant si bien disposé, voulut en profiter pour lui faire signer les défenses qu'on lui avait signifiées quelques jours auparavant. Le prélat dit à voix basse à *Chung-Khanam* qu'il ne les signerait jamais ; alors ce mandarin prit et plia le papier, et il n'en fut plus question. Le barcalon reçut avec bonté les cierges et les fleurs offerts à Sa Majesté par monseigneur l'évêque, qui prit congé et retourna au séminaire.

Le barcalon, voulant accuser monseigneur de Rosalie et les missionnaires de révolte, fit graver sur trois grandes pierres les défenses, comprises en quatre articles, qu'il avait signifiées au prélat de la part du roi, et ordonna qu'on allât placer une de ces pierres dans chacune des trois églises que les chrétiens avaient auprès de la ville. Comme il en voulait principalement au séminaire, ses officiers s'y transportèrent aussitôt que les défenses furent gravées et dirent à monseigneur de Rosalie que le roi lui ordonnait de placer une de ces pierres dans son église. Le roi, lui répondit le prélat, est maître dans son royaume, il y peut faire tout ce qu'il plaît à Sa Majesté ; mais mon église étant un lieu saint consacré au Dieu du ciel et de la terre, je ne puis y placer une de ces pierres, ni consentir qu'elle y soit placée par autrui.

Le barcalon fit suspendre cette entreprise pour avoir lieu d'accuser de rébellion monseigneur de Rosalie, et de porter le roi à le faire périr, ou du moins à le chasser. En effet, il fit sur cette affaire des instances si vives que le roi, pour en délibérer, assembla son conseil ; mais, malgré les calomnies et les accusations du barcalon, la décision du conseil fut favorable aux missionnaires, et le roi conclut ainsi : Qu'on laisse l'évêque et ses missionnaires en repos, et qu'on ne me parle plus de cette affaire.

Le 1er octobre 1731, des mandarins vinrent sommer de nouveau monseigneur l'évêque de marquer un lieu dans son église pour placer la pierre où étaient gravées les défenses faites par Sa Majesté. Monseigneur l'évêque réitéra sa première réponse. Après beaucoup d'altercations, d'instances et de menaces, ces mandarins firent élever un piédestal hors de l'église, mais peu éloigné de la principale porte, et ils placèrent cette pierre comme un trophée de l'idolâtrie. Dieu ne tarda pas de venger la religion. Le roi mourut des suites d'un horrible cancer. Le grand prince et un des fils du roi prirent les armes, et la guerre civile fut déclarée. Bientôt tout le royaume fut rempli de meurtres, de pillage et d'incendies. Les deux prétendants à la couronne étant en présence, la plus grande partie des troupes du fils du roi l'abandonna et se joignit à celles du grand prince qui se trouva ainsi vainqueur sans livrer de combat, car ses ennemis effrayés prirent la fuite. L'armée du prince poursuivit les fuyards, fit prisonniers plusieurs mandarins qui furent ensuite condamnés à perdre leurs biens et la vie. Le barcalon, qui avait suivi le parti du fils du roi, se réfugia dans un monastère de talapoins et en prit l'habit; mais le nouveau roi le fit arracher de cet asile, et le livra à des soldats mahométans qui le poignardèrent, lui coupèrent la tête et traînèrent son corps jusqu'à la place publique où ils le laissèrent empalé.

Le collége et le séminaire ne souffrirent aucune insulte pendant la guerre. Aussitôt que le nouveau roi eut été couronné, le vicaire apostolique alla offrir son présent à Sa Majesté et au nouveau barcalon. L'accueil honorable qu'on lui fit lui donna quelque espérance que dans ce changement de règne il pourrait obtenir qu'on ôtât la pierre de scandale dressée devant la porte de son église. Dans cette confiance, il présenta un placet au roi ; mais il demeura sans réponse. Un mois s'étant écoulé, la veuve de M. Constance Falcon vint, de la part de Sa Majesté, demander au prélat pourquoi il ne faisait pas ses processions accoutumées? Il répondit que les processions n'étaient pas des cérémonies essentielles de la religion chrétienne, qu'il n'avait pas jugé à propos de les faire tandis que cette sainte religion était si ignominieusement traitée et défendue par des monuments publics. Cette réponse déplut au roi ; il protesta d'un ton plein d'indignation qu'il ferait élever encore plus haut la pierre qui portait les défenses faites par son prédécesseur.

Cette menace fut sans effet ; mais il survint deux nouvelles affaires qui ne causèrent pas peu d'embarras et de chagrin à monseigneur de Rosalie. Une barque qui conduisait quatre enfants chinois, envoyés par leurs parents pour étudier dans le collége, ayant abordé à Siam, les matelots dirent aux chefs du camp de cette nation qu'on avait amené ces quatre enfants pour les vendre aux Européens. Ces chefs, irrités par ce faux rapport, portèrent leur plainte au barcalon, qui ordonna que ces enfants seraient mis entre leurs mains, et qu'on ne leur permettrait pas même de parler aux Français. Dès que ces idolâtres les eurent entre les mains, ils n'épargnèrent ni caresses, ni menaces, ni promesses, ni mauvais traitements pour les pervertir; mais leur constance admirable leur fit supporter tous les mauvais traitements qu'on leur fit souffrir pendant un an. Monseigneur de Rosalie engaga enfin le barcalon à examiner cette affaire, et le ministre, après avoir interrogé les chefs et les quatre enfants, persuadé, par les réponses des uns et des autres, de la mauvaise foi des premiers, remit les enfants à monseigneur de Rosalie.

La seconde affaire qui affligea ce prélat se passa à *Ténasserim*. L'ancien barcalon avait ordonné au vice-roi de s'informer exactement du nombre des chrétiens dans cette contrée et d'empêcher à l'avenir qu'aucun n'embrassât leur religion. Le fils du vice-roi, qui était mahométan, pour faire sa cour, persécutait sans cesse et vexait les fidèles. Le jour de la Purification, des enfants païens voulurent voler des cierges dans l'église de M. Aumont. Les enfants chrétiens les chassèrent de l'église. Les parents de ces jeunes gens allèrent se plaindre au fils du vice-roi que leurs enfants avaient été battus. Sans examiner si leur plainte était fondée, ce jeune seigneur vint avec des soldats forcer la porte de l'église, saisit deux hommes et dix femmes, les fit battre si cruellement que plusieurs en vomirent du sang, et un d'entre eux en perdit la vie. On les mit ensuite en prison, on les chargea de fers et on les mit à la question pour les obliger à déclarer que M. Aumont les avait baptisés. Il était constant et connu de tout le monde que toutes ces personnes étaient chrétiennes plus de dix ans avant que M. Aumont arrivât dans cette province. Monseigneur de Rosalie ayant exposé ces faits au barcalon, le fils du vice-roi fut mandé, et il aurait subi une peine très-humiliante si le prêtre, rendant le bien pour le mal, n'eût demandé grâce pour lui. Les chrétiens prisonniers furent mis en liberté et ne furent plus exposés à de pareilles vexations.

Monseigneur de Rosalie, quoique accablé d'infirmités, ne cessa pas de s'occuper des soins les plus pénibles de la mission, et termina sa carrière apostolique le 27 novembre 1737.

En 1749, M. Andrieu arriva à la cour de Siam pour se défendre des injustices du vice-roi de *Ténassérim*, et se plaindre au barcalon (ou ministre des affaires étrangères) des mauvais traitements faits aux Français. Les missionnaires obtinrent un ordre pour que ce vice-roi fût châtié et déposé, s'il se trouvait seulement un ou deux points véritables dans leur plainte. On exigea que M. Andrieu retournât à *Merguy*, ce qu'il fit. Il y gagna son procès contre le vice-roi de *Ténasserim*, et obtint, qu'après le châtiment, il serait déposé à cause des injustices faites aux Français.

Dans ce temps, la cherté des vivres dans le royaume de Siam était telle, que le char de riz, qui coûtait autrefois huit piastres, se vendit jusqu'à cent piastres. Il en a été de même, proportion gardée, pour les toiles et les autres choses nécessaires à la vie.

On reçut avis, dans le mois de mars 1758, que les Barmas avaient déjà mis en déroute une armée de quinze mille Siamois; on fit rester les chrétiens dans la ville pour la défendre; on la fortifia, et on fit descendre au dessous de la ville toutes les boutiques flottantes qui étaient autour des murs; on fit aussi abattre, pour la sûreté de la ville, toutes les maisons attenantes aux murailles. On plaça les chrétiens aux bastions pour les défendre et on envoya deux nouvelles armées contre les ennemis.

Les Barmas s'avancèrent, le 8 avril, jusqu'à deux lieues de distance de la ville. On alla les observer. Les jours suivants, ils brûlèrent tous les environs de la capitale, à l'exception du camp des chrétiens.

Le roi, ne se fiant plus à personne, fit arrêter et emprisonner le barcalon et son propre père nourricier. Les chrétiens, voyant la fureur des ennemis, qui mettaient tout à feu et à sang, et qui n'épargnaient pas même les enfants à la mamelle, se crurent perdus sans ressource, et se réfugièrent tous dans l'église pour y mourir entre les bras de leurs pasteurs. Les missionnaires les disposèrent le mieux qu'ils purent à ce grand sacrifice; après quoi, voyant l'ennemi tout proche, ils crurent que deux suffiraient pour garder le troupeau et que les deux autres pouvaient tenter de s'enfuir du côté de la mer avec tout le collége. Ce parti n'était pas moins dangereux que celui de rester au séminaire; les barbares se répandaient de tous côtés, et commençaient à assiéger la ville. Le feu était déjà dans la plupart des faubourgs ; d'ailleurs, on avait fermé tous les passages et mis des gardes pour ne laisser sortir personne du royaume. Malgré tout cela, MM. Kerhervé et Martin, se confiant à la divine Providence, descendirent avec tous les écoliers dans un grand balon chargé des effets les plus précieux du séminaire et de provisions pour le voyage, même sur mer, s'ils étaient poursuivis par l'ennemi jusqu'à la barre de Siam. Ils ne furent pas plutôt à deux portées de fusil de leur maison, qu'ils virent la flamme s'élever tout proche ; ils crurent que le feu était déjà dans le camp de Saint-Joseph, et que c'en était fait de Monseigneur et des chrétiens. Ils continuèrent leur route à force de rames jusqu'à la douane royale, où ils furent retenus toute la nuit ; mais ils purent heureusement, le matin, continuer leur route, malgré les sentinelles qui s'opposèrent en vain à leur passage, tirant sur eux quelques coups d'arbalète dont personne ne fut blessé. Ils furent mieux traités dans les autres douanes, dont les officiers semblaient plutôt favoriser leur fuite que l'empêcher, jusque-là que, étant arrivés à *Bangkok*, des mandarins les firent eux-mêmes passer sur des chaînes qui traversaient la rivière, et les conduisirent chez le gouverneur de la ville pour lui donner des nouvelles de la guerre. Le gouverneur, charmé d'entendre MM. Kervhervé et Martin parler siamois, les reçut très-bien et leur fit mille politesses, jusqu'à les faire asseoir sur un tapis au dessus de tous les mandarins et leur offrir le bétel. Après avoir satisfait à toutes ses demandes, les missionnaires prirent congé de lui et se retirèrent chez quelques chrétiens qui demeuraient au dessous de la forteresse ; ils ne restèrent chez eux qu'autant de temps qu'il en fallut pour entendre leur confession. Ils continuèrent ensuite leur route du côté de la mer, où ils arrivèrent heureusement le sixième jour depuis leur départ de la capitale. Neuf à dix jours après leur arrivée dans cet endroit, ils apprirent que les ennemis s'étaient retirés de la ville, sans avoir pu s'en emparer, non plus que du séminaire qu'ils attaquèrent jusqu'à trois fois sans succès ; par une espèce de miracle que le Seigneur avait fait en faveur de cette maison et de ceux qui s'y étaient rassemblés. Ils ne ressentirent pas moins les effets de sa divine protection pendant le voyage, puisque près de trois mille païens, qui s'enfuyaient avec eux et par la même route, furent massacrés par les barbares pour n'avoir pas passé la douane royale aussi promptement qu'eux.

Huit jours avant le départ de MM. Kerhervé et Martin, monseigneur Brigot avait envoyé à *Bangkok* le père Paul, prêtre chinois, pour y avoir soin des chrétiens de sa nation. Le 12, les ennemis brûlèrent le camp hollandais et s'emparèrent, le 14, des galères du roi ; ils s'en servirent pour aller à la douane royale où ils pillèrent et brûlèrent quantité d'embarcations chinoises et hollandaises, blessèrent à mort le chef de la loge hollandaise, et enlevèrent plusieurs chrétiens de l'un et de l'autre sexe, dont quelques-uns s'échappèrent et revinrent après avoir perdu tous leurs biens. Ceux qui restèrent dans le camp ne perdirent rien, Dieu aidant ; car les chrétiens de Saint-Joseph intimidèrent, par leur courage, les ennemis qui n'osèrent pas y entrer, quoiqu'il n'y eût qu'un petit ruisseau à traverser ; mais ils ne cessèrent de battre la ville à coups de canons depuis le 14 jusqu'au 16 inclusivement. Ils jetèrent même deux bombes qui, étant par bonheur tombées dans un puits, ne causèrent aucun dommage. Ces barbares commencèrent à se retirer le 16. Le 20, les Siamois envoyèrent une petite armée à leur poursuite ; mais cette armée se tint toujours loin des ennemis.

MM. Kerhervé et Martin, ayant appris que les choses s'étaient un peu raccommodées à Siam, prirent le parti d'y retourner. A leur arrivée, la joie fut d'autant plus grande, qu'on les avait crus enveloppés dans le massacre des fugitifs ; pour confirmer cette mauvaise nouvelle, quelques Chinois rapportèrent à Monseigneur qu'on les avait reconnus par leurs soutanes et leurs tonsures entre tous les cadavres dont la rivière était couverte. Ils pensaient, de leur côté, que monseigneur de Tabraca et M. Sirou avaient été brûlés ou massacrés dans l'église avec tous les chrétiens, vu que le feu et les ennemis en étaient si proche lorsqu'ils prirent la fuite. La joie fut donc complète de part et d'autre, et pour remercier le Seigneur de cette délivrance miraculeuse, on chanta une messe solennelle avec le *Te Deum*.

L'ancien barcalon, qui avait été emprisonné au mois de mars, fut délivré de prison dès le 29 avril. Le roi lui commanda de se faire talapoin pour expier ses fautes passées ; mais il quitta bientôt son habit de talapoin et reprit son premier poste. Les grands s'en réjouirent ; néanmoins, ce ne fut pour eux qu'une petite consolation, parce que le nouveau roi reprit de nouveau l'habit de talapoin, le

14 juillet, à cause des différends qu'il avait avec son frère aîné, ce qui consterna tous les grands.

Pendant l'été, le bruit se répandit que les Pégouans avaient attaqué les Barmas dans leur retraite et les avaient défaits en partie ; on disait aussi que, les Barmas s'étant retirés de *Merguy* et de *Ténasserim*, l'armée siamoise de *Ligor* y était entrée. Malgré ces bonnes nouvelles, les vivres furent toujours extrêmement chers dans tout le royaume, en partie à cause de la guerre passée, en partie parce que la mortalité s'était mise sur les bestiaux.

Ce fut le 29 avril que MM. Kerhervé et Martin revinrent à Juthia avec le père Paul et tout le collége. Le surlendemain, monseigneur Kerhervé alla voir les décombres du pauvre collége de *Mahápram*, que les ennemis avaient entièrement réduit en cendres à leur retour, ce qui accabla les chrétiens de douleur, et l'on fut obligé de garder les élèves au séminaire. Dans une visite que les missionnaires firent au barcalon, le 30 mai, il descendit de son trône pour leur dire que, dans la dernière guerre, ils avaient rendu aux Siamois un plus grand service que tous leurs prédécesseurs qui leur avaient apporté des curiosités d'Europe.

Le roi fit donner une petite récompense à ceux des chrétiens qui avaient défendu la ville. Il envoya aussi à monseigneur Brigot une pièce de vieux satin ; mais il fut trompé à l'égard des écoliers ; il leur fit donner de la toile de la côte, ce qu'il n'aurait certainement pas fait s'il eût su qu'ils avaient fui au port. Malgré les services rendus par les chrétiens, et ces témoignages de reconnaissance, le nouveau roi, par complaisance pour les talapoins, défendit d'appeler monseigneur Brigot évêque en termes siamois, et ne permit pas qu'il prît ce titre dans ses écrits.

Les chrétiens célébrèrent, depuis le 19 mars jusqu'au 3 avril, le jubilé qui leur avait été envoyé par le Saint-Père Clément XIII. Les écoliers et un bon nombre de chrétiens en profitèrent, appréhendant les effets de la guerre. Les troubles fournirent l'occasion de baptiser plusieurs enfants païens dont la plupart ne survécurent pas. On baptisa aussi quelques adultes, et la fille d'un Hollandais abjura l'hérésie et reçut les sacrements avant de mourir.

MM. Andrieu et Lefebvre s'étant enfuis de *Merguy*, monseigneur Brigot y envoya M. Martin, qui partit le 12 mai 1761 ; mais il ne put arriver que jusqu'à Piply, faute de charrette pour le transporter plus loin; il fut donc forcé de revenir à Juthia, où il arriva le 11 juin. Pour comble de malheur, sa santé s'étant dérangée, il fut obligé de renoncer à tout ministère, de sorte qu'il ne resta plus que M. Kerhervé pour seconder monseigneur Brigot, encore la santé de ce zélé missionnaire laissait-elle beaucoup à désirer, car il ne faisait que commencer à se rétablir d'une opilation de poitrine dont il avait failli mourir.

Le 12 février on avait appris à la cour de Siam que des Pégouans, réfugiés dans une province au nord-ouest, où on leur avait permis de rester, s'étaient révoltés après s'être saisi de la personne du gouverneur qui leur avait fait plusieurs injustices, et qu'ils se fortifiaient sur une montagne. On envoya contre eux une armée de Siamois qu'ils mirent en déroute, n'ayant pour toutes armes que des morceaux de bois pointus. Après cette défaite, on ferma les portes de la ville; on ne laissa que les guichets ouverts, on fit placer des canons au pied des murailles, comme si l'on eût eu un nouveau siége à soutenir. Le 14 mars, des Siamois, qui venaient d'une province voisine, prirent quelques-uns de ces Pégouans, qui s'étaient écartés des autres ; ils les amenèrent au roi. Ce prince fit expédier une seconde armée qui aurait succombé comme la première, si le talapoin, frère du roi, n'eût envoyé dans cette armée plusieurs de ses anciens officiers qui, ayant pris courage, attaquèrent les rebelles jusque dans leurs retranchements, en prirent une cinquantaine et dispersèrent le reste. Ces officiers apportèrent eux-mêmes à la cour, le 28 du même mois, la nouvelle de leur victoire.

Comme les habitants de la campagne étaient venus, pendant cette affaire, se réfugier dans la ville avec leurs familles, cela donna aux missionnaires occasion de renouveler la mission des enfants moribonds dont les parents étaient païens. Plus de trois cents de ces enfants furent baptisés, soit dans la ville, soit dans les environs. Monseigneur Brigot voulut être de la partie; mais il ne put soutenir l'ardeur du soleil, à jeun, pendant le carême. Après avoir baptisé une soixantaine d'enfants moribonds, son corps devint tout rouge ; mais, malgré sa mauvaise santé, il disait la messe les dimanches, les fêtes et les samedis. Il entendait les confessions et faisait le catéchisme, laissant à M. Kerhervé le soin du dehors. On ne baptisa cette année que six adultes, et la chrétienté diminuait à vue d'œil, à cause du malheur des temps.

M. Jacques Corre, missionnaire, arriva à Siam le 4 juillet 1762. Voyant la disette d'ouvriers évangéliques dans cette mission, il s'y fixa et s'appliqua à la mission des enfants et à apprendre le portugais et le siamois.

Le 2 janvier 1765, la nouvelle parvint à Merguy que le *Xaja*, ou roi de *Thavai*, tributaire de Siam, s'était embarqué avec sa maison et une grande partie de ses sujets, fuyant devant les Barmas qui venaient assiéger sa ville. Toute la province de *Ténasserim* prit l'alarme, et une grande partie des habitants s'enfuirent. Les cruautés exercées par les Barmas dans la dernière guerre les avaient trop instruits pour qu'ils restassent tranquilles, sachant les ennemis si près.

M. Andrieu, missionnaire, qui devait partir pour Siam, et M. Alary, qui devait se rendre à *Merguy*, où il était nommé pro-vicaire, suspendirent leur voyage et rassurèrent de leur mieux les chrétiens. Plusieurs d'entre eux cependant prirent la fuite, avec l'approbation de ces saints missionnaires qui, dans une circonstance si difficile, voulaient bien sacrifier leur vie, mais craignaient de sacrifier celle de leurs ouailles.

La nuit du 10 au 11 janvier, on entendit tout à coup, vers minuit, un bruit confus d'une multitude qui jetait les hauts cris. On pensa que l'ennemi était déjà dans le port. Les missionnaires s'avancèrent au bout de l'enceinte qui dominait sur la rivière et s'aperçurent que ce tumulte venait des ballons qui étaient arrivés avec le roi de *Thavai*. Ce peuple, qui est toujours sur la rivière pour pouvoir fuir plus promptement, avait eu nouvelle que les ennemis avaient paru à l'embouchure de la rivière; ce bruit s'apaisa bientôt après. A cette première alerte, les chrétiens commencèrent à entrer dans leurs barques. Les autres habitants avaient déjà quitté leurs maisons et s'étaient retirés dans les bois.

Vers les quatre heures du matin on entendit les mêmes clameurs qu'on avait ouïes avant minuit; mais on entendit de plus les coups de canon qui annonçaient la présence de l'ennemi. M. Andrieu, qui avait sa chambre sur le devant, appela M. Alary en lui disant de se lever, que l'ennemi était arrivé. Il prit en même temps son surplis et descendit à l'église, où M. Alary le suivit.

Quelques chrétiens qui étaient restés chez eux vinrent les rejoindre. M. Andrieu faire à Dieu le sacrifice de leur vie, les disposa à recevoir l'absolution qu'il leur donna, et se retira avec M. Alary pour se confesser mutuellement, autant que le temps pouvait le leur permettre. Il fallut abréger, car le feu que les ennemis avaient mis aux maisons voisines était déjà près d'eux. M. Alary prit le peu d'argent qu'on lui avait envoyé de Siam pour son viatique, le cacha à côté d'un arbre à l'écart, pour l'y retrouver après l'incendie. Il appela en même temps un domestique et lui dit de le suivre dans les bois et de prendre son fusil pour se défendre contre les tigres.

En même temps qu'il l'appelait du bas de l'escalier, il s'aperçut que les ennemis s'en étaient déjà emparé, et qu'ils s'avançaient vers lui avec des lances et des flambeaux, soit pour mettre le feu à la maison, soit pour y voir à conduire leurs pas, car il n'était pas encore jour. Il renonça pour lors à la fuite, et, voyant qu'il n'y avait plus moyen d'échapper, il s'avança vers le premier qui se présenta, et, ayant avec lui un domestique qui connaissait sa langue, il dit à ce soldat qu'il ne voulait pas se battre. Le soldat n'avança pas sa lance, mais se contenta de lui demander son chapeau qu'il lui donna sur-le-champ. Ceux qui le suivaient ne f rent pas aussi modérés ; ils montèrent avec précipitation dans le presbytère pour piller ; ils y trouvèrent M. Andrieu qui leur donna les clefs pour ouvrir son bureau et ses coffres. Ils mirent en pièces celui où étaient renfermés le calice et les ornements de la messe, et se saisirent de tout. Comme M. Alary entrait dans sa chambre pour leur ouvrir aussi sa malle, un soldat, pensant qu'il entrait pour cacher quelque chose, lui présenta sa lance en le menaçant de le tuer. Le missionnaire lui fit signe qu'il voulait le satisfaire ; pour lors, le soldat entra avec lui, et pilla tout ce qu'il trouva. M. Alary prit seulement son Bréviaire, une Bible, le Nouveau-Testament, le livre de l'Imitation de Jésus-Christ, et le concile de Trente, pour empêcher ces livres d'être brûlés. Il s'attendait aussi à sauver au moins les habits qu'il avait sur le corps ; mais dans le moment même il fut dépouillé de la tête aux pieds ; on lui laissa seulement sa chemise et sa calotte. Il eut beau représenter que la pudeur était offensée, qu'il ne pouvait paraître en cet état, toutes ses représentations furent inutiles ; il fut obligé de sortir en chemise, sans caleçon, sans souliers et avec la seule calotte qu'il avait sur la tête, portant entre ses mains les livres dont on a déjà parlé. On fit marcher en avant les deux missionnaires pour les emmener en captivité, et alors on mit le feu à leur maison.

Chemin faisant, M. Alary rencontra un soldat qui portait sous son bras une vieille soutane de M. Andrieu; il la lui demanda pour couvrir sa nudité, lui représentant que cet habit ne pouvait lui servir à lui-même pour aucun usage. A force de prières, il l'obtint. Ayant recouvré l'habit le plus nécessaire, il se félicitait aussi d'avoir conservé la Bible; mais il n'eut pas fait vingt pas, qu'un autre soldat lui arracha ce livre d'entre les mains, et lui fit signe de revenir sur ses pas et de descendre au bord de la mer avec M. Andrieu pour entrer dans une embarcation. Comme la mer s'était alors retirée, il fallut marcher dans la boue jusqu'aux genoux, pour aller joindre le ballon qu'on leur avait marqué. N'étant pas accoutumés à marcher d'une manière si incommode, ils n'auraient pu éviter de tomber dans la vase, sans le secours de deux domestiques du séminaire de Siam qui ne les avaient pas encore abandonnés.

Dans le même moment, on les appela du bord de la rivière, leur ordonnant de retourner sur leurs pas pour parler au général de l'armée. Il fallut, pour retourner, essuyer la même peine qu'ils avaient eue pour arriver au ballon. Revenus sur l'autre bord, on les fit asseoir à terre, par respect pour ce grand de la nation. Comme on ne leur avait pas expliqué la manière dont ils devaient placer leurs jambes, le général lui-même leur donna des coups de canne pour les leur faire abaisser. Il les interrogea au sujet des navires qui étaient mouillés à peu de distance, et qui, n'ayant pas eu le temps de lever l'ancre, avaient coupé leurs câbles pour fuir plus promptement. Après que les missionnaires eurent répondu à toutes les questions qu'on leur fit, on désigna M. Alary pour aller poursuivre ces navires avec les soldats barmas. Il répondit qu'il ne savait pas faire la guerre. Quelqu'un ayant ajouté qu'il était un Pongui, c'est-à-dire un prêtre des chrétiens, on le laissa en repos, et on prit à sa place un des domestiques qui les accompagnaient. Ensuite on leur fit signe de se lever; on les conduisit au travers de l'incendie, qui durait encore, à l'autre extrémité de la rue, toujours au bord de la rivière, pour qu'ils fussent prêts à s'embarquer. Dans ce trajet, M. Alary trouva un vieux caleçon que quelqu'un avait jeté ou laissé tomber, ce qui lui causa une grande joie, car, avec la vieille soutane qu'il avait obtenue, il pouvait se mettre décemment.

On les laissa au milieu du bazar, les pieds dans la boue, depuis la pointe du jour jusqu'à dix heures, sans chapeau, exposés aux ardeurs du soleil, et attendant le coup de la mort, lorsque enfin on leur fit signe d'entrer dans un ballon couvert qui était tout auprès. Ils profitèrent de cette situation un peu plus tranquille pour s'aider mutuellement, par leurs réflexions, à faire à Dieu le sacrifice de leur vie, et à gémir sur le sort des chrétiens qui, malgré leurs précautions, étaient tombés comme eux entre les mains des ennemis; car, ayant fui trop tard, on les avait poursuivis et arrêtés. Les missionnaires les virent emmener et passer tout auprès d'eux, accablés de tristesse. Tout ce qu'ils pouvaient faire était de leur dire quelques paroles d'encouragement.

Ils eurent aussi la douleur de voir les vases sacrés et les ornements bénits courir la place publique entre les mains des païens, dont un parut habillé avec une chasuble.

Pendant qu'ils étaient ainsi entre la vie et la mort, et qu'ils n'attendaient plus rien du côté des hommes, ils virent entrer dans leur ballon un jeune homme qui demandait où était le Père. Le prenant pour un chrétien de *Merguy*, ils lui demandèrent où étaient les chrétiens. Il répondit qu'ils étaient d'un autre côté, que pour lui il était venu avec les Barmas tout exprès pour sauver les missionnaires ; qu'étant arrivé des derniers, il les cherchait avec sollicitude, craignant de ne pas les rencontrer. — Venez avec moi, ajouta-t-il, je suis chrétien, je vais vous conduire au général qui vous livrera à moi pour vous emmener.

Les missionnaires suivirent ce jeune homme comme un envoyé de Dieu, bénissant les secrets admirables de la Providence. Il fallut se prosterner de nouveau devant le général ; ils évitaient pourtant de se mettre à genoux comme les autres, mais ils restaient assis à terre. Le général accorda à cet homme la permission de les emmener avec lui et lui dit de chercher aux environs un endroit pour les loger jusqu'au départ. Ils suivirent donc ce jeune homme qui se nommait le pilote Joseph, et le prièrent de passer du côté de leur église brûlée ; ils y ramassèrent quelques livres épars qui avaient échappé à l'incendie. M. Alary y trouva aussi le peu d'argent qu'il avait caché au pied d'un arbre et le remit au pilote qui s'en servit pour retirer quelques chrétiens d'entre les mains des ennemis.

Ils suivirent donc leur conducteur qui alla les mettre sous la juridiction d'un capitaine qui, du premier abord, les traita avec bonté ; il descendit d'un lieu élevé où il était assis pour se mettre presque de niveau avec eux. Il voulut voir leur Bréviaire, il en admira les caractères si menus ; ensuite il leur proposa d'aller jusqu'aux navires, qui étaient toujours mouillés au même endroit, pour leur porter une lettre de pacification. Les missionnaires s'excusèrent en disant que ces navires les retiendraient peut-être eux-mêmes ; et en effet, ils surent par la suite que cette lettre n'était qu'une feinte pour attirer ces vaisseaux dont on craignait l'artillerie. Aussi ceux qui les montaient ne voulurent pas s'y fier, ils firent toujours résistance, et se sauvèrent enfin à la faveur de la marée et de la nuit.

MM. Andrieu et Alary restèrent jusqu'au soir assis dans la rue. Le pilote Joseph, se souvenant qu'ils étaient à jeun, alla chercher quelque part un peu de riz qu'il leur présenta dans une assiette, les invitant à prendre un peu de nourriture. Ils acceptèrent son offre avec reconnaissance ; mais ensuite se souvenant qu'il y avait tout auprès d'eux plusieurs chrétiens dans un besoin aussi pressant que le leur, ils finirent leur repas pour leur envoyer ce qui leur restait. Plusieurs de ces chrétiens vinrent se jeter à leurs pieds en les priant d'avoir pitié de leur misère. Les missionnaires leur répondirent qu'ils étaient captifs comme eux, mais qu'ils feraient tous leurs efforts pour les soulager. Ils prirent de là occasion d'en parler au pilote Joseph qui leur promit de travailler à les rassembler tous. Il chercha pour cela une des maisons que le feu avait épargnées, et en quelques jours il réussit à en rassembler un bon nombre ; mais il ne put parvenir à se faire rendre les jeunes filles dont ces barbares s'étaient saisis, ce qui plongea dans la douleur ces saints missionnaires qui se voyaient dans l'impuissance de leur donner aucun secours pour les tirer du danger où elles étaient de perdre leur âme, et peut-être dans la suite leur foi.

Les autres chrétiens étant rassemblés près des missionnaires, ils restèrent quinze jours à *Merguy*, attendant le retour de l'armée qui avait été piller *Ténasserim* et qui devait les emmener avec elle en retournant à *Thavai*. Pendant ce temps-là on mit deux fois en délibération si on les tuerait ou si on les emmènerait. On se décida à les emmener parce qu'il y avait un navire du roi qui n'était pas chargé et qu'il était bon de faire des esclaves pour Sa Majesté. Enfin l'armée arriva ; le pilote, craignant pour la vie des chrétiens, les fit embarquer avec une précipitation extraordinaire ; ils restèrent deux jours dans le ballon sur la rivière, et, sur le soir du second jour, on donna le signal du départ qui fut précédé de l'embrasement du reste des maisons qu'on avait conservées pour loger les soldats et les captifs jusqu'au jour de leur départ.

MM. Andrieu et Alary furent conduits à *Thavai* et ils eurent la consolation d'avoir dans leur ballon les chrétiens qu'ils avaient pu rassembler. Pendant ce voyage, qui ne dura que six jours, ils furent chaque jour exposés à être massacrés ; car comme leur ballon était chargé des effets pillés pour le roi, on menaçait de tuer tout le monde, s'il arrivait un accident qui causât quelque perte ; et pour augmenter leur crainte, on envoya vingt soldats pour les garder, et on les empêcha de devancer les ballons armés en guerre, qui les environnaient presque toujours, et les accompagnèrent jusqu'au port où ils arrivèrent sans accident.

Ils étaient à peine mouillés dans la rivière de *Thavai*, qu'il vint à leur bord deux chrétiens de *Digon* leur témoigner la joie qu'ils avaient de les voir en vie, et leur dire qu'ils étaient là en sûreté ; que le nacoda du vaisseau dont ils étaient pilotes eux-mêmes avait appris qu'il y avait deux prêtres et plusieurs chrétiens qu'on emmenait de *Merguy;* qu'il avait demandé au vice-roi de la ville et qu'il en avait obtenu la permission de prendre les uns et les autres sur son vaisseau. Ils ajoutèrent que ce nacoda, quoique Maure ou mahométan, avait beaucoup de crédit auprès du roi d'Ava ou des Barmas, et beaucoup de compassion pour les malheureux ; qu'il avait fait déjà de grands présents pour obtenir leur délivrance et qu'il les verrait arriver avec plaisir. Ils les quittèrent aussitôt pour aller dire à ce Maure qu'ils étaient arrivés, et, vers le soir, cet homme plein d'humanité, nommé Momosadec, les ayant fait appeler, leur témoigna beaucoup de sensibilité sur leur état, leur fit donner des bonnets et des souliers, et leur promit de retirer les jeunes filles d'entre les mains de ceux qui s'en étaient emparés ; en effet, on les amena et on les réunit aux autres chrétiens.

A peine les missionnaires avaient-ils commencé

à prendre un peu de repos qu'on les appela, par ordre du vice-roi qui était sur la place, pour prendre connaissance des effets qui avaient été pillés et en faire rendre compte au nom du roi d'Ava. On les fit avancer et asseoir à terre auprès de ce seigneur ; il tenait entre ses mains une croix de l'église, avait à son côté le calice, et à quelque distance d'autres vases sacrés et quelques ornements. Voyant les missionnaires à ses pieds, il leur présenta la croix en leur demandant s'ils la reconnaissaient, et si elle leur appartenait. Comme ils lui répondirent qu'ils la reconnaissaient et qu'on l'avait prise chez eux, il continua à leur demander si on avait pris autre chose, et, en particulier, combien d'argent on avait trouvé chez eux. M. Andrieu, qui ne voulait point nuire par sa déclaration à ceux qui avaient pillé et caché cet argent, se contenta de répondre qu'il ne savait pas assez la langue des Barmas pour s'expliquer suffisamment, mais que le missionnaire qui était auprès du roi d'Ava pourrait lui donner le détail de tout. Cette réponse ne satisfit pas le vice-roi qui voulait se faire rendre compte à lui-même ; il lui fit une autre question, et lui demanda s'il avait caché de l'argent. M. Andrieu, avant de répondre, mit sa main dans sa poche pour en tirer un brin de fil d'archal, et lui montrer que c'était tout ce qu'il avait sauvé. Le vice-roi, voyant qu'il fouillait dans ses poches, dit tout haut : — Il a de l'argent, qu'on le présente à la question. Il y avait tout auprès une chaudière avec du calain et du plomb fondu, où l'on faisait mettre la main à ceux dont on voulait tirer quelque aveu. On les conduisit donc auprès de cette chaudière bouillante ; on prit un instrument pour remuer la matière afin de les épouvanter ; ensuite un soldat prit la main de M. Andrieu, et la tenant sur la chaudière, attendait l'ordre du vice-roi. M. Andrieu, se tournant de son côté, protesta de nouveau qu'il n'avait rien caché. — Qu'il dise donc, répliqua le vice-roi, ce qu'on lui a pris. Alors M. Andrieu se détermina à répondre, article par article, sur ce qu'on lui avait volé. On se contenta de sa déposition et on n'alla pas plus loin. M. Alary s'attendait à subir de suite son interrogatoire ; mais il fut différé de quelques jours. Il craignait de compromettre le pilote Joseph qui avait entre les mains l'argent qu'il avait caché à *Merguy* et qu'il avait repris avant son départ, et dont il avait déjà distribué une partie ; il prit donc le pilote Joseph en

particulier pour lui marquer son embarras ; il lui dit qu'il ne voulait point mentir quoi qu'il dût lui en coûter, et que cependant, si on venait à le questionner sur l'argent qui lui manquait, il serait obligé de dire à qui il l'avait remis. Le pilote, sentant lui-même la conséquence, trouva tout l'argent et le remit à M. Alary qui s'engagea à lui rendre ce qu'il avait dépensé. Après avoir seulement présenté les missionnaires à la question, on les fit de nouveau approcher du vice-roi qui pour lors leur fit présenter du thé ; il leur fit montrer plusieurs effets pillés pour savoir si on les avait pris dans leur maison. Ils reconnurent la boîte des saintes huiles, la petite custode pour le Saint-Sacrement, le calice et quelques ornements.
—Regardez maintenant, leur dit le vice-roi, tous ces soldats qui sont là à genoux devant vous, et voyez si vous reconnaîtrez celui qui a pris cette petite boîte. Les missionnaires répondirent que les soldats étant venus chez eux pendant la nuit, il leur était impossible d'en reconnaître aucun. On ne les pressa pas davantage. Le vice-roi s'était adouci ; mais ils eurent la douleur de voir profaner la petite custode du Saint-Sacrement, car on enferma une petite idole dans ce vase sacré qui avait si souvent

contenu le corps de Jésus-Christ. Le mal était sans remède, ils se contentèrent de baisser les yeux et de garder le silence. Dans ce même temps on les fit écarter. Le vice-roi leur remit la croix seulement, et quelques heures après on leur permit de se retirer ; ils allèrent rassurer les chrétiens qui étaient en peine, à cause du bruit qui s'était répandu qu'on leur avait tranché la tête.

Six à sept jours se passèrent avant celui du second interrogatoire ; enfin ce jour arriva. Quelques personnes malintentionnées dirent au vice-roi que les Ponguis avaient encore de l'argent; et, au lieu de lui expliquer qu'on n'avait pas encore interrogé le second Pongui, qui était prêt à remettre le peu d'argent qu'il avait, quoiqu'il fût destiné à secourir les chrétiens, on laissa croire à ce général qu'il avait été trompé. Il se sentit piqué et envoya aux missionnaires l'ordre de lui apporter cet argent. Ce fut alors qu'ils se trouvèrent destitués de tout secours humain. Ils avaient besoin d'un interprète, et la seule personne dont ils pussent se servir était précisément le pilote Joseph qu'ils soupçonnaient de les avoir vendus. Cet homme, qui leur avait rendu tant de services, ne les regardait plus du même œil depuis que Momosadec les avait retirés de ses mains pour les prendre dans son navire. Ils entrèrent avec ce seul interprète dans la cour où était le vice-roi avec les soldats. Les ayant fait mettre à ses pieds, on lui présenta l'argent, disant que les Ponguis l'avaient apporté. M. Alary s'adressa alors à l'interprète, le priant d'expliquer que c'était lui qui apportait cet argent et qu'on ne lui avait encore rien demandé ; qu'il attendait son interrogatoire pour dire la vérité, comme son confrère l'avait dite quelques jours auparavant. Sa prière fut inutile, il ne put jamais obtenir qu'aucune de ses paroles parvînt aux oreilles du vice-roi, qu'il voyait en colère, parce qu'il n'était pas instruit. Il ne leur fit aucune question, mais il ordonna la peine sans autre examen. En conséquence, on apporta une corde pour attacher M. Alary le premier ; on la lui avait déjà passée au bras gauche, lorsque le vice-roi ordonna aux missionnaires de s'écarter de lui et d'aller se prosterner vis-à-vis de son trône, à une certaine distance. On retira la corde et on partit avec précipitation pour aller chercher quatre ou cinq lances, qu'on plaça devant eux, attendant les ordres du vice-roi. M. Andrieu, voyant ces préparatifs, demanda à son confrère de lui donner l'absolution. Celui-ci le rassura un peu, lui disant qu'il ne lui paraissait pas qu'il y eût un danger assez grand. Ils attendirent un instant pour voir à quoi tout cela allait aboutir. La consolation de penser qu'ils souffraient pour la vérité leur ôtait presque la crainte. Dans le moment, un soldat prit une de ces lances, et l'approchant trois ou quatre fois de la poitrine de M. Alary, avec des yeux pleins de colère, lui dit d'avouer s'il avait de l'argent, ou bien qu'il allait le percer. Celui-ci répondit à chaque fois qu'il n'en avait plus. Ayant fait les mêmes menaces à M. Andrieu, qui répondit de même, le vice-roi prit un autre moyen et ordonna de leur donner le chabouk. Un soldat se détacha à l'heure même pour aller chercher un bâton de sept à huit pieds de long et gros à proportion. Les missionnaires étaient toujours prosternés la face contre terre; ce soldat prit ce bâton avec les deux mains, et leur en donna assez rudement, mais trois coups seulement à chacun. Ils commencèrent alors à craindre que ces menaces ne finissent pas là; car on les laissa à la même place, pendant quelques heures, exposés aux ardeurs du soleil, et on les regardait d'assez mauvais œil. Cependant le vice-roi se déterminant à croire qu'ils avaient tout déclaré, fit signe à l'interprète, qui les avait si mal servis, de les faire lever et de les emmener. Ils se retirèrent pour aller prendre un peu de nourriture que les chrétiens leur avaient préparée. Ils recommandèrent fortement aux fidèles de ne rien témoigner à l'interprète qui pût lui reprocher son action. Il continua à rester avec les missionnaires comme auparavant, et ceux-ci ne le quittèrent que pour s'embarquer avec Momosadec.

MM. Andrieu et Alary demeurèrent environ quinze jours dans une mauvaise cabane, ouverte de toutes parts, exposés pendant la nuit au serein et à la rosée, sans couverture, n'ayant qu'une mauvaise nourriture ; ce qui causa à M. Alary une espèce de rhumatisme, suivi d'un flux de sang. M. Andrieu était malade depuis son départ de *Merguy*. Le nacoda Momosadec, voyant leur misère, prit le parti de les envoyer au vaisseau qui était mouillé à quelques lieues de là. Leur santé s'y rétablit un peu. Il fit embarquer aussi les chrétiens pour les délivrer de toutes les tracasseries qu'ils essuyaient à terre ; et enfin, après cinq ou six jours, ils firent voile pour *Digon* ou *Rangon*, port de mer du roi d'Ava.

Comme le gouvernement siamois se disposait,

à la fin du mois de janvier 1765, à recevoir les Barmas, M. Kerhervé se rendit au port afin de s'embarquer; mais y ayant trouvé une embarcation cochinchinoise qui amenait à Siam des écoliers de ce pays, il crut cette occasion favorable pour sauver les anciens et les nouveaux écoliers, et, pour faciliter leur fuite, il resta au port à les attendre. Cependant, comme les ennemis n'allèrent pas pour lors au delà de la province de *Ténasserim*, les écoliers restèrent au collége, et M. Kerhervé, ayant perdu l'occasion de s'embarquer, retourna lui-même à Siam sur la fin de février.

Cependant les favoris du roi, sentant l'incapacité des Siamois, firent courir le bruit que l'ennemi s'était retiré à Ava. Les devins endormirent le roi par leurs contes, et lui firent donner un édit par lequel il signifiait à ses sujets qu'ils n'avaient plus rien à craindre des Barmas. On renvoya les milices en dépit du bon sens; on permit aux soldats chrétiens de voyager sur mer, et on entretint le peuple dans des réjouissances superstitieuses. Un mandarin maure persuada à la cour qu'en mettant sur la terrasse de la ville, de distance en distance, trois poutres jointes ensemble pour soutenir, sur des cordes, des canons à une hauteur triple de celle des murailles, les ennemis n'oseraient approcher. Son conseil fut suivi et l'on se tranquillisa.

Cette fausse paix dura jusqu'au 21 avril, lorsque trois ou quatre personnes, échappées au carnage que les Barmas avaient fait de trois mille Siamois, à quelques journées de la capitale, apportèrent elles-mêmes la triste nouvelle de cette défaite. Alors l'alarme recommença; le barcalon fit donner la paie aux soldats chrétiens, et le roi ordonna de faire la ronde de tous côtés. Enfin, le 6 mai, l'ennemi s'étant approché à la distance d'une journée de la ville royale, on envoya les soldats aux forteresses, on fit fermer les portes, placer les canons, et les habitants de la campagne vinrent se réfugier dans la ville.

Monseigneur Brigot et M. Corre, missionnaire, profitèrent de cette circonstance pour prêcher la véritable religion aux païens, et surtout pour baptiser les enfants moribonds, qui étaient en grand nombre, parce que la petite-vérole fit de grands ravages cette année à Siam. Ils furent admirablement secondés dans cette sainte mission par leurs domestiques et par tous les chrétiens. Ils baptisèrent, dans la seule année de 1765, plus de douze cents enfants moribonds. Les Siamois païens, persuadés que la valeur des chrétiens avait seule protégé la ville hors de l'invasion précédente des Barmas, vinrent en foule se mettre sous leur protection. M. Corre en profita pour les instruire et pour leur faire des sermons qu'ils écoutèrent avec avidité et même avec admiration ; mais leur caractère froid et indifférent les empêcha d'embrasser la religion chrétienne, quoiqu'ils reconnussent sa supériorité sur celle qu'ils pratiquaient. Monseigneur Brigot, voyant le danger, envoya les écoliers qu'il avait, au nombre de trente, avec deux prêtres missionnaires français, M. Kerhervé et M. Artaud, à *Chantabun*, province maritime qui avoisine le Camboge, à l'orient de Siam, d'où il leur était facile d'aller plus loin, comme ils firent effectivement, en se retirant quelque temps après au Camboge, auprès d'un autre évêque français, vicaire apostolique dans les royaumes de Cochinchine, du Camboge et de *Ciampa*. Ils partirent de Siam à la fin du mois de juin, et il était temps que les écoliers partissent, car il y eut aussitôt des ordres de la cour de Siam à tous les douaniers, de ne laisser sortir personne ; de sorte que deux bateaux chargés de livres, envoyés aux écoliers par l'évêque, furent arrêtés à la douane, et renvoyés au séminaire de Siam, et coulèrent bas en arrivant. L'ennemi s'approcha peu à peu, comptant affamer la capitale en détruisant les environs. Les Siamois auraient pu bien plus facilement couper les vivres aux ennemis ; mais ils n'en voulurent rien faire. Dans cet intervalle, un diacre chinois arriva à Siam, sur une somme, avec quatre Chinois et quatre Tonquinois, pour être étudiants au séminaire. L'évêque fut obligé de les garder et de les instruire lui-même faute de maître. Le diacre cependant fut bientôt ordonné prêtre à cause du danger pressant ; mais il ne put sortir de Siam et y acheva ses études. Quelques jours après l'arrivée de ce diacre chinois, un détachement de Barmas vint brûler les jardins de Siam, *Bangkok*, forteresse des Siamois, et généralement tout, depuis le port jusqu'aux faubourgs de la ville royale. Un nouveau collége, que les missionnaires avaient fait de ce côté-là, fut brûlé avec tous les bois qu'on y avait transportés pour en bâtir un plus grand. Les ennemis cependant se retirèrent promptement à la ville de *Më-Khlong* qu'ils avaient bâtie au confluent des deux rivières, et où ils avaient laissé leur général. Le feu n'était pas encore éteint lorsqu'un capitaine anglais, nommé M. Pauny, arriva avec deux vaisseaux chargés de marchandises. Comme il avait apporté, en présent pour le roi, un lion et un cheval d'Arabie, avec des marchandises de prix, on l'exempta des droits, mais il ne put vendre ses marchandises qu'à perte. Cependant le roi le faisait prier de rester à Siam, pour défendre la ville qui subsistait encore avec ses faubourgs. L'Anglais, voyant la faiblesse des Siamois, répugnait avec raison, et ce qui le confirma fut le départ précipité des Hollandais. Dès le commencement de l'année, ils travaillaient à faire un brigantin, et l'ayant fini au mois d'octobre, ils s'embarquèrent, la nuit du 1er novembre, avec leurs effets, forcèrent les douanes et sortirent ainsi de Siam. L'Anglais demanda pour lors de demeurer à la loge hollandaise, et sa demande fut octroyée. Mais les dépenses pour la nourriture étaient excessives, à cause de la cherté des vivres pendant le blocus de Siam. Le séminaire était pourvu de provisions pour le collége et les chrétiens; on faisait même beaucoup d'aumônes aux gentils pour avoir leurs enfants malades et les baptiser. On en compte plus de dix mille baptisés à Siam et dans les faubourgs dans l'espace d'une année. Il ne restait cependant d'autres missionnaires que l'évêque, M. Corre et un prêtre chinois. Le gouvernement siamois envoya contre l'ennemi plusieurs détachements qui ne firent que se présenter et être défaits. Un prince siamois qui, quelque temps auparavant, avait été exilé à Ceylan, et avait été obligé d'en revenir, avait ramassé une armée dans le nord et à l'est de la capitale, et offrait ses services contre les Barmas. La cour de Siam, piquée de sa hardiesse, envoyait aussi contre lui des détachements, qui tantôt battaient ses troupes, d'autres fois étaient battus. On faisait même courir le bruit que l'armée des Barmas n'était composée que de Siamois mécontents.

Le plus gros des vaisseaux du capitaine Pauny était au bas de la rivière de Siam, vis-à-vis *Bangkok*, lorsque tout à coup, le 24 décembre, il fut attaqué par l'ennemi et obligé de se défendre. La résistance fut vigoureuse, mais elle n'aurait pas duré longtemps, parce que l'ennemi, étant retranché dans le fort de *Bangkok*, disposait déjà de gros canons pour le battre en forme. C'est pourquoi les officiers du vaisseau prirent la sage résolution de la remorquer, en remontant la rivière jusqu'à un détroit où les Anglais empêchèrent les Barmas de se fortifier, en les canonnant des deux côtés du fleuve et faisant quelquefois des descentes sur eux. Le petit vaisseau y était posté dès auparavant ; et le capitaine Pauny, qui jusqu'alors avait fait le difficile, consentit à rester pour défendre Siam, pourvu qu'on lui fournît des canons et de la poudre en abondance, ainsi que des fusils et des balles. Il obtint une partie de ses demandes, à condition cependant qu'il mettrait ses marchandises en dépôt au trésor du roi. Il y laissa donc trente-huit balles de marchandises, mais à contre-cœur, embarqua le reste de ses effets dans des bateaux, et se rendit en personne à son bord, où il se défendit plus d'un mois, au bout duquel il écrivit à la cour de Siam pour obtenir plus de canons, de poudre et de boulets. Les Siamois, sachant que les ennemis s'approchaient de la capitale par un autre côté, et ne se fiant pas entièrement à l'Anglais, lui refusèrent la plupart de ses demandes, ce qui le mit dans une telle colère, qu'il pilla six bâtiments chinois, descendit la rivière et mit à la voile. Après le départ de l'Anglais, les Barmas inondèrent le pays comme un torrent. Ils se tinrent toutefois à une distance respectueuse de la capitale. Ils construisirent trois forts en 1766. Cependant les provisions de la capitale n'étaient point encore épuisées; les mendiants seuls souffraient de la faim, et quelques-uns en mouraient. Les Barmas, pour s'emparer de tout ce qui passait, vinrent enfin, le 14 septembre, se cantonner à une portée de canon de la ville.

La plus grande partie des chrétiens étaient occupés à garder les bastions, ce qui était assez inutile, puisque toute la guerre se faisait en dehors. La cour accorda enfin trente pièces de canon avec une quantité suffisante de poudre et de boulets aux trois églises des chrétiens situées hors des murs de la ville. On en donna aussi à proportion à six mille Chinois, qui demandèrent la loge hollandaise, et une pagode élevée à côté pour s'y cantonner. On donna même aux Chinois vingt mille francs en argent, et cinq mille francs aux chrétiens des trois églises, pour y faire la garde, et s'y défendre contre l'ennemi tout le temps de la guerre. Mais que pouvaient faire quatre-vingts chrétiens dispersés en trois églises éloignées les unes des autres au delà de la portée du canon, sans exercice et sans étude militaire? Quoi qu'il en soit, ils eurent chacun un fusil, outre les canons et les armes blanches. On ne se battait encore qu'en escarmouche, lorsque l'ennemi vint, avec une grande partie de ses forces, s'emparer, le 13 novembre, de deux grandes pagodes voisines des églises chrétiennes. Ce fut une grande faute politique de la part des Siamois de conserver ces temples autour de la ville, surtout en si grande quantité qu'ils sont à la portée du fusil l'un de l'autre, tous en briques et entourés de bonnes murailles. Il n'en était pas ainsi des églises ni du quartier des chrétiens qu'on eut bien de la peine à entourer de planches et de pieux. Néanmoins, tout ce qu'il y avait de Siamois et de Chinois fut terrassé avant que l'ennemi eût mis le pied dans aucune église chrétienne. Une grande quantité de balles tombaient dans le quartier des chrétiens sans blesser personne, quoiqu'il en fût rempli, les gentils eux-mêmes aimant mieux s'y réfugier que dans la ville ; heureux s'ils eussent voulu se rendre aux instructions des missionnaires; heureux les chrétiens eux-mêmes, s'ils se fussent tous convertis à la parole de Dieu qu'on ne manquait pas de leur annoncer chaque jour. Mais, hélas ! ceux qui depuis de longues années avaient vécu parmi les païens, n'en devinrent pas meilleurs que lorsqu'ils étaient loin de l'Église, et ils ajoutaient à tous leurs malheurs celui de différer encore leur conversion après la guerre. Il semble cependant que Dieu ne cessait de les avertir de se hâter de revenir à lui. Le 13 novembre, les Barmas s'emparèrent, malgré les efforts des chrétiens, d'une autre grande pagode située vis-à-vis le séminaire, et tirèrent des boulets sur l'église de Saint-Joseph, qu'ils percèrent de part en part. Les chrétiens percèrent aussi une de leurs pagodes, et leur prirent un éléphant; mais ils se laissèrent surprendre le 7 mars 1767. Comme les gens de la garde dormaient, l'ennemi entra, mit le feu à la palissade et au quartier de l'évêque. Tous les chrétiens, hommes et femmes, se réfugièrent dans l'église de Saint-Joseph et dans l'enceinte du séminaire. Il n'y eut qu'un chrétien qui, retournant imprudemment à sa maison, fut pris et tué impitoyablement. La partie supérieure du camp de l'évêque résista courageusement en faisant feu sur l'ennemi qui se retira, et alla attaquer les Chinois au camp hollandais.

Les chrétiens du camp portugais, s'étant unis aux Chinois pour les défendre, les Barmas trouvèrent d'abord de la résistance à la loge hollandaise; voyant cela, ils attaquèrent la grande pagode où deux mille Chinois étaient renfermés; et, coupant la communication avec la loge, ils les obligèrent de sortir pour aller chercher des vivres et les taillèrent pour lors en pièces. Ensuite, s'étant emparés de cette pagode, ils passèrent à une autre auprès du camp des Portugais, d'où ils venaient à une portée de fusil de l'église. C'est alors qu'un père jésuite portugais, pressé par la peur et en partie par la faim, vint trouver l'évêque afin de chercher au séminaire quelque remède à ses maux. On lui donna une chambre et la table, comme aux missionnaires, ce qui lui valut mieux que les médecines. Les Barmas vinrent ensuite à bout d'enlever aux Siamois la dernière forteresse qu'ils avaient hors de la ville, et brûlèrent enfin la loge hollandaise après environ huit jours de siége. Ils passèrent de là au quartier portugais où un père dominicain et un père jésuite, qui en étaient les curés, se rendirent avec leurs chrétiens, le 21 mars; leurs églises et leurs effets furent conservés pendant deux jours, afin d'engager l'évêque à se rendre également avec ses chrétiens; et que pouvaient-ils faire sans soldats et sans forteresse contre un corps d'armée de cinq mille hommes qui vint assiéger le séminaire? Cependant, pour ne pas répandre de sang en vain, le général fit écrire à l'évêque, par le père dominicain, que, s'il se rendait, on ne prendrait autre chose que les armes, et qu'on ne toucherait ni à l'église, ni au séminaire, ni aux effets. Un des chrétiens de l'évêque fut envoyé pour parlementer; il fut retenu par le général à sa tente, et il fallut que l'évêque y allât en personne. Après bien des honneurs, le général lui réitéra les mêmes promesses, sans cependant faire aucun écrit, et ajouta à la fin qu'il irait dans la nuit mettre le feu au reste du quartier des chrétiens, qu'ils eussent à se retirer tous dans l'église ou dans l'enceinte du séminaire, et que l'évêque eût à rester dans une pagode qu'il lui assigna. Il fallut se lever et en passer par là. Le 23 mars, le feu fut mis au reste du quartier des chrétiens. L'incendie se communiqua malheureusement à l'église qui fut réduite en cendres avec les ornements, les tableaux et les autres effets. Le général entra ensuite au séminaire, où il commença à piller, malgré ses promesses précédentes; prêtres, étudiants et chrétiens, tous furent menés au camp des ennemis et dépouillés de tout. Un prince de l'ancienne famille des rois d'Ava était capitaine de ce district, et fournissait aux prêtres et aux chrétiens du riz et de la viande de bœuf pour leur nourriture, et les faisait garder par ses gens, afin que personne ne s'enfuît. Mais, parce que l'évêque ne voulut jamais déclarer ce que les Barmas soupçonnaient avoir été caché dans la terre, il fut exilé de ce quartier et envoyé à une demi-lieue de là à la tour haute, auprès du général, où le père jésuite le suivit. M. Corre, missionnaire français, qui restait sous une tente avec les chrétiens, vint le voir après la prise et l'incendie de la ville royale, arrivée la nuit du 7 au 8 avril. Ce cher confrère comprit alors qu'on l'emmènerait prisonnier au Pégu, et peut-être même toute la chrétienté. Comme tous les chrétiens avaient été faits prisonniers des Barmas, il leur fut permis d'apporter du riz de la ville au quartier des prêtres et des écoliers, et M. Corre eut la bonté de faire préparer à l'évêque des vivres pour un mois. Quelques jours après, l'ordre fut publié dans l'armée de s'en retourner au Pégu, et d'y mener prisonniers le roi de Siam, les princes et le peuple. Le général envoya un ordre pour accorder à l'évêque douze chrétiens en qualité de porteurs. Comme les chrétiens n'étaient guère propres à ce service, on lui donna neuf Chinois et quatre écoliers. Deux domestiques du séminaire, échappés à la fureur des barbares, allèrent le rejoindre, et ils furent tous consignés entre les mains du pilote Joseph. Celui-ci leur donna, le 24 avril, une galère où il y avait un canon, et il y ajouta un interprète maure qui leur fut utile pour les mettre à l'abri de bien des insultes ; car, dans les détroits, il y eut beaucoup de bateaux submergés et d'hommes noyés, par l'effet des chocs des Barmas qui, venant derrière, voulaient à toute force gagner les devants. L'interprète maure, étant au service des Barmas, se fit écouter et empêcha qu'on ne touchât à la galère de l'évêque, quoique ses gens fussent de très-mauvais rameurs. La galère arriva à *Banxang* en même temps que le général, le 2 mai. Il avait fallu se nourrir de poisson salé pendant le voyage. A cet endroit, on leur donna du poisson frais, de la viande de bœuf et des fruits. Malgré ces bons traitements, un écolier chinois, déjà malade auparavant, y expira ; on fut obligé de le laisser agonisant sous une tente, avec d'autres malades.

Le pilote Joseph, qui accompagnait l'évêque, fut renvoyé à la ville de Siam pour y prendre des canons qu'on n'avait pu apporter. L'évêque fut obligé d'attendre son retour l'espace de quinze jours. Le détachement des Barmas qui veillait sur l'évêque, et dont le chef, nommé par avance gouverneur de *Thavai,* était un homme assez aimable, se trouva presque à la queue des autres barques. Un certain nombre de chrétiens furent envoyés à Ava pour y servir en qualité de soldats du roi ; les autres, sous la conduite de M. Corre, trouvèrent le moyen de s'échapper et se retirèrent au Camboge. Les chrétiens du quartier portugais furent aussi emmenés avec leurs prêtres.

Après le retour du pilote Joseph, il fallut que l'évêque partît de *Banxang* et qu'il abandonnât son écolier agonisant. Les vivres étant épuisés, le pilote qui conduisait l'évêque et les chrétiens leur envoyait du riz, du poisson et quelquefois des fruits ; il eut même la bonté d'acheter un cheval pour le voyage de terre. Les deux prêtres portugais furent obligés de partir avant l'évêque, et d'aller à pied avec la plus grande partie de leurs chrétiens. Ils ne voyagèrent pas trois jours, qu'ils se virent obligés de se retirer dans les bois ; les chrétiens firent main basse sur leurs conducteurs, prirent un éléphant, quelques chevaux et s'en retournèrent. Des Barmas, qui s'échappèrent de leurs mains, allèrent donner cette nouvelle aux bataillons qui étaient devant, et les deux généraux des Barmas permirent de massacrer les autres chrétiens portugais qu'on rencontrerait. Ils écrivirent cette affaire au gouverneur de *Thavai* qui commença à se méfier des chrétiens. Le pilote Joseph lui fit entendre heureusement raison, lui représentant que les Barmas de l'avant-garde étaient trop violents, principalement à l'égard des femmes ; que, sans leurs mauvaises manières, les chrétiens ne se seraient pas révoltés ; que pour lui, étant si éloigné de ces sortes de violence, il n'avait rien à craindre des chrétiens, principalement de l'évêque qui, au contraire, pourrait le servir en engageant les Français à venir à *Thavai* et même à *Merygu*, s'il jugeait à propos de peupler ce port. Le gouverneur, content de ces raisons, envoya de chez lui un dîner à l'évêque, et lui fit donner dix mesures de riz de plus. Avec ce riz l'évêque nourrit une douzaine de femmes portugaises qui, étant infirmes, n'avaient pu suivre l'armée.

Le 6 de juin fut fixé pour le départ ; chacun s'embarqua dans son bateau. Après dix jours de navigation, on arriva, le 16 juin, à l'endroit où il fallait quitter les bateaux. Comme on attendait ces canons qu'on amenait derrière, on fut obligé de bâtir sur une petite montagne des cabanes faites avec les planches des bateaux. L'évêque resta là jusqu'au 23 du mois, après quoi il se remit en route à cheval, quoique souffrant d'une violente dyssenterie. Ses gens suffisaient à peine pour porter le riz et les hardes, ce qui l'obligea de renvoyer ses livres ; il les remit à un Chinois chrétien dont il n'entendit plus jamais parler. Le chemin de terre fut très-pénible ; car, outre qu'il n'y a pas un seul village, ce ne sont que des montagnes escarpées et boisées, des vallées pleines de boue, avec une rivière à passer et à repasser, soit à gué, soit sur deux bambous quand elle est trop profonde. L'évêque aimait mieux aller à la nage sur son cheval, que de se hasarder sur ces ponts de roseaux fragiles. Les animaux mêmes mouraient de la fatigue de tant de montées et de descentes. Le chemin était, en bien des endroits, bordé des deux côtés de corps morts, et des nuées de mouches fatiguaient les voyageurs lorsqu'ils se reposaient. Le riz commençait à manquer lorsqu'on arriva bien fatigué aux environs de *Thavai*, le 6 de juillet. Le pilote monta à cheval et alla avertir les grands de l'armée. On lui permit de bâtir des maisonnettes hors de la ville, le long de la rivière. Un Arménien, qui était là depuis onze mois avec quelques chrétiens de *Merguy*, pour faire ravitailler un navire que les Barmas avaient pris sur les Anglais, fit donner à l'évêque une maison de bambous pour le loger avec son monde, qui consistait en quatre écoliers et onze chrétiens. Il fallut dîner ce jour-là chez cet Arménien, nommé Babaïan, qui fit bien des offres de services et donna les premiers jours du riz à l'évêque et à ses gens. Le gouverneur arriva trois jours après et donna pour subsistance à chaque homme un boisseau de riz avec la balle. L'Arménien ne continua plus ses charités qu'à l'évêque, qui fut obligé de réduire ses gens à une tasse de riz pilé par jour, parce qu'un boisseau de riz coûtait jusqu'à vingt-cinq et trente piastres. L'évêque employait son loisir à baptiser les enfants malades.

On gardait l'évêque à *Thavai* pour ne pas lui faire courir les risques d'une navigation périlleuse et à contre-temps. Cependant la famine était si grande, que l'évêque fit présent de sa bague pontificale à l'Arménien pour l'engager à secourir les chrétiens dans leur misère. Ce fléau cessa quelque temps après par l'arrivée de trois bâtiments chargés de riz. L'évêque s'embarqua le 31 août, et fut reçu à bord par un Anglais, nommé Rivière, qui lui fit un accueil si gracieux, qu'il aima mieux y rester que de retourner à terre. Ainsi il y resta avec son monde jusqu'au 26 octobre, qu'on fit voile pour le Pégu. Comme il y eut beaucoup de calme en mer, ils n'arrivèrent à *Rangon* que le 26 novembre. L'évêque voulut descendre de suite à terre, parce qu'il avait besoin d'un médecin, ayant les cuisses, les jambes et les pieds enflés. Il alla à l'église des pères barnabites et y salua don Juan Marie Perloto, missionnaire vénitien, élu évêque de Maxula, vicaire apostolique d'Ava ; il vit aussi le curé, don Melchior Carpani, qui l'assura que ses ulcères n'étaient que des sels âcres du sang jetés sur la peau, et qui le guérit en partie par ses bons soins. Après avoir terminé un différend entre les pères franciscains portugais et les pères barnabites, monseigneur Brigot sacra l'évêque de Maxula le 31 janvier 1768.

Le roi d'Ava avait, dès le mois d'octobre, envoyé ordre au gouverneur de *Thavai* de retourner à Siam avec son peuple armé, pour achever d'y détruire ce qui y restait, et massacrer les Siamois s'il y en avait de révoltés. Ce gouverneur partit effectivement avec son armée, comptant sur les Siamois qu'il avait nommés lui-même chefs de la ville de *Banxang,* qu'il leur avait laissée; mais il se trouva trompé à son arrivée. Les Siamois, non contents de lui fermer les portes, tirèrent le canon sur son armée. Il fit chercher des vivres dans les environs; l'on ne trouva pas même un arbre ni un fruit; et voyant qu'il ne restait plus de vivres que pour trois jours, il s'en retourna à *Thavai* et envoya la relation de son expédition au roi d'Ava, qui n'attendait que la belle saison et la fin d'une guerre qu'il avait contre la Chine, pour renvoyer une plus grande armée à Siam. L'évêque, accablé d'affliction d'entendre dire qu'on voulait faire un désert de Siam, cherchait à être délivré, et obtint, par l'entremise d'un Malabarre néophyte, qui avait été son disciple, la permission de s'embarquer pour la côte de Coromandel avec trois écoliers et un domestique; ce qu'il fit le 17 mars, et il arriva le 14 avril à Pondichéry. Il apprit avec bien des regrets la mort de MM. Kerhervé et Andrieu, et l'état d'épuisement et de faiblesse de MM. Artaud et Corre; il avait nommé celui-ci son vicaire-général dès le blocus de Siam.

En 1767, un prince fugitif de Siam ayant passé par *Hondât*, petite île du gouvernement de *Cancao*, où le collége de Siam avait été transféré, et s'étant retiré de là au Camboge qui en est tout voisin, les missionnaires du collége, MM. Artaud et Pigneaux furent faussement accusés auprès du gouverneur de *Cancao* d'avoir donné l'hospitalité à ce prince et de l'avoir fait passer auprès du roi de Camboge. Le gouverneur irrité envoya aussitôt des soldats, le 8 janvier 1768, à trois heures du matin, pour se saisir des deux missionnaires et les conduire en prison à *Cancao*. Ceux-ci les suivirent d'un air tranquille et content. On arriva bientôt au bord de la mer, où on prit un prêtre chinois, M. Jacques Xang, élève du collége de Siam, et agrégé à la mission. Les soldats avaient ordre de l'amener avec les deux missionnaires français.

Le fils du vice-roi, impatient de savoir la vérité de la bouche des Pères, envoya au devant d'eux une galère sur laquelle on les fit monter. M. Artaud répondit aux interrogations du mandarin envoyé à cet effet, que les deux Pères qui étaient avec lui ne pouvaient pas être impliqués dans cette affaire, parce que l'un (M. Pigneaux) ne connaissait pas le siamois et n'avait jamais été à Siam, et que l'autre (le prêtre chinois) résidait ordinairement à *Cancao*, et qu'il n'était venu au collége que depuis quelques jours seulement.

Que pour lui, lors du passage du prince siamois, il avait non seulement refusé de le recevoir au séminaire, mais qu'il n'avait pas même voulu accepter un entretien avec lui, dans la crainte d'offenser le vice-roi. L'envoyé promit de faire son rapport selon ce qu'il venait d'entendre. Les missionnaires rentrèrent dans le bateau des soldats et arrivèrent, à huit heures du matin, à la ville qu'ils furent obligés de traverser au milieu d'une foule immense accourue pour les voir. On les jeta dans une prison où ils étaient exposés au vent et aux regards de la populace. Après plusieurs interrogatoires et plusieurs jours de prison et de souffrances, que les missionnaires supportèrent avec tant de patience et de sérénité, qu'ils s'attirèrent l'admiration même des païens, on proposa à M. Artaud d'aller au Camboge et de faire son possible pour ramener le prince siamois.

M. Artaud accepta la commission aux conditions suivantes : 1° qu'avant son départ on élargirait les deux autres missionnaires ; 2° que le gouvernement promettrait de ne faire aucun mal au prince siamois ; 3° qu'il s'engageait seulement à rapporter fidèlement la réponse du prince siamois, et qu'il n'aurait dans cette commission aucune qualité d'ambassadeur ou d'envoyé.

Ces conditions furent acceptées; les deux missionnaires furent mis sur-le-champ en liberté et déclarés, par sentence publique, recommandables par leur vertu et leur charité.

M. Artaud n'ayant pu réussir dans sa commission, revint au bout de quelque temps sans ramener le prince siamois. On le mit de nouveau en prison et on lui mit au cou une lourde cangue. M. Pigneaux et M. Jacques Xang subirent le même supplice.

Quoique M. Pigneaux fût consumé par les ardeurs d'une fièvre brûlante, la joie et le contentement de ces trois missionnaires, au milieu de ce supplice, faisaient l'admiration de tous ceux qui les voyaient.

Après trois mois de prison, le gouverneur remit les missionnaires en liberté, publiant leur innocence. A leur retour au collége, ils trouvèrent les écoliers fervents et en bon ordre; pas un seul ne s'était écarté de son devoir.

Pendant l'année 1769, la famine fut plus grande à Siam qu'elle ne l'avait été pendant le blocus des Barmas. Les grands et les petits étaient obligés de mêler avec leur riz une racine insipide nommée *phak-nam*. Un grand nombre de personnes périrent de faim. M. Corre, missionnaire, enterra en moins de quinze jours une famille entière de chrétiens enlevée par la misère. A ce fléau se joignit une maladie qui, dès le commencement, ôtait à la fois l'usage de la parole et celui de la raison. Le malade semblait frappé de stupidité; par moments seulement il sortait de sa léthargie et recouvrait la liberté de son jugement. Tous les matins la rivière était couverte de cadavres.

Dans cette extrémité, les Siamois, et plus encore les Chinois, se mirent à piller les pagodes; ils brisèrent les idoles en briques, firent fondre celles qui étaient de cuivre ou de bronze. On trouva jusqu'à cinq jarres d'or et d'argent dans la pagode de *Vat-padu*. Le grand dôme de *Vat-Phutthai* fournit de l'or pour charger trois ballons. Enfin toutes les pyramides des pagodes furent saccagées et détruites, car c'est principalement dans ces pyramides que les Siamois avaient enfoui des sommes considérables, persuadés qu'elles pourraient leur être utiles dans leur génération future. D'ailleurs le nouveau roi ne faisait aucun cas des talapoins qu'il regardait comme des fainéants; il disait qu'il valait mieux faire l'aumône aux vagabonds qu'aux talapoins, qu'on pourrait tirer quelque service des premiers, tandis que les autres n'étaient que des bouches inutiles.

Tous les éléments semblaient conjurés contre les Siamois ; la pluie ne tomba pas dans la saison accoutumée ; on fut obligé de semer le riz jusqu'à trois fois ; les rats firent le dégât sous terre et coupèrent la plante par la racine. Les moustiques furent en si grand nombre qu'ils obscurcissaient l'air et étourdissaient les oreilles le jour comme la nuit ; personne ne pouvait y tenir.

Lorsque M. Corre arriva à *Bangkok*, le nouveau roi, *Phaja-Tak*, lui accorda un emplacement sur lequel il bâtit une maisonnette en attendant qu'il pût y faire bâtir une église. Ce *Phaja-Tak* prévalut sur tous les prétendants à la couronne de Siam. Il sut réunir à lui tous ceux qui avaient échappé à la fureur des Barmas, il se fit aimer par ses largesses, éleva ceux qui le favorisaient et punit les rebelles. Il publia des édits très-sévères contre les malfaiteurs qui étaient très-nombreux à cette époque, et s'attira le respect du peuple qui le regarda comme le sauveur et le restaurateur de l'État.

Le 8 septembre 1769, parut à Siam une comète traînant une queue d'environ vingt brasses de longueur. On la voyait depuis environ deux heures après minuit jusqu'à l'aurore, du côté de l'orient; sa queue allait de l'est au sud-ouest.

Le 22 mars 1772, monseigneur Lebon, évêque de Métellopolis, coadjuteur apostolique de Siam, arriva à *Bangkok*, accompagné de M. Garnault. Il avait apporté pour le roi un petit présent et une lettre de M. Law, gouverneur de Pondichéry. Ces objets furent d'abord remis au barcalon, et le 25 du mois, monseigneur de Métellopolis et son missionnaire furent appelés à l'audience de Sa Majesté. Les présents étaient dans la salle, au pied du trône; le roi leur demanda des nouvelles de M. Law; leur fit offrir du bétel et quelques pièces d'étoffe avec une somme d'argent, selon l'usage, et il donna ordre au ministre d'ajouter un nouveau terrain à celui qu'il avait déjà accordé pour les chrétiens.

Phaja-Tak, quoique tout le monde lui donnât le nom de roi, ne prenait cependant lui-même que le titre modeste de conservateur du royaume. Il ne goûtait pas le système des rois précédents de Siam, de se rendre inaccessibles et presque invisibles à leurs sujets pour en être plus respectés; il voulait tout voir et tout entendre. C'était un esprit entreprenant, de prompte exécution, et un brave guerrier. Il fit plusieurs entreprises heureuses contre *Ligor*, *Cancao*, et reprit tous les États qui étaient jadis sous la domination de Siam.

Le temps de prêter le serment solennel étant arrivé, en septembre 1775, trois des principaux chrétiens, mandarins en charge et officiers du roi, au lieu d'aller à la pagode trouver les talapoins pour boire l'eau du serment (cérémonie superstitieuse que les missionnaires avaient défendue à tous les chrétiens), se rendirent le matin à l'église, et là, devant l'autel, à la vue d'un concours nombreux de chrétiens, firent leur serment de fidélité au roi, en langue siamoise, sur les saints Évangiles, entre les mains de l'évêque qui leur en donna une attestation en forme. Cela ayant été su à la cour, le 22 septembre on arrêta les trois mandarins chrétiens et on les mit en prison. L'évêque et ses deux missionnaires, MM. Garnault et Coudé, furent aussi arrêtés le 25 septembre et conduits devant le roi. Les trois prisonniers chrétiens avaient été amenés dans le même lieu. Le roi, étant en colère, leur dit quelques mots avec vivacité, les fit saisir tous les six, chacun par deux bourreaux armés de cordes et de baguettes de rotin; ceux-ci les dépouillèrent de tous leurs vêtements et les lièrent ainsi nus, par les pieds et par les mains, entre deux colonnes. Les trois mandarins chrétiens furent alors frappés, chacun de cinquante coups de rotin, par les deux bourreaux qu'ils avaient à leurs côtés, et qui frappaient alternativement. Pour l'évêque et les deux prêtres missionnaires, ils en furent quittes ce jour-là pour l'alarme et pour avoir été mis en situation de recevoir les coups. On les avait arrangés tous les six sur une même ligne de front, le dos tourné du côté du roi. Les colonnes auxquelles ils étaient attachés formaient une espèce de cangue dans laquelle ils avaient la tête passée, de manière qu'ils ne pouvaient la tourner ni à droite ni à gauche, et qu'aucun d'eux ne pouvait voir ses compagnons de supplice. Enfin on les reconduisit en prison.

La nuit du 25 au 26, les six prisonniers furent conduits de la prison au tribunal de quelques mandarins, pour traiter de leur affaire, à quoi on employa une partie de la nuit. Ces mandarins les sollicitaient d'entrer en composition pour que l'affaire n'allât pas plus loin. Ils demandaient que les trois mandarins chrétiens consentissent à aller boire l'eau du serment, et que l'évêque et les prêtres reconnussent qu'ils étaient en faute, et en demandassent pardon au roi. Comme les six prisonniers, de concert, ne voulurent point consentir à un tel arrangement, ces mandarins piqués se retirèrent et firent un rapport qui ne servit qu'à aigrir l'esprit du roi contre les chrétiens. Dès qu'il fit jour, le roi fit amener les prisonniers en sa présence, et leur montrant encore plus de colère que la veille, il fit dépouiller l'évêque et les deux prêtres, et leur fit appliquer à chacun cent coups de rotin. Après cette exécution, qui leur mit le dos tout en sang, ils furent reconduits dans la prison des cinq fers, c'est-à-dire où l'on est retenu par cinq liens qui sont : les fers aux pieds, plus les deux pieds dans un cep de bois, la chaîne au cou, une cangue par dessus autour du cou, et les deux mains passées aussi dans la cangue et dans un autre petit cep de bois. Tout cet équipage n'était guère propre à guérir leurs plaies, aussi furent-elles plus de deux mois à se fermer.

Les cinq ou six premiers jours de leur emprisonnement, on les laissa tous six ensemble dans la même prison ; ce qui était pour eux une grande consolation ; mais au bout de ce temps, on les sépara en deux bandes; on laissa les trois mandarins seuls dans une prison, et l'évêque avec les deux prêtres furent conduits dans une autre. Au bout de deux mois, les trois mandarins furent délivrés de leurs liens, et malheureusement ils passèrent de la prison à la pagode pour y boire la maudite eau du serment.

Le 26 septembre, après la flagellation des missionnaires, plusieurs chrétiens et chrétiennes, tout éplorés, accoururent à la prison où ils furent conduits. On avait la liberté d'entrer; chacun s'empressait de les soulager, d'essuyer leurs plaies et de leur rendre les services dont ils pouvaient avoir besoin dans l'état où ils se trouvaient. Une pieuse veuve, ayant étanché avec quelques linges le sang qui coulait de leurs plaies, garda ces linges teints de leur sang et les emporta dans sa maison ; d'autres chrétiens et chrétiennes, qui n'étaient pas allés à la prison, s'empressèrent d'aller voir ces linges ensanglantés dans la maison de la veuve, et plusieurs, les prenant en main, les baisèrent avec respect et vénération.

Tout cela se passait sans que l'évêque et les missionnaires en eussent aucune connaissance et dans un temps où l'état de leurs plaies, encore toutes saignantes, ne leur permettait guère de penser à autre chose qu'à leur mal, et cependant peu s'en fallut que les suites n'en fussent terribles près de trois mois après.

Un mauvais chrétien, domestique même dans la maison des missionnaires, avait de la haine dans le cœur contre cette veuve, et n'était pas très-bien disposé à l'égard de ses maîtres. Vers la fin de décembre, il intenta une accusation contre elle et contre eux, disant que l'évêque et les prêtres avaient recommandé à cette femme de garder les linges teints de leur sang et de les laisser sécher sans les laver, pour les envoyer ensuite en Europe et en France, afin d'exciter et de soulever à leur vue les Européens contre le royaume de Siam. Cette accusation fut reçue et examinée; et, comme il y avait même alors quelques embarcations prêtes à partir pour Batavia, on prit la précaution de leur défendre de recevoir aucune lettre ni aucun effet de la part des chrétiens pour ce pays-là. L'évêque et les missionnaires furent cités et interrogés; mais comme ils nièrent absolument le fait, dans lequel il n'y avait de vrai que ce qui vient d'être rapporté, en quoi les missionnaires n'avaient aucune part, et que d'ailleurs on ne put ni trouver ni montrer les linges ensanglantés, qu'on disait avoir si soigneusement gardés, l'affaire fut rapportée au roi comme une accusation sans fondement, aussi bien que d'autres points sur lesquels le même homme les accusait encore. Il prétendait que les missionnaires avaient dans leur maison de la poudre, des armes et des pierres à fusil, qu'ils faisaient de nouveaux chrétiens malgré les défenses, etc. Comme il ne put rien prouver sinon sur l'article des nouveaux chrétiens dont ils ne se défendaient point, l'accusation tomba d'elle-même et l'affaire n'eut pas de suite. Le juge leur demanda même s'ils voulaient poursuivre à leur tour leur accusateur, et l'entreprendre en justice, pour les avoir accusés à faux. Ils répondirent que ce n'était pas la coutume des chrétiens d'agir ainsi; que non seulement ils pardonnaient à leur accusateur, mais encore qu'ils lui remettaient sa dette et qu'ils lui permettaient de partir quand il voudrait.

Le 15 janvier 1776, le roi partit en personne pour la guerre contre les Barmas, et laissa l'évêque et les missionnaires en prison dans les fers. Le 25 juillet, d'après les instances des chrétiens et d'un officier anglais, qui était à Siam, on leur ôta la cangue et les ceps des pieds et des mains. Le 14 août, on leur ôta la chaîne et on ne leur laissa plus que les fers aux pieds. On les conduisit ainsi devant le tribunal du premier mandarin du royaume, qui exigea que les principaux d'entre les chrétiens fissent un écrit par lequel ils s'obligeraient à répondre d'eux, c'est-à-dire à se faire cautions, sur leur propre vie, qu'ils ne fuiraient pas et qu'ils n'entreprendraient rien contre le royaume. Cet écrit fut fait par les chrétiens sans aucune difficulté. Le mandarin avait fait aussi rédiger un autre écrit au nom de l'évêque et des missionnaires ; mais comme il y avait inséré qu'ils promettaient de se corriger, de ne pas retomber dans la même faute, de ne plus détourner les chrétiens de boire l'eau du serment et de ne rien faire contre les coutumes du royaume, lorsqu'on leur communiqua cet écrit, ils déclarèrent qu'ils ne pouvaient souscrire aux clauses qui intéressaient la religion, mais que, ces clauses exceptées, ils promettaient de ne rien faire contre les intérêts du roi ou du royaume. On les renvoya en leur disant qu'on penserait à ce qu'il y aurait à faire là-dessus. Cependant on ne les reconduisit pas en prison, mais on leur fit passer la nuit du 14 au 15 dans un hangar, hors du palais, avec quelques personnes qui les gardaient.

Le 15 au matin, jour de l'Assomption, on leur ôta les fers des pieds, mais on les garda toute la journée et la nuit suivante dans le même hangar, sans leur permettre de retourner à la maison. Le 16, vers dix heures du matin, on vint leur remettre les fers aux pieds; on les conduisit de nouveau dans la prison du palais, on les remit à la chaîne et dans les autres tourments où ils avaient été auparavant.

Enfin, le 2 septembre, on vint les délivrer tout à fait, et les élargir sans autre formalité que l'écrit des principaux d'entre les chrétiens qui se donnèrent pour cautions, sur leur vie, eux, leurs femmes et leurs enfants, qu'ils ne fuiraient point, et ne feraient rien contre le royaume.

Le roi travaillait depuis longtemps à composer un code de superstitions siamoises; l'ayant achevé en 1778, il en voulut faire la dédicace par une procession solennelle sur la rivière. La fête devait durer trois jours. Toutes les nations reçurent ordre de s'y trouver; Siamois, Chinois, Cochinchinois, Lao, Maures, chrétiens, etc. Le roi se rendit à une salle bâtie sur le bord de la rivière pour voir la procession; mais n'y ayant aperçu aucun chrétien, il se fâcha et dit en colère qu'il en savait la cause;

qu'il ferait cesser la cérémonie, qu'il ne lui était plus libre de disposer des chrétiens à sa volonté, que l'évêque et ses missionnaires s'y opposaient toujours, et dans le premier mouvement de sa colère il menaça de les faire mourir. Le premier mandarin de la cour, qui aimait les chrétiens, parla en leur faveur, et parvint à apaiser le roi qui se contenta de dire le lendemain à son audience : Je voudrais conduire le monde dans le bon chemin ; les chétiens ne veulent pas me suivre, ils se perdront ; c'est leur affaire.

Les malheureux étaient fort nombreux à Siam, parce que le roi faisait transporter dans son royaume tous les habitants des confins, et qu'on ne prenait aucun soin de leur subsistance. L'évêque et les missionnaires firent tous leurs efforts pour soulager leur misère et les instruire. Ils baptisèrent plus de neuf cents enfants, en 1779, dans la seule ville de *Bangkok*, et presque tous ces enfants moururent après avoir reçu la grâce du baptême. Ils convertirent aussi un grand nombre d'adultes ; mais le petit nombre d'ouvriers évangéliques ne permit pas de faire tout le bien qu'on aurait pu si les missionnaires eussent été plus nombreux.

Sur la fin de juillet 1779, le jour où on devait

distribuer la paie annuelle aux officiers et aux soldats chrétiens, ces officiers et ces soldats, suivant l'avis qu'on leur en avait donné, se rendirent au palais pour la recevoir. Le roi, étant informé de leur arrivée, s'écria tout à coup : A quoi bon donner la paie à ces gens-là ? ils ne veulent assister à aucune de mes cérémonies ; ils refusent même de venir jouer de leurs instruments à ma suite, aux jours de fête que nous célébrons. On ne manqua pas de mettre le tout, comme à l'ordinaire, sur le compte de l'évêque et des missionnaires français. Alors le roi manifesta l'intention de les faire sortir du royaume, mais sans permettre qu'on leur fît aucun mal. Dès que cette nouvelle fut connue, tous les fidèles, hommes, femmes et enfants, fondant en larmes, accoururent en foule dans les églises pour prier, gémir et se confesser. Peu de jours après, les Siamois firent une de leurs processions ordinaires sur la rivière. Quelques-uns des chrétiens y assistèrent par crainte du roi. Dès que l'évêque en fut informé, il porta, le dimanche suivant, sentence d'interdit contre les coupables qui avaient refusé de demander pardon à l'Église. De onze chrétiens qui avaient encouru l'interdit, dix revinrent à résipiscence, les uns même avant que la sentence fût publiée, et les autres le lendemain. Un seul, qui était déjà lié d'une censure pour une autre cause, demeura dans son obstination et son impénitence.

Le barcalon, Malais de nation, et de la secte de Mahomet, s'était montré dans l'affaire du mois de juillet fort opposé aux chrétiens, et avait parlé de manière à irriter le roi contre eux. Le 4 août, ce prince à l'audience lui en fit des reproches publics. Me voyant l'autre jour, lui dit-il, dans un moment de colère contre les chrétiens, vous avez cherché à m'animer davantage; ils sont fermes dans leur religion, au lieu que vous, vous êtes comme un animal à deux faces; vous pouvez être sûr que, si j'en étais venu à quelques excès contre eux, vous l'auriez bien payé, vous en auriez été vous-même la victime. Le monarque ajouta ensuite, en parlant des chrétiens enrôlés à son service : Il faut pourtant bien donner la solde à ces pauvres misérables; car, autrement, comment feront-ils pour vivre? En conséquence, le grand prince, fils du roi, fut chargé de cette commission. Dans cette séance, il ne fut pas dit un mot de l'évêque ni des missionnaires, et on ne parla plus de les renvoyer.

Le calme rendu aux missionnaires de Siam ne

fut pas de longue durée. Vers la fin de la même année 1779, le roi de Siam exécuta les menaces qu'il leur avait faites de les chasser de son royaume. Monseigneur Lebon, évêque de Métellopolis, vicaire apostolique, et MM. Coudé et Garnault, ses missionnaires, furent de nouveau cités devant les tribunaux, interrogés, chargés d'opprobre, accablés de mauvais traitements, emprisonnés et enfin déportés hors du royaume de Siam. Dénués de tout en sortant de *Bangkok*, et obligés d'errer en divers lieux avant de pouvoir parvenir dans quelqu'une des missions françaises, les trois confesseurs exilés eurent à essuyer beaucoup de fatigues et de privations. Monseigneur l'évêque de Métellopollis, déjà courbé sous le poids des années, et épuisé par les travaux de son ministère, par les fatigues de ses fréquents et longs voyages, par les persécutions et les peines de tout genre qu'il avait éprouvées depuis trente-cinq ans, succomba à tant de misères, et mourut à Goa, le 27 octobre 1780. Ses deux compagnons d'exil se retirèrent à Pondichéry, et rentrèrent dans leur mission de Siam en 1782. M. Coudé se retira à *Jongsélang* et laissa M. Garnault à Quédah. Ils y trouvèrent des chrétiens fort peu instruits, car ils n'avaient eu que des aumôniers de vaisseaux portugais ou quelques franciscains, qui passaient par leur ville, pour leur enseigner les vérités de la religion chrétienne ; mais ils étaient très-bien disposés et remplis de zèle, enchantés de voir des missionnaires faire leur résidence au milieu d'eux, ce qu'ils n'avaient pas encore eu le bonheur d'obtenir jusque-là.

Depuis plusieurs années, le roi de Siam vexait extraordinairement ses sujets et les étrangers qui demeuraient dans son royaume ou allaient y faire le commerce. Dans l'année 1781, presque tous les Chinois qui y trafiquaient, avaient été obligés de cesser leur commerce. En 1782, les vexations de ce prince, plus qu'à demi fou, furent encore plus fréquentes et plus cruelles qu'auparavant ; il faisait emprisonner, mettre aux fers, rouer de coups, suivant son caprice, tantôt sa femme, tantôt son fils, héritier présomptif, tantôt ses premiers officiers. Il voulait obliger les uns à avouer des crimes dont ils étaient innocents, afin de les condamner ensuite à lui payer une amende qui était au dessus de leurs moyens ; il voulait forcer d'autres à accuser injustement tel ou tel, qui étaient riches, afin de pouvoir aussi les condamner à de grosses amendes à son profit. Deux mandarins chrétiens souffrirent cruellement de la sorte, et l'un deux mourut sous les coups. Tout cela faisait haïr le roi de son peuple et de ses propres officiers. Quelques-uns de ceux-ci, ayant reçu du roi des ordres pour exercer des vexations du genre de celles dont on vient de parler, prirent le parti d'ameuter eux-mêmes le peuple qui y était très-disposé, et qui suivit de suite leur avis. Ils allèrent droit au palais vers minuit, l'assiégèrent et firent tous leurs efforts pour y entrer. Mais trente-six chrétiens, chargés de la défense du palais, firent si bien servir les canons et les autres armes dont ils étaient munis, qu'ils empêchèrent les rebelles d'y entrer jusqu'au jour ; alors, ceux-ci se contentèrent de tenir le palais bloqué. Le lendemain, le roi, prévoyant qu'il ne pourrait plus résister longtemps, demanda à se faire talapoin, ce à quoi consentit volontiers le principal chef des rebelles. Le roi se coupa donc les cheveux, se revêtit des habits de talapoin, et laissa entrer dans son palais ceux qui l'assiégeaient. On donna avis de cet événement aux deux principaux mandarins du royaume, qui étaient alors occupés à faire la guerre contre le Camboge et la Cochinchine. Ceux-ci envoyèrent sur-le-champ des officiers et des soldats qui, arrivés à Siam, dépouillèrent le roi de ses habits de talapoin et le chargèrent de chaînes. Peu de jours après, ces mandarins, savoir le premier ministre du royaume et le général d'armée, arrivèrent eux-mêmes à *Bangkok*. C'étaient deux frères, dont l'aîné, qui était le premier ministre, fut aussitôt proclamé roi par tout le peuple. Les uns disent que ce fut par l'ordre de ce nouveau roi et de son frère, que *Phaja-Tak* fut mis à mort, aussi bien que son fils, ses frères, leurs enfants et les principaux mandarins. D'autres attribuent ce massacre à la fureur du peuple. Quoi qu'il en soit, *Phaja-Tak* fut tué le 7 avril 1782.

Avant la mort de l'ancien roi et l'arrivée du nouveau, les chefs qui conduisaient le peuple mutiné contre le roi, mécontents de la résistance que les chrétiens avaient faite pour défendre le palais, en firent mettre plusieurs en prison ; mais ils ne tardèrent pas à être relâchés. Cela n'empêcha pas que le camp des chrétiens ne fût pillé par le peuple. L'église fut entièrement dépouillée, on enleva tout ce qu'on y put trouver, vases sacrés, ornements, vin pour la messe, etc. On n'y laissa que quelques images et le bâtiment nu. Ainsi fut récompensée la fidélité des chrétiens envers le roi, dont ils avaient plus à se plaindre que qui que ce fût.

Monseigneur Coudé, nommé évêque de Rhési et vicaire apostolique de Siam, voulut, en se rendant à *Bangkok*, visiter ses chers chrétiens de *Ta-kua-Thung* et de *Jongsélang*. Il prit pour cela un chemin de traverse qui l'abrégeait de huit à dix jours ; mais c'était un chemin empesté par lequel personne ne peut passer. Il mourut dans ce trajet, le 8 janvier 1785. Ce fut une perte bien grande pour cette mission dans laquelle il avait déjà fait tant de bien comme missionnaire. Après sa mort, M. Garnault fut nommé évêque de Métellopolis et vicaire apostolique de Siam. Les chrétiens essuyèrent alors une persécution d'autant plus douloureuse qu'elle fut excitée, renouvelée et continuée par des chrétiens révoltés contre leur vicaire apostolique.

Dès les premiers jours de la révolte, les rebelles, craignant un mandarin converti qui soutenait les intérêts du vicaire apostolique, accusèrent ce mandarin d'avoir abandonné, pour le christianisme, la religion de ses pères. Aussitôt le roi lui envoya l'ordre de se transporter dans un temple, et de se faire talapoin. Il trouva moyen d'éluder cet ordre ;

mais il en reçut un second, accompagné d'une défense de jamais entrer dans l'église des chrétiens, et, comme il n'était pas assez instruit sur les devoirs de la religion chrétienne, il obéit à cet ordre.

Le roi avait le dessein d'élever ce magistrat à une des premières dignités de l'État. Un jour, qu'il en délibérait avec son frère, celui-ci, sous prétexte que cet homme, contre les ordres du roi, continuait à fréquenter l'église des chrétiens, l'accusa d'infidélité et de mépris pour les ordres de son souverain. Alors, le roi, plein de colère, ordonna des enquêtes, et voulut que la femme, les fils et les filles de l'accusé, ramenés par force au culte siamois, lui garantissent désormais la fidélité de celui qu'il suspectait de félonie.

Au commencement de septembre 1795, l'épouse fut conduite plusieurs fois devant les juges, et ses réponses, pleines de fermeté, durent lui mériter l'indignation du roi. On la jeta donc dans les fers. Le 10 du même mois, ses enfants furent aussi présentés au tribunal de la justice. Cette mère avait deux fils et deux filles. Le plus jeune était un garçon âgé de quatorze ans, et, depuis deux ou trois mois, un des plus fervents élèves du collége.

Son frère et ses sœurs comparurent les premiers. Pour lui, ayant appris le sort de ses parents, il attendait tranquillement son tour ; regardant comme une lâcheté indigne d'un chrétien de fuir la persécution, il s'y prépara par sa première communion et par le sacrement de confirmation.

Presque tous les chrétiens accompagnèrent les confesseurs devant le juge, et il fallut avoir recours aux menaces et même aux coups pour les éloigner. Les missionnaires les engagèrent à ne pas se raidir contre l'autorité publique et à ne pas s'exposer témérairement au péril.

Les ordres du roi furent notifiés aux prisonniers, et l'on procéda à l'interrogatoire. Telles furent l'assurance et la fermeté des deux jeunes chrétiennes, que le juge en frémissait de rage. On leur coupa les cheveux selon l'usage du pays. Leur frère fut chargé de fers. On lui mit des chaînes au cou, aux mains, aux reins et aux pieds, et on le frappa de verges ; mais bientôt on le délia, on le traîna, on le porta aux pieds d'une idole. Le jeune homme encouragé par les exhortations de sa mère, loin de rendre hommage à cette fausse divinité, ne laissa pas même tomber un regard sur elle. Après avoir en vain tenté d'intimider les confesseurs, e les menaçant des plus horribles supplices, on les reconduisit en prison.

Le soir du même jour, le plus jeune des frères fut aussi amené devant les juges qui, n'ayant pu le séduire par des promesses, ni l'ébranler par des menaces, le firent aussi conduire en prison.

La tempête s'étant apaisée, on permit à la mère de retourner à sa maison pour vaquer à ses affaires, qui regardaient l'administration du trésor public, et elle pouvait librement fréquenter l'église des chrétiens. Le plus jeune de ses fils fut aussi remis en liberté, et retourna au collége; mais l'aîné et les filles furent retenus en prison.

Sur la fin de novembre, l'orage recommença; on arrêta de nouveau la mère et le plus jeune de ses enfants; on les mit dans des prisons séparées. L'aîné fut chargé de cinq sortes de chaînes, et ses sœurs furent garrottées et exposées à un soleil brûlant. Telle était la force de la chaleur, que l'officier envoyé pour questionner ces captives était forcé de se retirer promptement à l'ombre. On fit subir à l'aîné des supplices atroces qu'il supporta avec une patience admirable.

La mère et les filles avaient reçu chacune seulement trois coups de verges, et elles avaient souffert avec constance : on pansait leurs plaies; les officiers eux-mêmes s'empressaient de leur donner des soins, et cherchaient à les séduire par des paroles flatteuses. Nous ne demandons qu'un mot, disaient-ils, confessez que vous êtes *Thai*, et à l'instant même il vous sera permis de retourner dans votre quartier. Ces infortunés succombèrent, le plus jeune seul resta fidèle à sa religion:

Le lendemain, deux jeunes chrétiennes, ayant appris cette chute, bravant les menaces qui avaient été faites contre ceux qui tenteraient d'approcher des prisonniers, s'embarquèrent dans une nacelle et se rendirent droit à la prison pour relever ceux qui étaient tombés. Dieu bénit leurs efforts; les coupables reconnurent leur faute et en gémirent. En effet, ce jour-là même on les traîna au pied d'une idole ; on les pressa de courber la tête devant cette fausse divinité, on voulut même les y contraindre ; mais ils se raidirent contre les efforts des impies et s'écrièrent constamment qu'ils n'étaient pas de la religion des *Thai*. La mère était grièvement malade, il semblait que sa dernière heure n'était pas éloignée; on la transporta hors des murailles, et on lui donna son fils aîné pour la soigner. Le plus jeune fut enlevé par ses parents et envoyé au loin pour le soustraire aux recherches des officiers gentils qui brûlaient du désir de vaincre sa générosité et de corrompre sa foi. Cependant la tempête se calma encore une fois; la mère et son fils aîné revinrent au quartier des chrétiens, et le plus jeune entra au collége. Mais les deux sœurs furent retenues dans le palais du roi qui se flattait, à force d'artifices, de triompher de leur résolution. Voyant ses efforts inutiles, il les sépara l'une de l'autre, retint la plus jeune et fit jeter l'autre dans une noire prison. Après l'y avoir retenue longtemps, il la donna en esclave à un mandarin. Bientôt cet officier mourut, et la chrétienne fut de nouveau jetée dans un cachot. Dans le même temps, sa sœur, expulsée du palais, subit aussi le même sort. Enfin le roi, désespérant de vaincre leur générosité, et voyant croître l'admiration qu'inspirait leur constante fermeté, les fit élargir. Le premier usage qu'elles firent de leur liberté fut de se rendre à l'église des chrétiens, et le 22 mai, jour anniversaire de leur arrestation, elles se retirèrent dans la maison des religieuses où elles menèrent la vie la plus austère et la plus pénitente. Il fallut même modérer leur zèle, car elles s'astreignirent à un jeûne si sévère, qu'il aurait pu altérer leur santé. Le roi défendit alors de recevoir aucune accusation contre les chrétiens, et la mission put jouir de quelque tranquillité. On ne força plus les mandarins, qui étaient ouvertement chrétiens, à boire l'eau du serment ; mais ceux qui n'étaient pas connus publiquement comme tels, avaient peine à éviter de subir cette épreuve superstitieuse, car le refus les jetait dans de grands dangers.

Vers la fin de novembre 1809, les Barmas assiégèrent la ville de *Jongsélang*. Après quatre semaines d'un siége très-sanglant, la forteresse, l'espérance et le refuge de tous les habitants de l'île, fut prise et réduite en cendres par l'ennemi. Quelques-uns des habitants furent tués, les autres furent faits prisonniers ou se sauvèrent dans les forêts. M. Rabeau, missionnaire apostolique, qui resta dans la citadelle tout le temps que dura le siége, s'occupa à soigner les malades, à instruire les païens, baptisa plusieurs adultes dont deux talapoins et bon nombre de petits enfants moribonds.

Les chrétiens ayant voulu sortir de la citadelle, M. Rabeau les suivit. Dans leur marche ils rencontrèrent les Barmas, l'épée nue et la lance à la main; M. Rabeau s'avança vers eux, tenant de la main droite le crucifix et de la gauche une image de la Sainte-Vierge, et il leur dit : Je suis un prêtre du Dieu vivant, je n'ai fait de mal à personne. Dieu toucha le cœur des Barmas, ils mirent leurs mains sur la tête du missionnaire et sur celle des chrétiens qui le suivaient, et ils les firent asseoir; ils les lièrent ensuite, et prirent à M. Rabeau sa soutane et son bréviaire. Bientôt après ils les délièrent, et par la protection d'un des chefs, ils les conduisirent dans le camp, leur mirent des liens aux pieds et fermèrent l'enceinte. On les laissa ainsi jusqu'à dix heures du matin, et on ne leur épargna ni les menaces ni les opprobres. Vers dix heures, un officier, Cafre d'origine, alla les voir et emmena avec lui trois des chrétiens. Au milieu de la nuit, un autre officier chrétien les envoya chercher tous et les fit passer dans un autre camp où il demeurait avec le général. Il leur procura toutes sortes de soulagements et de consolations. Les Barmas, a prèsavoir tout saccagé à *Jongsélang*, s'embarquèrent pour aller dans un lieu voisin. M. Rabeau, qui était un peu malade, monta sur un des meilleurs vaisseaux. Le capitaine du vaisseau était chrétien et son ami. Peu de temps après qu'il fut en mer, les matelots, qui étaient des gens du Bengale ou des Maures, saisirent le capitaine et le lièrent pour le jeter à la mer. M. Rabeau leur parla avec force pour les détourner de cet homicide, mais ils le lièrent aussi et les jetèrent tous les deux à la mer; ainsi ce saint missionnaire mourut victime de sa charité. Ces scélérats massacrèrent encore quelques autres personnes. Une tempête violente les empêcha d'aborder à l'endroit où ils voulaient aller; ils furent jetés du côté de Madras où on les mit en prison et on instruisit leur procès.

Quelques années avant la mort de M. Rabeau, les Anglais s'établirent à l'île de *Pulopinang*, où il n'y avait qu'une vingtaine de cabanes de pêcheurs. Cette nouvelle colonie, ayant pris un accroissement rapide, presque tous les chrétiens de *Quédah* et de *Jongsélang* vinrent s'y réfugier et formèrent là deux chrétientés qui subsistent encore aujourd'hui. Plus tard, le collége général des missions fut transporté dans la même île; il compte aujourd'hui près de cent cinquante élèves de diverses nations.

Monseigneur Garnault, évêque de Métellopolis, établit aussi un collége à *Bangkok*, capitale de

Siam ; il y entretenait plus de soixante élèves, quoiqu'il ne reçût alors aucunes ressources pécuniaires de l'Europe. Cependant un cardinal ayant envoyé à Siam une certaine somme d'argent, à condition qu'on bâtirait une église en l'honneur de la Sainte-Vierge, l'évêque fit acheter un grand jardin, y bâtit une belle église, y transféra son collége qu'il dirigea lui-même avec beaucoup de zèle jusqu'à sa mort, qui arriva le 4 mars 1811. Monseigneur Florens, nommé évêque de Sozopolis, fut obligé d'aller se faire sacrer en Cochinchine.

Pendant l'espace de vingt ans, la France n'envoya aucun renfort de missionnaires à Siam ; le vicaire apostolique, aidé seulement de cinq à six prêtres indigènes, était obligé souvent d'entreprendre de longs et pénibles voyages malgré l'asthme dont il était attaqué. Enfin, le 2 juin 1822, M. Pécot, ayant traversé les forêts de la Péninsule, arriva à *Ligor*, d'où il se rendit à *Bangkok* auprès de l'évêque. C'était un missionnaire plein de zèle et d'activité ; en quelques mois, il opéra un bien immense parmi les chrétiens de la capitale. Mais obligé de traverser de nouveau la Péninsule, à peine arrivé à *Pulopinang*, il mourut d'une maladie qu'il avait contractée au milieu des forêts.

Monseigneur Florens était devenu vieux et infirme; il se hâta donc de sacrer pour son coadjuteur M. Bruguière, qui ne faisait que d'arriver dans la mission; le sacre eut lieu le 29 juin 1829; mais le nouveau prélat, ayant été nommé vicaire apostolique de la Corée, quitta la mission de Siam, en 1831, et, après des fatigues inouïes, vint expirer à l'entrée du territoire coréen.

Le 27 février 1830, MM. Pallegoix et Deschavanes arrivèrent à *Bangkok* où ils s'adonnèrent pendant quelques mois à l'étude de la langue; après quoi ils commencèrent la mission parmi les païens. M. Pallegoix s'établit dans l'ancienne capitale où il bâtit une chapelle sur les ruines de l'église Saint-Joseph ; une multitude de païens, attirés par la curiosité, y affluaient tous les jours pour entendre parler de religion. Quant à M. Deschavanes, emporté par un zèle trop ardent, il s'enfonça dans les forêts au milieu d'une peuplade *Lao* où il opéra la conversion d'un petit village; mais, au moment de recueillir le fruit de ses prédications, il fut pris de la fièvre des bois et vint expirer à *Bangkok* le 6 septembre 1831.

Le 30 novembre 1833 M. Couvezy fut sacré

évêque coadjuteur de Siam, et le 30 mars de l'année suivante monseigneur Florens termina sa longue carrière apostolique.

Au commencement de cette année, les Siamois, ayant attaqué la Cochinchine par terre et par mer, en amenèrent plusieurs milliers de captifs parmi lesquels se trouvaient quinze cents chrétiens; le roi leur assigna un vaste terrain dans les faubourgs de la capitale; il leur fit bâtir des maisons et même une église en bambous, après quoi ils furent enrôlés dans la compagnie d'artillerie sous le commandement d'un mandarin chrétien.

A cette époque, les églises étaient formées de planches vermoulues et couvertes en feuilles de palmier; l'évêque et les missionnaires ayant stimulé le zèle des chrétiens, on parvint, quoique avec beaucoup de peine, à les reconstruire en briques et à les recouvrir en tuiles; ce qui donna à la religion un décorum qu'elle n'avait pas encore eu. Ce fut alors aussi que commença la mission parmi les Chinois; bientôt on vit des familles entières venir se présenter au baptême, et le nombre des néophytes, qui n'était autrefois que d'une vingtaine par année, s'éleva jusqu'à deux cents et plus.

Le 3 juin 1838, monseigneur Courvezy, vicaire

apostolique de Siam, donna la consécration épiscopale à M. Pallegoix, sous le titre d'évêque de Mallos. La cérémonie se fit avec une grande pompe ; le vice-roi et plusieurs princes y assistaient avec une multitude de païens. Peu de temps après, le vicariat apostolique de Siam fut partagé en deux : monseigneur de Mallos fut nommé vicaire apostolique du royaume de Siam proprement dit, et monseigneur Courvezy, évêque de Bida, devint vicaire apostolique de la Malaisie, ayant sous sa juridiction *Syngapore, Malacca, Pulopinang, Merguy, Thàvai* et les royaumes Malais adjacents.

Le nombre des missionnaires s'étant accru, monseigneur de Mallos jugea le moment favorable pour tenter d'établir une mission dans les royaume *Lao* qui sont au nord de Siam, et, le 5 décembre 1843, il envoya MM. Grandjean et Vachal au royaume de *Xieng-Mai*. Les missionnaires furent d'abord fort bien reçus ; mais les bonnes dispositions du roi de ce pays ayant changé à leur égard, ils furent obligés de renoncer à leur entreprise et de revenir à *Bangkok*. On peut lire dans les Annales de la propagation de la foi, la relation fort intéressante qu'a donnée M. Grandjean de sa longue excursion dans cette contrée presque inconnue.

Le 15 juin 1849, le choléra fit sa terrible apparition à Siam, dans la capitale surtout la population fut presque décimée. A peine le fléau s'était-il ralenti, que le roi, par un caprice bizarre, fit chasser huit des missionnaires français qui restèrent deux ans à Syngapore et à *Pulopinang*, attendant patiemment que la porte de la mission leur fût ouverte de nouveau. Enfin le roi étant mort, son successeur se hâta de rappeler les missionnaires, qui revinrent à Siam le 29 juillet 1851. Le 28 février 1852, monseigneur de Mallos fut invité à une audience solennelle au palais du roi. Accompagné de ses missionnaires, et suivi de tous les chefs chrétiens en grand costume, il fut introduit dans la salle d'audience où la foule des mandarins et des pages était prosternée la face contre terre. Sa Majesté, revêtue d'une longue veste de soie blanche brochée d'or et d'un langouti précieux, tenant à la main une belle canne à épée, dont la pomme était une figure d'éléphant en or massif, s'avança au devant de l'évêque, lui tendit amicalement la main ainsi qu'aux missionnaires qui l'accompagnaient, et les fit asseoir sur des chaises autour d'une table élégante sur laquelle étaient disposés plusieurs vases d'or contenant l'arec, le bétel, des cigares et des services en vermeil pour le thé et le café. Le roi s'étant assis dans un magnifique fauteuil, on entama la conversation partie en siamois, partie en anglais. Cependant Sa Majesté fit servir du thé et du café, et des pages, rampant sur leurs genoux, ayant offert des cigares à chacun, on se mit à fumer. La conversation, qui dura près d'une heure, roula surtout sur la religion. Le roi dit, entre autres choses : « C'est un mauvais système de persécuter la religion; je suis d'avis de laisser chacun libre de pratiquer celle qu'il voudra. » Puis il ajouta : « Quand vous aurez fait un certain nombre de prosélytes quelque part, faites-le-moi savoir, et je leur donnerai des chefs chrétiens, de manière à ce que les gouverneurs païens ne puissent pas les vexer. » Comme monseigneur de Mallos se disposait à faire un voyage en France, il demanda et obtint l'agrément de Sa Majesté qui lui fit cadeau d'une certaine somme pour l'aider à payer les frais du voyage. Enfin l'évêque et les missionnaires prirent congé du roi en le remerciant de l'accueil exceptionnel qu'il avait daigné leur faire, car il est inouï, dans les annales de Siam qu'aucun Européen, soit évêque, soit ambassadeur, ait jamais eu à la cour une telle réception

LISTE DES ÉVÊQUES, VICAIRES APOSTOLIQUES DE SIAM.

1. Monseigneur de La Motte Lambert, évêque de Bérythe, arrivé à Siam en 1662, mort en 1679.
2. Monseigneur Louis Lanneau, sacré évêque de Métellopolis en 1673, mort en 1696.
3. Monseigneur Louis de Cicé, sacré évêque de Sabule en 1700, mort en 1717.
4. Monseigneur Jacques Texier de Keralay, évêque de Rosalie, mort en 1736.
5. Monseigneur Jean de Lolière Puycontat, évêque de Juliopolis, mort en 1755.
6. Monseigneur Pierre Brigot, évêque de Tabraca, vicaire apostolique de Siam jusqu'en 1776, ensuite supérieur de la mission de Pondichéry, mort en 1791.
7. Monseigneur Olivier-Simon Lebon, évêque de Métellopolis, sacré à Rome en 1771, mort en 1780.
8. Monseigneur Joseph-Louis Coudé, nommé évêque de Rhési, et mort en 1785, avant d'avoir été sacré.

9. Monseigneur Arnaud-Antoine Garnault, évêque de Métellopolis, mort en 1811.
10. Monseigneur Esprit-Joseph-Marie Florens, évêque de Sozopolis, mort en 1834.
11. Monseigneur Hilaire Courvezy, sacré évêque de Bida en 1833, vicaire apostolique de Siam jusqu'en 1842, devient vicaire apostolique de la Malaisie, par suite de la division que Rome fait de la mission.
12. Monseigneur Jean-Baptiste Pallegoix, sacré évêque de Mallos en 1838, vicaire apostolique actuel de la mission de Siam.

CHAPITRE VINGT-UNIÈME.

1. ÉTAT ACTUEL DE LA MISSION.

Population chrétienne.	Ames.
A saint François-Xavier (*Bangkok*)	2,000
A la Conception (*Bangkok*)	900
A Sainte-Croix (*Bangkok*)	700
Au Calvaire (*Bangkok*)	350
Au Collége (*Bangkok*)	100
Dans les provinces de *Juthia* et de *Salaburi*	200
Dans les provinces de *Petriu* et *Bang-Pla-Soi*	300
Dans les provinces de *Nakhonxaisi* et *Bang-Xang*	300
Dans la province de *Chanthabun*	1,100
Dans la province de *Jongsélang*	500
Chrétiens dispersés ou esclaves chez les païens	600
Total	7,050

Observation. — Le nouveau roi, qui est monté sur le trône depuis deux ans seulement, a remis entre les mains du mandarin chrétien Pascal, général de l'artillerie, environ trois mille Annamites, prisonnniers de guerre, en lui recommandant de les faire chrétiens et de les incorporer avec nos Annamites ; déjà plusieurs d'entre eux ont été admis à la grâce du baptême.

2. PERSONNEL DE LA MISSION.

Le vicaire apostolique, monseigneur Pallegoix, évêque de Mallos.
M. Clémenceau, pro-vicaire apostolique.
M. Dupont, missionnaire apostolique.
M. Ranfaing, missionnaire apostolique.
M. Daniel, missionnaire apostolique.
M. Larenaudie, missionnaire apostolique.
M. Gibarta, missionnaire apostolique.
M. Marin, missionnaire apostolique.
M. Tessier, missionnaire apostolique.
M. Ducas, missionnaire apostolique.
Le père Albert Corea, prêtre indigène.
Le père Paul Hoi, prêtre indigène.
Le père Michel Xay, prêtre indigène.
Le père Étienne Tinh, prêtre indigène.
Un collége-séminaire de trente élèves.
Quatre couvents occupés par vingt-cinq religieuses.
Cinq maîtres d'école pour les garçons.
Quinze catéchistes, la plupart Chinois.

3. CHRÉTIENTÉS, ÉGLISES ET CHAPELLES.

Il y a cinq chrétientés, ou camps de chrétiens,

Église cathédrale de l'Assomption à Bangkok.

dans la capitale. Le premier s'appelle le camp de l'Assomption ; c'est là qu'est situé le collége-séminaire, tout près d'une belle église en briques bâtie il y a près de quarante ans. L'église est entourée de vastes jardins où sont disséminées les maisons des chrétiens. A la distance d'environ cent mètres du fleuve *Më-Nam,* on voit s'élever le palais de l'évêque dont la construction a coûté trois mille et quelques francs ; le rez-de-chaussée de ce bâtiment est affecté uniquement à l'imprimerie, le premier et unique étage ne comprend que deux chambres et une grande salle de réception.

Le second camp se nomme le Calvaire ; il a une église de style chinois qui a été bâtie spécialement pour les néophytes, au moyen d'une souscription faite parmi les chrétiens et même parmi les païens ; elle a remplacé une vieille salle vermoulue dont le plancher s'écroula un jour qu'on baptisait une vingtaine de Chinois ; parrains et catéchumènes tombèrent pêle-mêle et ne se relevèrent qu'avec maintes contusions. Le prêtre qui se tenait sur un degré de la porte, resta seul à son poste et comme suspendu en l'air.

Le camp de Sainte-Croix possède une église

élégante et vaste qui a coûté vingt mille francs à ces pauvres chrétiens ; auparavant, le service divin se célébrait sous un hangar bas et marécageux où l'autel était devenu un repaire de serpents. Le terrain que le roi donna à ces chrétiens était autrefois considérable ; mais le fleuve le mine tous les ans, et il n'est pas rare de voir sept à huit maisons s'écrouler tout à coup dans la rivière, qui a, dans cet endroit, une profondeur de ving-cinq mètres ; de sorte que les habitants, refoulés dans l'intérieur, sont serrés et comme entassés les uns sur les autres ; aussi, lors d'un incendie, qui eut lieu en 1833, tout le camp devint la proie des flammes.

Le camp de la Conception, habité par des chrétiens venus du Camboge, est parvenu à se bâtir une belle église de cent vingt pieds de long. Pendant deux ans, hommes et femmes, petits et grands, se sont employés avec une ardeur admirable pour élever ce temple à la gloire du vrai Dieu au milieu des infidèles.

Quant aux Annamites qui composent le camp de Saint-François Xavier, dès leur arrivée à Siam, ils s'empressèrent de se faire une église avec les matériaux que le roi leur fournit ; mais comme elle était toute de bambous, le pied des colonnes fut pourri en moins de deux ans, et, une grosse tempête étant survenue pendant la nuit, tout l'édifice s'écroula avec fracas. Il fallut donc recommencer tout de nouveau ; mais cette fois, on employa pour la charpente et les colonnes, des bois forts et solides. La toiture en est en feuilles de palmier, ce qui oblige à la recouvrir tous les cinq ans. Aujourd'hui ils se disposent à en construire une en briques, dans l'emplacement même d'une pagode royale dont voici l'histoire :

En 1834, le roi assigna, aux alentours de cette pagode, un vaste terrain à nos Annamites. Peu à peu nos chrétiens se mirent à commettre furtivement des dégâts dans le terrain de la pagode, à se railler des talapoins, et à leur jouer toutes sortes de farces, au point que les *Phra* n'ont pas pu y tenir ; ils quittèrent la pagode les uns après les autres, et la pagode se trouvant abandonnée, est devenue tout entière la proie de nos chrétiens. Chaque nuit ils démolissaient les salles, les cellules des bonzes, le clocher, les murailles et les pyramides. Cependant quelques pieux Siamois, témoins d'une telle dévastation, allèrent porter plainte au chef suprême des talapoins ; celui-ci demanda justice au roi. Savez-vous ce que le roi répondit ? « Ah bah ! Comment voulez-vous que les dieux siamois demeurent en paix enclavés comme ils sont au milieu des *farangs* (chrétiens) ? Croyez-moi, il vaut mieux transporter les idoles de cette pagode et l'abandonner. »

Le lendemain, comme je passais accompagné des chefs du camp annamite, je vis des talapoins montés sur l'avant-toit de la pagode, qui faisaient descendre des idoles attachées et pendues par le cou ; d'autres, en bas, tendaient les mains pour attraper ces malheureux petits dieux ; puis ils les mettaient dans de gros paniers pour les porter ailleurs. « Que faites-vous donc, mes amis ? » leur demandai-je. L'un deux me répondit : « Qu'est-ce que nous faisons ? Croyez-vous que nous allons laisser nos dieux à vos chrétiens, pour qu'ils les fondent et en fassent des balles de fusil ? » Il parla ainsi, faisant allusion à ce que la plupart de nos chrétient sont chasseurs et aussi soldats. Cette affaire fit bien rire nos Annamites, et moi je bénissais le Seigneur de voir, au sein d'une grande cité païenne, les idoles d'une pagode royale, la corde au cou, forcées d'aller honteusement chercher refuge ailleurs. Quand le temple fut vide, on conçoit que les chrétiens ne tardèrent pas à le démolir, et aujourd'hui il n'y a pas pierre sur pierre de tous ces beaux édifices qui, naguère, resplendissaient de dorures et d'incrustations en verres colorés.

A vingt lieues au nord de *Bangkok*, au milieu des ruines de la grande église de Saint-Joseph, à Juthia, et sur les tombeaux de huit évêques, le vicaire apostolique, profitant des débris de l'ancien séminaire, est parvenu à achever, dans l'espace de dix ans, une jolie petite église, auprès de laquelle sont déjà venues se grouper une vingtaine de familles chrétiennes dont la moitié est composée de néophytes.

A cent lieues environ de *Bangkok*, près de la mer, est une intéressante chrétienté, composée d'Annamites, dont les ancêtres, fuyant la persécution, abandonnèrent leur pays natal et vinrent s'établir à *Chanthabun* pour y pratiquer librement la religion chrétienne. Leur église est faite de vieilles planches et couverte en feuilles de palmier. Dernièrement, les chrétiens, profitant de l'inondation, étaient allés démolir une vieille pagode isolée dans les bois ; chacun avait chargé sa barque de pierres tout équarries ; on se réjouissait dans la pensée d'employer ces pierres à rebâtir une église ;

mais malheureusement, le gouverneur, en ayant été informé, a forcé les chrétiens à reporter les pierres là où ils les avaient prises.

Je ne parlerai pas en particulier des quatre chapelles que nous avons dans les provinces ; seulement, pour en donner une idée, je vais faire une courte description de l'une d'entre elles. Imaginez-vous une espèce de grande cage faite avec des bambous découpés et entrelacés, posée sur un terrain exhaussé et aplani, couverte de feuilles de palmier et sans plafond ; il n'y a pas de fenêtre, et cependant le vent y souffle comme en plein air par les milliers de fentes des parois. Quand les chrétiens s'y rassemblent pour la prière du matin et du soir, ou pour y entendre la sainte messe (lorsque le missionnaire s'y trouve), chacun apporte sa petite natte qu'il étend sur la terre nue. Au fond, on voit s'élever un modeste autel formé de deux planches posées sur des tréteaux ; un Christ, deux chandeliers de bois, deux bouquets de fleurs implantés dans une base d'argile molle ou placés dans deux bouteilles ordinaires ; une image de la Sainte-Vierge fixée à la paroi par deux morceaux de bambou ; un devant d'autel en papier barbouillé de diverses couleurs ; une toile blanche ou

Costume d'une femme chrétienne; sa posture à l'église.

une pièce d'indienne suspendue par des ficelles au dessus de l'autel ; voilà toute la décoration ordinaire d'une chapelle de mission.

4. COLLÉGE-SÉMINAIRE.

Les souverains pontifes ont toujours recommandé fortement aux vicaires apostoliques d'établir dans leurs missions des colléges et des séminaires pour y former des maîtres d'école, des catéchistes et des prêtres indigènes. Aussi, malgré sa pauvreté, la mission de Siam a toujours eu son collége-séminaire, plus ou moins nombreux, selon ses moyens; autrefois c'était un simple hangar dont le bas était marécageux et malsain ; mais maintenant, grâce à une souscription parmi les prêtres et les chrétiens, nous avons construit un grand collége en planches établi sur des colonnes en briques. Depuis le rétablissement de la mission, jamais le séminaire n'a été si florissant qu'il l'est maintenant: il est dirigé par deux missionnaires français tout dévoués à l'œuvre du clergé indigène. Nous y avons une trentaine d'élèves dont plusieurs étudient déjà la théologie. Le bâtiment du séminaire actuel a été commencé il y a cinq ans; il a déjà coûté plus de cinq mille francs, et il est encore bien loin d'être achevé : on a recours à de vieilles nattes et à des étoffes déchirées pour faire dans l'intérieur les séparations les plus indispensables. Aussi, un jour que le roi actuel (qui n'était alors que prince) vint nous rendre une visite, quand il fut entré il promena ses regards tout autour de lui et s'écria : *Collegio-ni-rung-rang-nak*, ce collège est bien guenilleux !

5. IMPRIMERIE.

Jusqu'en 1835 l'imprimerie était inconnue à Siam ; il n'existait alors qu'un très-petit nombre de livres de religion, composés par les anciens missionnaires, que les élèves du collége transcrivaient avec beaucoup de peine et perte de temps. D'ailleurs, le style de ces livres étaient suranné, incorrect et dépourvu d'élégance. Après avoir acquis une connaissance exacte de la langue, nous avons corrigé les livres qui existaient, et nous en avons composé d'autres pour l'usage des fidèles. Au moyen de l'imprimerie, bientôt les chrétiens ont eu entre les mains le catéchisme, le livre de prières, l'Histoire-Sainte, les Vies des Saints, des

Méditations, des Cantiques, etc. On ne peut pas se faire une idée du bien immense que l'imprimerie a fait à la mission. Outre les livres en caractères européens, nous avons encore imprimé en caractères *Thai* certains traités pour réfuter le bouddhisme, et la lecture de ces livres a été pour plusieurs païens la cause et le moyen de leur conversion.

6. RELIGIEUSES, COUVENTS.

Les premiers vicaires apostoliques de Siam ne tardèrent pas à sentir le besoin d'instituer des religieuses, surtout pour l'éducation des personnes du sexe. Ils fondèrent donc un ordre de personnes pieuses qu'ils appelèrent les Amantes de la Croix. Cet ordre s'est propagé en Chine, au Tong-King et dans les contrées voisines. Mais nos religieuses d'aujourd'hui ont changé de nom et s'appellent Servantes de la Mère de Dieu; elles font des vœux qu'elles renouvellent tous les trois ans, et vivent en communauté, soumises à une règle appropriée au climat et au pays où elles sont. Leur costume ressemble assez à celui des femmes annamites, excepté qu'elles portent les cheveux courts; un pantalon noir, une longue veste noire qui descend à mi-jambes, un fichu couleur de cendre, des sandales aux pieds, voilà tout leur habillement. Tout le temps que la règle leur laisse libre, elles l'emploient à tresser des nattes, faire de la toile ou des étoffes de soie qu'elles vendent, et le prix qu'on en retire est employé à l'entretien de la communauté. Nos vingt-cinq religieuses sont réparties en quatre couvents, si toutefois on peut appeler couvents des maisons moitié en bambous, moitié en planches, qui ne diffèrent guère des habitations communes. Très-souvent il arrive que le travail de ces pauvres filles ne suffit pas pour leur entretien, et alors la mission est obligée de subvenir à leurs besoins, ce qui est d'autant plus juste, qu'elles sont chargées de l'éducation des filles, éducation toute gratuite et pour l'amour de Dieu. Elles rendent vraiment de grands services à la mission, car, outre le soin des écoles, elles instruisent les catéchumènes de leur sexe, et les disposent au baptême ; elles s'emploient aussi continuellement, et avec un dévouement désintéressé et admirable, au service des missionnaires et des églises. Quelques-unes d'entre elles sont très-habiles, non seulement dans la confection des onguents, pilules et autres

Groupe de petites filles d'une école chrétienne à Bangkok.

Groupe de petits garçons d'une école chrétienne à Bangkok

remèdes, mais aussi dans l'application opportune de ces médicaments. Chez elles est donc établie la pharmacie de la mission pour le soulagement des pauvres et des malades, et pour fournir aux baptiseurs et baptiseuses les moyens de s'introduire chez les païens, afin de baptiser les enfants moribonds.

7. ÉCOLES.

Nos écoles sont de petites salles montées sur des colonnes, et ouvertes à tous les vents ; matin et soir on y convoque les enfants au son du tambour ; on leur apprend à lire, à écrire, à chanter, les premiers éléments d'arithmétique, et surtout le catéchisme. C'est un plaisir d'entendre ces troupes d'enfants chanter leurs prières avec ensemble et enthousiasme ! Quelle différence de nos écoles avec celles des talapoins ! Sur cent enfants païens, qui ont passé une douzaine d'années à la pagode, il n'y en a pas dix qui sachent lire et écrire ; la plupart en sont encore au *ba, be, bi, bo, bu*. Tous les enfants chrétiens des deux sexes, depuis l'âge le plus tendre, sont astreints aux écoles jusqu'à ce qu'ils aient reçu la confirmation et fait leur première communion. Malheureusement nous n'avons pu, jusqu'à présent, établir d'écoles que dans la capitale et à *Chanthabun* ; faute de ressources, les autres provinces en sont encore privées.

8. CATÉCHISTES, CATÉCHUMÉNATS, HÔPITAUX.

Quinze catéchistes, qui reçoivent chacun quinze francs par mois de viatique, occasionnent à la mission une dépense annuelle d'environ trois mille francs ; mais quand on examine les grands services qu'ils rendent à la religion, on sent que les catéchistes nous sont tout à fait indispensables. En effet, au milieu d'un peuple soupçonneux, comment le missionnaire pourra-t-il s'introduire et être reçu dans les familles païennes, et y prêcher la vraie religion ? Or, c'est ce que font aisément pour lui les catéchistes, et dès qu'ils ont trouvé quelque païen bien disposé, ils l'amènent au missionnaire qui l'exhorte, l'encourage et l'admet au nombre des catéchumènes. Quand on a trouvé un certain nombre de catéchumènes, qui leur apprendra le catéchisme et les prières? c'est encore le catéchiste. A peine a-t-on formé quelque part une chrétienté, qu'il faut un catéchiste pour présider aux prières, aux cérémonies religieuses ; pour remplacer le prêtre absent à l'article de la mort, aux funérailles ; pour surveiller, pour diriger les néophytes, les entretenir dans la piété, dans la paix, et achever peu à peu leur éducation religieuse, qui n'était pour ainsi dire qu'ébauchée.

Dans chaque district de la mission, il y a un catéchuménat, c'est-à-dire une grande salle d'asile où les catéchumènes viennent séjourner deux ou trois mois pour apprendre la doctrine chrétienne. Là, ils sont à proximité de l'église ou de la chapelle ; un catéchiste leur apprend les prières, leur fait des instructions et les prépare au baptême. Les catéchumènes y emploient tout le temps qu'ils ont de libre à chanter leurs prières, à lire et à écrire ou à converser entre eux sur des matières de religion. Quant aux personnes du sexe, on les place dans un couvent de religieuses où elles sont disposées au baptême par des exercices analogues.

Il y a un grand nombre de vieux Chinois païens célibataires qui, attaqués de maladies graves, et n'ayant aucun parent à qui ils puissent avoir recours, viennent demander l'hospitalité chez les chrétiens ; c'est pourquoi, partout où cela est possible, on leur bâtit des petits hospices où ils viennent s'installer. Là, les chrétiens viennent les visiter, leur fournissent le nécessaire ; un médecin chrétien leur administre des médicaments ; le catéchiste vient les instruire ; le missionnaire les visite de temps en temps, les console et leur fait de petites aumônes. Ces pauvres gens ne tardent pas à être profondément touchés de la charité qu'on leur témoigne ; aussi presque tous demandent eux-mêmes le baptême ; tandis que, si on les avait livrés à leur malheureux sort, les uns seraient morts bien vite de chagrin et de misère, et les autres se seraient pendus de désespoir, comme cela arrive fréquemment dans les localités où il n'y a pas de chrétiens.

9. GENRE DE VIE DES MISSIONNAIRES.

Dans la capitale les missionnaires portent toujours la soutane, sont logés dans de vieilles maisons en planches, et vivent comme les gens du pays, sans pain ni vin ; cependant outre le vin pour la messe, chacun met en réserve quelques bouteilles de vin pour les grandes fêtes, et pour célébrer les rares visites des confrères ; du reste on ne boit que de l'eau froide et du thé sans sucre. Deux sortes de cuisine sont en usage à *Bangkok* : la chinoise, qui est douce et fade, et la siamoise, qui est forte et épicée, car le poivre-long y domine. On peut vivre là très-bien et à bon marché, puisque tout y abonde ; mais en voyage et dans les provinces c'est tout autre chose. Quand on se met en route, on doit faire une provision d'œufs salés, de poisson sec, de poivre-long et surtout de *kapi* (saumure composée de myriades de petites crevettes broyées, laquelle exhale une odeur infecte). Il arrive quelquefois que, les provisions étant épuisées, on est obligé de manger tout ce qui tombe sous la main, des limaçons, des grenouilles, des cancres, du lizeron aquatique, du cresson, du tamarin, des feuilles tendres, des fruits sauvages, des pousses de bambous, de la chair de buffle, de chat, de requin, de crocodile, des anguilles jaunes qui sont un vrai serpent, des chauves-souris, de la chair de boa, du singe, des vers-à-soie, des corbeaux, de la peau de rhinocéros, etc., etc. Mais si vous avez un fusil, vous ne manquerez de rien : dans une demi-heure, pendant que vous êtes à dire l'office, vos gens vont à la chasse dans les champs ou dans les bois, et reviennent chargés de gros oiseaux tels que paons, cigognes, pélicans, oies sauvages, canards sauvages, etc., etc.; car le gibier et surtout les oiseaux aquatiques abondent dans cette contrée. La manière ordinaire de voyager est d'aller en barque sur le fleuve ou les canaux ; quand on est obligé d'aller par terre, comme il n'y a ni chevaux, ni voitures, on va à pied, ou sur un éléphant, ou sur un chariot traîné par des buffles. Dans ces voyages on a à souffrir bien des privations et des incommodités : par exemple, il arrive qu'on est dévoré la nuit par des nuées de moustiques qui vous sucent le sang et ne vous laissent pas fermer l'œil, ou bien, pendant la nuit, des légions de fourmis, qu'on appelle fourmis de feu (*mot fai*), font irruption dans vos habits, et, par leurs morsures cuisantes, vous forcent à déloger bien vite. On est exposé à des dangers divers; sur l'eau, il faut se prémunir contre les crocodiles; sur terre, on craint le tigre ; les serpents viennent quelquefois se fourrer sous la natte sur laquelle vous dormez; en mettant la main dans vos poches, un scorpion vous darde sa queue envenimée; d'autres fois la barque chavire, et malheur à vous si vous ne savez pas nager ! Mais le Seigneur sait bien dédommager de toutes les peines que l'on endure pour lui. Arrivé dans la chrétienté, le missionnaire est reçu comme un ange du ciel ; tout le village se met en mouvement, vient à sa rencontre ; on se prosterne, on lui baise les pieds, les mains, on pleure de joie, on le conduit en triomphe au vestibule de la modeste chapelle ; tout le monde vient lui demander sa bénédiction ; l'un lui apporte de la chair de porc, l'autre du poisson ; celui-ci des poules, celui-là des canards ; bientôt les légumes, les fruits, les gâteaux s'amoncèlent ; on dirait qu'il va s'ouvrir un marché. Le missionnaire, comme un père au milieu de ses enfants, est touché de ces démonstrations de joie et d'amitié ; il ouvre sa petite caisse de voyage, en tire des chapelets, des images et des médailles qu'il distribue, puis annonce les exercices de la mission. Pendant quinze jours ou trois semaines un tam-tam chinois convoque les chrétiens matin et soir ; messe, prières, instructions, confessions tous les jours, enfin communion générale ; on tue un énorme porc, on fait un grand festin où une petite dose d'arak ou eau-de-vie de riz égaie les néophytes, et sur le soir, on remplit de provisions la barque du missionnaire, qui, après les avoir bénis, prend congé de ses chers enfants tous accroupis sur le rivage. Les rames fendent les eaux pour aller porter ailleurs les consolations spirituelles; la nacelle chérie s'éloigne, et les néophytes, la tristesse peinte sur le visage, la suivent des yeux jusqu'à ce qu'elle disparaisse à leurs regards. A Siam, les missionnaires ne sont pas souvent exposés aux persécutions; cependant, plusieurs fois, les évêques et les prêtres y ont été mis en prison, ont été chargés de chaînes; plusieurs prêtres et fidèles sont morts dans les cachots, d'autres ont été exilés impitoyablement, et il n'y a pas encore cinq ans que le roi de Siam, dans un accès de colère, donna ordre de détruire toutes les églises et de chasser tous les missionnaires. Heureusement que ses ordres tyranniques ne furent exécutés qu'en partie; et, grâce au nouveau roi, les prêtres exilés sont rentrés à leur poste.

10. PROPAGATION DE LA FOI A SIAM.

Quoiqu'il y ait près de deux cents ans que la religion chrétienne a été prêchée à Siam, elle n'y a pas fait de grands progrès pour les raisons que j'exposerai plus tard. Cependant, quelque temps avant la ruine de Juthia, on comptait dans ce royaume près de douze mille chrétiens. Mais la désastreuse invasion des Birmans ruina de fond en comble cette infortunée mission. Une partie des chrétiens périt par le glaive des ennemis, une autre fut emmenée en captivité ; le reste fut dispersé et s'enfuit pour chercher un asile dans les pays voisins. Lorsque *Phaja-Tàk* rétablit les affaires de Siam, il n'y eut qu'environ mille des anciens chrétiens qui rentrèrent dans le royaume ; de sorte qu'il fallut recommencer la mission tout de nouveau. Parmi les nations qui peuplent Siam, la plupart sont assez bien disposées à recevoir la bonne nouvelle de l'Évangile ; mais comme jusqu'à présent le roi s'était opposé aux conversions, la bonne volonté des habitants est restée presque stérile. Il n'y a que la population chinoise qui jouisse d'une pleine liberté d'embrasser le christianisme ; aussi c'est parmi les Chinois que nous avons le plus de néophytes. Lorsqu'un Chinois se convertit, sa femme et ses enfants ne tardent pas d'en faire de même. C'est ce qui faisait dire un jour au roi défunt devant toute sa cour : « Il est vrai que les prêtres européens ne convertissent pas nos Siamois ; mais, en attirant les Chinois à leur religion, ils attirent aussi les femmes et les enfants de ces Chinois ; c'est autant d'enlevé à la glorieuse secte de Bouddha. » Depuis quelques années, les conversions au christianisme sont beaucoup plus nombreuses qu'auparavant, et, si le roi actuel accorde pleine liberté de conscience à son peuple, comme il l'a laissé entrevoir, il n'est pas douteux que la foi ne prenne bientôt de grands accroissements.

11. OBSTACLES AUX CONVERSIONS.

On s'imagine ordinairement que les païens ont une grande aversion pour la religion chrétienne et un attachement presque invincible à leurs superstitions. J'ai remarqué, au contraire, que les païens, dès qu'ils ont acquis une légère notion du christianisme, ne peuvent s'empêcher de l'admirer et de se répandre en louanges et en bénédictions. De même, si on parvient à leur montrer la fausseté de leurs croyances, ils ne disputent pas avec opiniâtreté et paraissent assez disposés à embrasser la vérité. Il y a donc d'autres obstacles à la propagation de la foi ; le premier, selon moi, est la polygamie. Le roi a des centaines de concubines ; les ministres, les mandarins, les gouverneurs et autres grands officiers suivent son exemple. Tous les riches se procurent un plus ou moins grand nombre de concubines, selon leur plus ou moins de fortune. Il n'est donc pas étonnant que la partie la plus puissante et la plus influente de la nation ne s'accommode pas de la religion chrétienne qui réprouve une licence de mœurs aussi effrénée.

La seconde cause qui retarde les progrès du christianisme, c'est l'éducation de la jeunesse dans les pagodes. La secte bouddhiste impose à tous les garçons l'obligation stricte de passer quelques années dans les monastères sous la direction des talapoins. Les fils du roi eux-mêmes n'en sont pas exempts. Tous les jeunes gens, parvenus à l'âge de vingt ans, doivent se faire ordonner bonzes. De là vient que, dans la capitale seulement, on compte environ douze cents monastères renfermant au moins douze mille talapoins. Il est facile de concevoir que tous ces jeunes gens, quand ils sont revenus à l'état laïque, seront fortement attachés aux superstitions qu'ils ont puisées dans leurs monastères dès leur plus tendre jeunesse.

Le troisième obstacle que rencontre le christianisme, c'est la crainte d'envahissement de la part des Européens. Les Siamois et leurs voisins ont entendu parler des conquêtes des Européens et des colonies qu'ils ont établies sur les terres étrangères ; ils ont vu de leurs yeux comment l'Angleterre surtout s'est emparée peu à peu de l'immense continent de l'Inde, qu'ils appellent *les seize grands royaumes* ; comment elle a pris Malacca, Pulopinang, une partie du royaume de Quedah, plusieurs pays malais et d'excellentes mines d'étain sur la côte occidentale de la presqu'île de Malacca ; de là vient qu'ils ont une défiance extrême des Européens en général ; car, dans leur juste ressentiment, ils confondent les Anglais, les Français, les Hollandais par la dénomination générale de *farangs*, comme si c'était une seule et même nation ; aussi sont-ils tentés souvent de regarder les missionnaires comme autant d'espions envoyés par les rois d'Europe pour se faire un parti, sous prétexte de religion ; persuadés que, s'ils venaient à avoir la guerre avec quelque nation européenne, tous les chrétiens indigènes trahiraient leur pays et se tourneraient du côté des Européens.

Enfin une autre cause qui retarde les progrès du christianisme dans le royaume de Siam, c'est l'absence d'agent consulaire et le manque de relations amicales entre Siam et la France. Il serait à désirer que le gouvernement s'occupât un peu plus de ses missionnaires et qu'il les encourageât dans leurs pénibles travaux qui tournent à la gloire de la patrie ; il serait à désirer qu'il fît un traité avec le pays où ces missionnaires exercent leur noble apostolat, et qu'il leur accordât, en toute circonstance, sa puissante protection.

12. PROTESTANTISME A SIAM.

Il y a vingt-sept ans que des ministres américains sont venus s'établir à *Bangkok* ; les uns distribuent des médecines, les autres prêchent ou tiennent de petites écoles qui ne prospèrent pas. Mais leur grande et principale affaire est d'imprimer et de distribuer des versions de la Bible en siamois et en chinois ; ils ont quatre presses en activité, ils font des dépenses énormes, leurs Bibles circulent par tout le pays, et cependant plusieurs personnes m'ont assuré qu'en vingt-sept ans, ils n'ont pas baptisé vingt-sept Chinois, et encore ceux qu'ils ont baptisés étaient des gens à leur service. Les Siamois ne peuvent pas se persuader qu'on puisse être prêtre et marié en même temps ; aussi jamais n'appellent-ils les ministres des *phra* (prêtres) mais toujours *khru* (maîtres), ou bien *mó* (médecins). D'ailleurs ces six familles de ministres sont divisées en trois sectes différentes, ce qui n'est pas fait pour inspirer de la confiance.

13. ŒUVRE DE LA SAINTE-ENFANCE A SIAM.

Les épidémies, la petite-vérole enlèvent chaque année une multitude d'enfants païens. Je me souviens qu'une fois, ayant pris avec moi un bon vieillard qui avait la dévotion de baptiser les enfants moribonds, nous arrêtâmes la barque devant un grand village; mon bon vieux, muni d'un bâton et d'une petite caisse à médecine, parcourut le village en tout sens. Deux heures après je le vis revenir avec un air triomphant :

« Eh bien! lui demandai-je, avez-vous trouvé des enfants malades? — O père, me répondit-il, la petite-vérole fait de grands ravages, j'en ai baptisé soixante-cinq, et aucun n'en échappera. »

Quand nous aurons organisé un certain nombre de baptiseurs et baptiseuses, il n'y a pas de doute qu'on ne puisse en baptiser plusieurs milliers chaque année, vu que ceux qui donnent des médecines gratis ont entrée partout, et sont appelés de tous côtés. Mais ce qui contribuera beaucoup à la propagation de la foi, c'est le rachat des petits païens.

Les familles d'esclaves, qui sont au service des riches, se défont volontiers de leurs enfants en bas âge, et surtout quand ils sont encore à la mamelle ; je connais plusieurs femmes chrétiennes qui s'en sont procuré sans aucun frais, d'autres en ont acheté pour une somme très-modique. Avec des ressources, la mission pourrait procurer chaque année aux familles chrétiennes des centaines de petits enfants qu'elles adopteraient, qui seraient baptisés et ensuite élevés dans la vraie religion ; ça ferait autant de chrétiens de plus, et certes, il est bien plus facile de faire des chrétiens comme cela, que de convertir les grandes personnes qui tiennent ordinairement beaucoup à leurs superstitions.

14. RESSOURCES DE LA MISSION.

On concevra aisément qu'une mission qui a si peu de chrétiens, presque tous de la classe pauvre, ne peut trouver parmi eux que de bien faibles ressources. Les chrétiens de Siam entretiennent les prêtres indigènes, soutiennent leurs écoles et fournissent à toutes les dépenses des églises ou chapelles; voilà tout ce qu'ils peuvent faire. Mais comme le but de la mission est surtout de travailler à la conversion des infidèles, il serait impossible d'atteindre ce but sans les secours de la Propagation de la foi qui fait chaque année, à la mission de Siam, une allocation d'environ vingt mille francs. Mais il faut observer que cette somme est diminuée d'environ un quart par l'effet du change de monnaie; car les francs se changent en livres sterling à Londres; les livres sterling sont changées en roupies du Bengale à Syngapore; ces roupies en piastres et les piastres en ticaux à *Bangkok;* c'est donc un quadruple change de monnaie qui nécessairement cause une réduction considérable dans la somme primitive.

15. APERÇU DES BESOINS DE LA MISSION.

Voici le tableau de nos besoins et dépenses annuels.

	Francs.
Viatique du vicaire apostolique.	1,300
Viatique de neuf missionnaires.	5,850
A reporter.	7,150

	Francs.
Report.	7,150
Subside pour les prêtres indigènes.	1,000
Subside aux religieuses.	1,000
Collège-séminaire.	4,000
Quinze catéchistes.	3,000
Imprimerie.	1,000
Dépenses communes pour barques de la Mission, etc.	800
Chapelets, croix, images, médailles, etc.	700
Total.	18,650

Il y a bien d'autres articles dont je ne fais pas mention dans ce tableau, sans parler d'une dette contractée par la mission lors de la construction du séminaire, laquelle s'élève à plus de trois mille francs. De plus, il se présente toujours de nouvelles chapelles à fonder, de nouvelles missions à entreprendre, et, à moins de rester stationnaires, nous aurions besoin de secours bien plus abondants que ceux que nous recevons.

16. DIVERSES CONDITIONS DES CHRÉTIENS.

Comme à Siam tous les sujets sont tenus au service du roi d'une manière ou d'autre, les chrétiens sont répartis en plusieurs catégories ; le plus grand nombre d'entre eux sont soldats artilleurs de Sa Majesté ; quelques-uns sont médecins du roi, et d'autres font l'office d'interprètes à l'égard des navires qui viennent d'Europe. Les Annamites de *Chanthabun* paient le tribut de bois d'aigle sans recevoir aucune solde, tandis que les soldats, les médecins et les interprètes reçoivent une paie annuelle plus ou moins forte selon le rang qu'ils occupent. Le service du roi n'occupant les chrétiens qu'environ trois mois dans l'année, chacun exerce un métier pour subvenir aux besoins de sa famille; car la solde qu'ils reçoivent du roi suffit à peine à chacun pour faire sa provision de riz. De sorte que les uns se livrent à la pêche ou à la chasse; un bon nombre d'entre eux s'adonnent au commerce; il y a aussi des forgerons, des orfévres, des menuisiers, des constructeurs de barques, des manœuvres, etc.

De tous nos chrétiens, ce sont les Chinois qui sont les plus actifs et les plus industrieux; ils réussissent parfaitement dans toutes les branches de commerce; ils travaillent aux sucreries, font d'immenses plantations de tabac, de poivre et de cannes à sucre; ils sont très-habiles jardiniers; au moyen de l'urine ou de poisson pourri, ils obtiennent des égumes excellents et en abondance. Il y en a qui s'enrichissent, et, dès qu'ils ont acquis une petite fortune, ils s'en retournent dans leur pays. Les plus pauvres d'entre les Chinois s'emploient comme ouvriers à creuser la terre ou à la construction des édifices. Quant aux femmes, généralement elles nourrissent des porcs et en très-grande quantité ; un grand nombre d'entre elles font des pâtisseries de différentes sortes ; quelques-unes nourrissent de la volaille, d'autres élèvent des vers à soie ; il y en a qui font des nattes, de la toile ou tissent des étoffes de soie. Il y en a aussi qui, au moyen d'une barque, vont faire un petit négoce qui consiste à échanger des fruits, des gâteaux, du tabac, etc., pour du riz ou du poisson. Depuis quelques années, nous avons tâché d'introduire parmi nos chrétiens quelques branches d'industrie comme la dorure galvanique, la fabrication du savon, la teinture, etc..; déjà un certain nombre de familles ont réussi à se procurer une certaine aisance au moyen des arts d'Europe que nous leur avons enseignés. Néanmoins, il faut avouer que les chrétiens sont généralement pauvres comme le sont du reste la plupart des habitants. Les causes de leur pauvreté sont : 1° la paresse qui est probablement l'effet du climat chaud qu'ils habitent ; car on remarque la même paresse et indolence chez les païens indigènes. Il n'en est pas de même des Chinois qui, étant nés dans un climat froid, conservent de la vigueur et de l'activité même jusque dans la vieillesse. Du reste, les enfants de ces Chinois ne tardent pas à ressentir l'influence du climat, et à devenir paresseux comme les Siamois et autres indigènes. La seconde cause de la pauvreté des chrétiens, c'est que, tenus au service du roi une semaine par mois, ils ne peuvent pas faire de longues absences, ni se livrer à quelque industrie régulière et suivie, d'autant plus que très-souvent le service du roi lui-même n'est pas régulier. La troisième cause, c'est le taux exorbitant des prêts usuraires ; car il y a bien peu de familles qui ne se trouvent pas quelquefois dans l'embarras. Alors il faut emprunter à trente pour cent ; il s'en suit qu'une famille, une fois endettée, a bien de la peine à pouvoir payer exactement les intérêts de la somme due ; de sorte que, même en travaillant avec le plus de diligence possible, elle ne fait que travailler pour ses créanciers ; heureuse encore si elle ne se ruine pas complétement et ne tombe pas en esclavage.

17. LIBERTÉ DU CULTE CATHOLIQUE.

J'ai déjà dit que le gouvernement laissait aux

chrétiens une pleine liberté pour l'exercice de la religion ; cette liberté va si loin, que jamais les chrétiens ne sont employés au service du roi les dimanches et fêtes, à moins qu'il n'y ait quelque ouvrage urgent et nécessaire à exécuter. Soit dans leurs maisons ou leurs terrains, soit dans l'église ou son enclos, nos chrétiens peuvent chanter, prier, faire des processions et cérémonies quelconques selon leur bon plaisir. Tous les terrains affectés aux églises et aux prêtres sont exempts d'impôts et jouissent même du droit d'asile, de sorte qu'on ne peut mettre la main sur qui que ce soit dans ces lieux, qui sont réputés comme sacrés et inviolables.

Quand il y a quelque cérémonie extraordinaire chez les chrétiens, par exemple la procession de la Fête-Dieu, une foule de païens accourent pour la voir ; on en compte quelquefois plusieurs milliers. On leur permet d'entrer dans l'enceinte extérieure de l'église, mais tous sont obligés de se tenir assis ou accroupis dans une posture décente. Si quelqu'un se tenait debout ou s'avisait de faire quelque plaisanterie, ceux des chrétiens qui sont chargés de faire la police, les chasseraient sans façon à coups de rotin. Il arriva un jour qu'un mandarin, étant venu voir une procession, se tenait debout avec sa suite. On lui enjoignit de s'accroupir, et comme il refusa de le faire, on le mit dehors en lui administrant du rotin. Il partit donc indigné et alla de ce pas porter accusation au premier ministre, en lui montrant pour preuves les traces encore fraîches des coups qu'il avait reçus. Le premier ministre lui dit : Qui t'avait envoyé assister à la procession des *Farangs?* — Personne, monseigneur. — Écoute! je n'ai pas besoin de savoir pourquoi ils t'ont battu, moi je vais te faire battre pour t'apprendre à ne pas aller troubler les *Farangs* dans leurs cérémonies religieuses ; et là dessus il lui fit donner vingt bons coups de rotin

18. PERSÉCUTIONS ENVERS LES NOUVEAUX CONVERTIS.

Quoique la religion chrétienne soit estimée e honorée à Siam, cela n'empêche pas qu'il n'y ai souvent des persécutions contre les nouveaux convertis. Dès qu'un païen se fait chrétien, ses parent et ses amis l'attaquent avec chaleur : Comment, lt disent-ils, tu veux donc quitter la vraie religion la lumière pour te jeter dans les ténèbres? Veux-t donc faire société avec les impies? Malheureux, t as perdre tout le mérite que tu as acquis dans tes générations antérieures, et tu finiras par tomber dans le grand *Lôkànta-Narok* (le grand enfer éternel). Voyant le nouveau converti inébranlable dans sa résolution, on l'accable d'injures et l'on rompt tout rapport d'amitié avec lui. A partir de ce moment, chacun de ses parents et amis cherche à lui faire le plus de mal possible ; on lui invente des procès, on tâche d'aliéner et même de lui ravir sa femme et ses enfants ; quelquefois on va jusqu'à l'accuser au chef de qui il dépend. Celui-ci se fait amener le néophyte, le maudit, le menace et va même jusqu'à le faire battre pour le faire apostasier. S'il demeure ferme, il le fait mettre aux fers ou il le garde en le faisant travailler à son service. C'est pourquoi, hormis les Chinois qu'on n'inquiète jamais, tous ceux qui se convertissent n'ont pas de meilleur parti à prendre que de venir s'établir dans un camp chrétien ; là ils sont sous la protection du mandarin chrétien, et aucun de leurs parents n'ose venir les tourmenter.

19. DÉFAUTS ET QUALITÉS DES CHRÉTIENS.

Je ne cacherai pas que parmi les chrétiens de

Siam on rencontre bien des misères ; il y a parmi eux des joueurs et des ivrognes ; de temps en temps un jeune homme s'enfuit avec une jeune fille, quand les parents s'opposent au mariage mais les fugitifs ne tardent pas à revenir demander pardon de leur scandale. Il y a aussi des esprits turbulents, querelleurs, amis du trouble et de la chicane. L'oisiveté est encore un défaut très-commun, lequel en engendre nécessairement plusieurs autres. Néanmoins, on peut dire en toute vérité que les chrétiens de Siam ont des qualités précieuses, et que leur conduite, en général, est très édifiante. Ils sont exacts à faire leurs prières du matin et du soir ; quand ils sont à proximité de l'église, ils ne manqueront jamais d'assister à la messe les dimanches et fêtes ; tout le monde est à l'église, excepté les personnes nécessaires à la garde des malades et des maisons. Non seulement tous les enfants et une grande partie des femmes mais encore beaucoup d'hommes assistent régulièrement à la messe quotidienne. Ils observent exactement le repos du dimanche, l'abstinence et les jeûnes, qui, du reste, ne sont pas nombreux ; car ils ne sont tenus qu'à neuf jeûnes dans le cours de l'année. Presque tous s'efforcent d'accomplir leur devoir paschal; ils ont beaucoup de zèle pour la célébration des fêtes et en général pour tout ce qui regarde l'église et le culte religieux ; il ne se passe pas de grande fête qu'ils ne fassent une collecte par tout le camp pour subvenir aux dépenses. Ils ont pour principe que jamais l'argent offert à l'église n'a appauvri personne.

20. CÉRÉMONIES DU CULTE RELIGIEUX.

Les chrétiens de Siam aiment beaucoup les cérémonies religieuses; doués d'une bonne oreille, ils ont beaucoup de goût pour le chant et la musique. On leur apprend le chant romain dans les écoles, de sorte qu'ils savent tous chanter. Chaque camp de chrétiens a aussi son orchestre; les principaux instruments sont : le violon européen, le violon chinois, la flûte, la guitare, l'harmonica, le tambour et le tambourin, les cymbales et le *khong-vong* (gros harmonica à timbres). Tous les jours de grande fête, on célèbre des messes chantées dont l'exécution ne serait pas désapprouvée même en France.

Pour donner une idée de la manière dont ils célèbrent leurs fêtes, je vais faire une courte description de leur solennité de la Fête-Dieu ; mais il faut observer auparavant que ce que je vais dire ne s'applique qu'aux églises de la capitale. La veille de la fête, dans l'après-midi, le camp des chrétiens où devra avoir lieu la procession envoie une superbe barque montée par deux chefs en grand costume et par trente jeunes rameurs revêtus de leurs plus beaux habits de soie, pour aller recevoir le vicaire apostolique jusqu'à sa résidence. Quand l'évêque est descendu dans la barque, cette troupe de jeunes gens se met à ramer en cadence ; celui qui est à la tête, à chaque coup de rame pousse un cri aigu auquel tous les autres rameurs répondent, de manière à faire retentir les deux rivages du fleuve, et tous les habitants des boutiques flottantes ou des barques mettent le nez dehors pour voir passer le personnage et son cortége. A peine le ballon est-il en vue du camp chrétien, qu'on se met à carillonner et battre les tambours d'une rude manière. Au moment où le ballon s'arrête aux degrés du pont tous les chefs de l'endroit viennent recevoir Sa Grandeur qui se rend à l'église à travers une haie de soldats, lesquels font des décharges successives Le soir, après souper, il y a feu d'artifice sur l place devant l'église. C'est fort amusant de voir les chrétiens, pêle-mêle avec une foule de païens, se livrer aux ébats de la joie en se réjouissant du spectacle innocent des feux d'artifice et surtout des fusées et des pétards qui, retombant comme une grêle, éclatent sur la bruyante assemblée. Le lendemain, à la pointe du jour, et à plusieurs reprises, les cloches et les tambours annoncent la solennité. La matinée est tout employée à célébrer la grand'messe et à faire ses dévotions. Toutes les lanternes, les lampes suspendues, les cadres, les chandeliers et l'autel sont garnis de guirlandes de fleurs de toute espèce dont l'église est embaumée. A midi, les chefs du camp donnent à l'évêque et aux prêtres un grand repas auquel ils assistent debout, tenant à honneur de servir eux-mêmes leurs pasteurs. Un cochon rôti, des volailles, du poisson, des légumes, des gâteaux et des fruits, voilà ce qui compose ce grand festin dont les restes copieux sont emportés dans la maison du premier chef où les autres se réunissent et se régalent à leur tour. A trois heures après midi, on chante les vêpres, après quoi on se dispose pour la procession. Les murs d'enclos sont garnis d'indienne et décorés de guirlandes de fleurs. De distance en distance on a placé des tables ornées de beaux vases et de cassolettes où brûle continuellement de l'encens. Tout le long de la route que doit parcourir la procession on a planté des rangées de bananiers d'où pendent des fleurs et des fruits, surtout des oranges et des ananas. Enfin on se met en marche, les jeunes filles, la bannière en tête, et tenant chacune un flambeau, puis les jeunes gens et les hommes également avec des flambeaux. La musique vient après, ensuite une cinquantaine de petits anges, comme ils les appellent, portant une couronne et tenant chacun une grande coupe d'argent remplie de fleurs. Après eux viennent les thuriféraires et enfin le dais. Les prostrations des petits anges qui jettent les fleurs sont faites avec beaucoup de grâce ; à chaque fois que les coupes d'argent se vident, d'autres enfants, portant de grandes corbeilles, viennent les remplir. Le Saint-Sacrement marche entre une haie de soldats. Pendant toute la procession, le son des cloches et des tambours ne discontinue pas, et des milliers de pétards chinois ne cessent d'éclater avec un fracas qui plaît beaucoup aux indigènes. Ce jour-là, comme le Saint-Sacrement reste exposé toute la nuit, il n'y a pas de feu d'artifice;

parce qu'il entraînerait nécessairement du trouble et du tapage; mais on le remplace par une illumination qu'on rend aussi belle qu'on peut.

21. MANIÈRE DE RENDRE LA JUSTICE PARMI LES CHRÉTIENS.

Dans les camps chrétiens de la capitale, les habitations sont si serrées qu'il s'élève souvent des différends pour des riens, ce qui ne laisse pas que de troubler la paix et la tranquillité des habitants. Chaque camp a son chef qui a droit de juger toutes les causes de peu d'importance. Dans les cas graves, le chef convoque ses subalternes pour l'aider dans l'examen et la discussion de l'affaire; mais il arrive souvent qu'on ne tombe pas d'accord; le prêtre et même l'évêque sont obligés de s'en mêler. De sorte que, outre sa qualité de père et de prêtre, le missionnaire est encore le premier juge des chrétiens. Il paraît qu'il en a été ainsi dès le commencement de la mission; le roi et les grands ont toujours reconnu que l'évêque et ses missionnaires avaient le droit de juger les procès qui surviennent entre les chrétiens. Voici à ce propos une histoire qui m'arriva un jour. Deux petits chefs chrétiens, ayant un différend entre eux, vinrent me trouver et me prier d'arranger leur affaire, ce que je fis volontiers. Mais celui qui avait perdu sa cause s'avisa d'aller offrir des présents au vice-roi et le prier de juger la même affaire. Le vice-roi lui demanda : L'évêque a-t-il jugé cette cause-là? Mon homme fut bien obligé de répondre que oui. Le vice-roi reprit : Eh bien! à quoi bon venir me trouver pour cela, puisque l'évêque à jugé? Le chef chrétien répondit : Je viens remettre l'affaire sous vos pieds sacrés parce que le jugement de l'évêque ne me paraît pas très-équitable. Le vice-roi, entendant ces mots, se mit en colère et s'écria : Comment, misérable, tu ne respectes pas ton évêque et tu ne veux pas te soumettre à son jugement! et s'adressant à ses gens : Appelez un licteur, qu'on lui donne trente coups de rotin, et après cela qu'on le mène demander pardon à l'évêque. Ce qui fut dit fut fait

22. ENFANTS CHRÉTIENS ESCLAVES CHEZ LES PAÏENS.

Voici un cas qui se présente assez souvent parmi nos chrétiens de Siam. Un père a quatre ou cinq enfants qui fréquentent l'église et les écoles ; le plus grands d'entre eux se préparent déjà à la première communion. Tout à coup, cet homme éprouve une perte considérable ou tombe grièvement malade ; ne pouvant plus nourrir sa famille, il se trouve obligé d'emprunter à usure chez les païens. Comme son travail suffit à peine pour l'entretien de sa famille, et qu'il ne lui reste rien à donner au créancier, les usures s'accumulent, et au bout de trois ans égalent le capital. Alors l'impitoyable créancier vient saisir ces pauvres enfants qui, fondant en larmes, sont arrachés du toit paternel et emmenés chez un maître barbare. Dans les premiers temps, on les traite encore avec assez d'humanité pour leur faire oublier leur père et mère ; mais bientôt leur maître les traite avec plus de rigueur ; il cherche même, en toute occasion, à pervertir ces innocentes créatures ; s'il les voit prier, il les frappe du rotin ; il ne leur permettra pas d'aller à l'église, même une seule fois dans l'année ; s'ils y vont furtivement le dimanche, on les bat, on les met à la chaîne ; on force par toute sorte de mauvais traitements les filles à saluer les talapoins et à leur distribuer l'aumône tous les matins ; devenues nubiles, elles seront livrées, malgré elles, comme concubines ou femmes, à quelque parent de leur maître. Les garçons seront envoyés aux pagodes pour y recevoir une éducation diabolique ; on finira même par les faire ordonner talapoins en leur promettant de les renvoyer libres, après qu'ils auront passé un ou deux ans affublés de l'habit jaune. Voilà comment se perdent pour l'éternité tant d'âmes de pauvres enfants qui étaient si intéressants dans leur jeune âge ! Il y a plusieurs centaines d'enfants qui sont dans cet état déplorable et qui soupirent sans cesse après un libérateur. Combien de fois n'en est-il pas venu me trouver furtivement et me supplier avec larmes de les tirer, disaient-ils, des griffes du démon ! J'en ai fait racheter autant que j'ai pu par les familles chrétiennes qui sont à l'aise ; mais il en reste encore cent fois plus pour qui je n'ai rien pu faire. Néanmoins, je ne perds pas l'espérance de pouvoir les racheter un jour. Mon projet serait de former deux établissements, un pour les garçons et l'autre pour les filles ; on rachèterait une cinquantaine d'enfants des deux sexes ; on les placerait dans leur établissement respectif. Là, on les ferait travailler à des métiers très-productifs pour le pays ; avec le fruit de leur travail, dans un an ou tout au plus deux, ces enfants auraient payé leur rançon ; on les enverrait dans leur famille et on en rachèterait d'autres pour les mettre à leur place. De cette manière, dans l'espace de dix à douze ans, on aurait délivré tous les enfants chrétiens de ce pernicieux esclavage où ils gémissent et finissent par perdre leur âme ; et comme les fonds employés à ce rachat demeureraient toujours intacts, après avoir tiré de la servitude tous les enfants chrétiens, on pourrait étendre cette bonne œuvre aux esclaves païens de bonne volonté qui, après avoir été baptisés, seraient mis dans ces mêmes établissements où ils acquerraient bientôt la liberté du corps avec celle de l'âme, et contribueraient ainsi puissamment à la propagation de la foi dans le royaume de Siam.

Pour compléter ce qu'il y a d'intéressant à dire sur le royaume de Siam, j'ai jugé à propos de mettre à la fin de mon ouvrage deux pièces qui ne seront pas sans intérêt pour le lecteur. La première est une relation de l'ambassade de Louis XIV au roi de Siam dans l'année 1685 ; la seconde est une notice sur le fameux Constance ou Constantin

Falcon, qui fut premier ministre du roi de Siam, joua un très-grand rôle dans les affaires de ce temps-là, et dont la mort tragique fut suivie de révolutions et de persécutions déplorables racontées dans le chapitre vingtième de cet ouvrage.

RELATION DE M. LE CHEVALIER DE CHAUMONT A LA COUR DU ROI DE SIAM [1].

Je partis de Brest le 3 mars 1685 sur un des vaisseaux du roi, nommé *l'Oiseau*, accompagné d'une frégate appelée *la Maline*, et le 24 septembre nous mouillâmes à la barre de la rivière de Siam. J'envoyai prévenir monseigneur de Métellopolis, vicaire apostolique de Siam, qui, le 29 du même mois, vint à bord avec M. l'abbé de Lionne. Ils m'informèrent de ce que je voulais savoir, et me dirent que le roi de Siam ayant appris mon arrivée par M. Constance, un de ses ministres, en avait témoigné une grande joie et lui avait donné l'ordre d'en aller avertir monseigneur l'évêque, et de dépêcher deux mandarins du premier ordre pour me témoigner la joie qu'il avait de mon arrivée. Ils

---

[1] Extrait de la relation de M. le chevalier de Chaumont, Paris 1687.

vinrent deux jours après à mon bord; je les reçus dans ma chambre, assis dans un fauteuil; monseigneur l'évêque était assis à côté de moi, et ils s'assirent sur les tapis dont le plancher de ma chambre était couvert.

Ils me dirent que le roi leur maître les avait chargés de venir me témoigner la joie qu'il avait de mon arrivée, et d'avoir appris que le roi de France, ayant vaincu tous ses ennemis, était maître absolu dans son royaume, jouissant de la paix qu'il avait accordée à toute l'Europe.

Après leur avoir marqué combien j'étais flatté des bontés du roi leur maître, et leur avoir répondu sur le sujet de Sa Majesté, je leur dis que j'étais extrêmement satisfait du gouverneur de *Bangkok*, de la manière dont il avait reçu ceux que je lui avais envoyés, ainsi que des présents qu'il m'avait faits. Ils me répondirent qu'il n'avait fait que s'acquitter de son devoir, puisqu'en France on avait si bien reçu les envoyés du roi leur maître, et que d'ailleurs ce bon traitement m'était dû par mes anciens mérites, pour avoir autrefois ménagé l'union entre le royaume de Siam et celui de France. Après les avoir traités avec les honneurs et les civilités qui sont en usage en pareille rencontre dans ce royaume, je leur fis présenter du thé et des confitures. Ils restèrent près d'une heure dans le vaisseau, et, lorsqu'ils partirent, je les fis saluer de neuf coups de canon.

Le 1ᵉʳ octobre, M. Constance, ministre du roi de Siam, qui, bien qu'étranger, est parvenu par son mérite jusqu'à la première place dans la faveur du roi de Siam, m'envoya faire compliment par son secrétaire qui m'offrit de sa part un si grand présent de fruits, de bœufs, de cochons, de poules, de canards et plusieurs autres choses, que l'équipage en fut nourri pendant quatre jours. Ces rafraîchissements sont très-agréables quand il y a sept mois que l'on est en mer.

Le 8 octobre, monseigneur l'évêque de Métellópolis, qui était retourné à Juthia, revint à bord avec deux mandarins s'informer, de la part du roi, de l'état de ma santé, et me dire qu'il était dans l'impatience de me voir, me priant de descendre à terre. Je reçus ces mandarins comme les premiers, et, lorsqu'ils partirent, je les fis saluer de neuf coups de canon. Le même jour, à deux heures, j'entrai dans mon canot, et ceux qui étaient avec moi dans des bateaux que le roi avait envoyés. Étant entré le soir dans la rivière, j'y trouvai cinq ballons très-propres, un fort magnifique pour moi, et quatre autres pour les gentilshommes qui m'accompagnaient, avec un grand nombre d'autres pour charger les hardes et tous les gens de ma suite.

Le même soir, le commis que j'avais envoyé à Juthia pour acheter les provisons nécessaires pour les équipages du vaisseau et de la frégate, me vint dire que M. Constance lui avait mis entre les mains, de la part du roi, onze barques chargées de bœufs, de cochons, de veaux, de canards et d'arak pour nourrir les équipages des deux navires, et qu'il lui avait recommandé de demander tout ce qui nous serait nécessaire, le roi voulant défrayer les deux vaisseaux de Sa Majesté pendant tout le temps que je serais dans son royaume.

Le 9, deux mandarins vinrent à mon ballon, de la part du roi, et me dirent que c'était pour recevoir mes ordres; je partis de ce lieu-là sur les sept heures du matin. Après avoir fait environ cinq lieues, j'arrivai dans une maison qui avait été bâtie exprès pour me recevoir, où deux mandarins et les gouverneurs de *Bangkok* et de *Piply*, avec plusieurs autres, me vinrent complimenter sur mon arrivée, me souhaitant une longue vie.

Cette maison était faite de bambous et couverte de nattes assez propres. Tous les meubles en étaient neufs; il y avait plusieurs chambres tapissées de toile peinte fort belle; la mienne avait de très-beaux tapis sur le plancher; j'y trouvai un dais d'une étoffe d'or fort riche, un fauteuil tout doré, des carreaux de velours très-beaux, une table avec un tapis broché d'or, et des lits magnifiques : on m'y servit des viandes et des fruits en quantité. Je partis après dîner et tous les mandarins me suivirent. J'allai à *Bangkok,* qui est la première place du roi de Siam sur cette rivière, et qui est éloignée d'environ huit lieues de la mer. Je trouvai à la rade un navire anglais qui me salua de vingt et un coups de canon ; les forteresses du lieu qui gardent les deux côtés de la rivière me saluèrent aussi, l'une de vingt-neuf coups, et l'autre de trente et un. Ces forteresses sont assez régulières et fournies de gros canons de fonte. Je logeai dans la forteresse à main gauche, dans une maison assez bien bâtie et très-bien meublée, où je fus traité à la mode du pays.

Le lendemain 10, j'en partis sur les huit heures du matin, accompagné de tous les mandarins et de tous les gouverneurs qui étaient venus me faire compliment. A mon départ, je fus salué de la même manière que je l'avais été la veille, et j'arrivai à midi dans une maison bâtie exprès pour moi, garnie de meubles aussi beaux que ceux de la première. Il y avait près de là deux forteresses qui me saluèrent de toute leur artillerie, et deux mandarins vinrent m'y recevoir. A dîner, je fus très-bien servi, et je partis à trois heures ; les forteresses me saluèrent comme auparavant, et le gouverneur de *Bangkok* prit congé de moi pour retourner dans son gouvernement. Poursuivant ma route, je rencontrai deux navires, l'un anglais et l'autre hollandais, qui me saluèrent de toute leur artillerie, et j'arrivai sur les sept heures du soir dans une maison faite et meublée de la même manière que les précédentes ; j'y fus reçu par de nouveaux mandarins et fort bien traité.

Le 11 au matin, je partis, et j'allai dîner dans une autre maison ; le soir j'arrivai dans une maison faite à peu près comme les autres, et fort bien meublée, où je trouvai deux mandarins qui m'y reçurent.

Le 12, j'allai coucher à deux lieues de Juthia où je fus reçu par deux mandarins ; ce fut là que les chefs des compagnies anglaises et hollandaises vinrent me saluer ; pour les Français, ils étaient venus me voir à mon bord, et ne m'avaient plus quitté. Je restai dans ce lieu jusqu'au jour où je fis mon entrée dans la capitale.

Tous les mandarins qui sont venus me recevoir sur la rivière m'ont toujours accompagné ; les premiers étaient comme les gentilshommes de la chambre, et les autres, qui vinrent depuis, étaient toujours de plus grande considération que ceux qui les avaient précédés. Enfin les princes y furent envoyés les derniers. Ces mandarins ont tous des ballons très-propres, dans le milieu desquels il y a une espèce de trône sur lequel ils s'asseyent, et ils ne vont ordinairement qu'un dans chaque ballon ; à leurs côtés sont leurs armes, comme sabres, lances, épées, flèches, plastrons et même des fourches. Il y avait environ cinquante à soixante ballons à ma suite, dont plusieurs avaient jusqu'à quatre-vingts pieds de long, et avaient jusqu'à cent rameurs. Ils ne rament pas à notre manière, car ils sont assis deux sur chaque banc, l'un d'un côté et l'autre de l'autre, le visage tourné du côté où l'on va, tenant en main une rame d'environ quatre pieds de long, et font force du corps pour ramer.

Le 13, je fis dire au roi par les mandarins qui étaient avec moi, que j'avais été informé de la manière dont on avait coutume de recevoir les ambassadeurs dans son royaume, et que, comme elle était fort différente de celle de France, je le suppliais de m'envoyer quelqu'un avec qui je pusse traiter sur le sujet de mon entrée.

Le 14, il m'envoya M. Constance avec lequel j'eus une longue conversation ; monseigneur l'évêque de Métellopolis nous servit d'interprète. Nous disputâmes longtemps, et je ne voulus rien relâcher des manières dont on a coutume de recevoir les ambassadeurs en France, ce qu'il m'accorda.

Le 17, M. Constance me vint trouver, et emmena aevc lui quatre ballons très-beaux pour charger les présents que Sa Majesté envoyait au roi de Siam. Il y avait parmi ces présents plusieurs pièces de brocard à fond et fleurs d'or, quatre très-beaux tapis, de grandes girandoles d'argent, de très-grands miroirs garnis d'or et d'argent, un bassin de cristal garni d'or, plusieurs pendules et plusieurs petits bureaux artistement travaillés, plusieurs fusils et pistolets d'un travail admirable, et beaucoup d'autres ouvrages de France. Ce même jour, le roi donna ordre à toutes les nations des Indes qui demeurent à Siam de venir me témoigner la joie qu'elles ressentaient de mon arrivée, et de me rendre tous les honneurs qui étaient dus à l'ambassadeur du plus grand roi du monde. Elles y vinrent sur les six heures du soir, toutes habillées à la mode de leurs pays; il y en avait de quarante nations différentes, et toutes de royaumes indépendants les uns des autres. Leurs habits étaient presque semblables à ceux des Siamois, à la réserve de quelques-uns dont la coiffure était différente, les uns ayant des turbans, les autres des bonnets à l'arménienne, ou des calottes, et d'autres enfin étant tête nue comme les Siamois; les personnes de qualité portent un bonnet de mousseline blanche de la forme de celui de nos dragons, qui se tient droit, et qu'ils sont obligés d'attacher avec un cordon qui passe au dessous de leur menton, étant d'ailleurs tous nu-pieds, à la réserve de quelques-uns qui ont des babouches comme celles que portent les Turcs.

Le roi me fit dire ce même jour, par M. Constance, qu'il voulait me recevoir le lendemain.

Le 18, je partis à sept heures du matin. Il vint quarante mandarins de la cour du roi, dont deux étaient *phaja,* et qui m'annoncèrent que tous les ballons étaient à ma porte pour prendre la lettre de Sa Majesté, et pour me mener au palais. La lettre était dans ma chambre, dans un vase d'or couvert d'un voile de brocard très-riche. Les mandarins y étant entrés, ils se prosternèrent les mains jointes sur le front, le visage contre terre, et en cette posture, ils saluèrent par trois fois la lettre du roi. Pour moi, j'étais assis sur un fauteuil auprès de la lettre; cet honneur n'a jamais été rendu qu'à la lettre de Sa Majesté. La cérémonie étant finie, je pris la lettre avec le vase d'or, et après l'avoir portée sept ou huit pas, je la remis à M. l'abbé de Choisy, qui était venu de France avec moi. Il marchait à ma gauche, un peu derrière, et il la porta jusqu'au bord de la rivière où je trouvai un ballon extrêmement beau, fort doré, dans lequel étaient deux mandarins du premier ordre. Je pris la lettre des mains de M. l'abbé de Choisy, et l'ayant portée dans le ballon, je la mis entre les mains d'un de ces mandarins qui la posa sous un dais fait en pointe, fort élevé et tout doré. Après cela, j'entrai dans un autre ballon très-magnifique, qui suivait immédiatement celui où était la lettre de Sa Majesté. Deux autres, aussi beaux que le mien, dans lesquels étaient des mandarins, se tenaient aux deux côtés de celui où l'on avait mis la lettre. Le mien, comme je viens de le dire, le suivait;

M. l'abbé de Choisy était dans un autre ballon immédiatement derrière, et les gentilshommes qui m'accompagnaient et les gens de ma suite étaient dans d'autres ballons ; ceux de sgrands mandarins, pareillement fort beaux, étaient à la tête. Il y avait environ douze ballons tout dorés et près de deux cents autres qui voguaient sous deux colonnes. La lettre du roi, les deux ballons de garde et le mien étaient dans le milieu. Toutes les nations qui habitent Siam se trouvaient à ce cortége, et le fleuve, quoique très-large, était tout couvert de ballons. Nous marchâmes de cette sorte jusqu'à la ville dont les canons me saluèrent, ce qui ne s'était jamais fait à aucun autre ambassadeur ; tous les navires qui étaient dans le port en firent de même, et en arrivant à terre, je trouvai un grand char tout doré, qui n'avait jamais servi que pour le roi.

Je pris la lettre de Sa Majesté, je la mis dans ce char qui était traîné par des chevaux et poussé par des hommes ; j'entrai ensuite dans une chaise dorée que dix hommes portaient sur leurs épaules. M. l'abbé de Choisy était dans une autre moins belle ; les gentilshommes et les mandarins qui m'accompagnaient étaient à cheval ; les diverses nations qui habitent Siam marchaient à pied derrière nous. La marche continua ainsi jusqu'au château du gouverneur, où je trouvai en haie des soldats des deux côtés de la rue ; ils avaient des chapeaux de métal doré, une chemise rouge et une espèce d'écharpe de toile peinte qui leur servait de pantalon ; du reste, ils n'avaient ni bas ni souliers. Les uns étaient armés de mousquets, les autres de lances, quelques-uns avaient des arcs et des flèches, d'autres des piques.

Il y avait beaucoup d'instruments, comme des trompettes, tambours, cymbales, musettes, des espèces de petites cloches et des petits cors dont le bruit ressemble à ceux des pâtres en France. Toute cette musique faisait assez de bruit. Nous marchâmes de cette façon le long d'une grande rue bordée des deux côtés d'une foule immense, et nous arrivâmes enfin sur une grande place qui était devant le palais du roi, où étaient rangés des deux côtés des éléphants armés en guerre ; ensuite nous entrâmes dans la première cour du palais, où je trouvai environ deux mille soldats assis sur leur derrière, la crosse de leurs mousquets à terre tout droits, rangés en droite ligne à six de hauteur, et vêtus comme je l'ai déjà dit ; sur la gauche étaient des éléphants encore armés en guerre. Nous vîmes ensuite cent hommes à cheval, pieds nus et habillés à la mauresque, tenant une lance à la main; dans cet endroit, les nations et tous ceux qui me suivaient me quittèrent, à la réserve des gentilshommes qui m'accompagnaient. Je traversai deux autres cours qui étaient garnies de la même manière, et, entrant dans une autre, j'y trouvai un grand nombre de mandarins tous prosternés la face contre terre. Il y avait dans cet endroit six chevaux qui avaient des anneaux d'or aux pieds de devant, et qui étaient tenus chacun par deux mandarins. Ils étaient très-bien harnachés, tous les harnais étaient garnis d'or et d'argent, enrichis de perles, de rubis et de diamants, en sorte qu'on ne pouvait en voir le cuir ; leurs étriers et leurs selles étaient d'or et d'argent ; il y avait aussi dans cette cour plusieurs éléphants harnachés de même que le sont des chevaux de carrosse, ayant des harnais de velours cramoisi avec des boucles dorées. Les gentilshommes entrèrent dans la salle d'audience et se placèrent avant que le roi fût sur son trône, et quand j'y fus entré, accompagné de M. Constance, du barcalon et de M. l'abbé de Choisy, qui portait la lettre de Sa Majesté, je fus surpris de voir le roi dans une tribune fort élevée; car M. Constance était demeuré d'accord avec moi que le roi ne serait qu'à la hauteur d'un homme dans sa tribune, et que je pourrais lui donner la lettre de la main à la main. Alors je dis à M. l'abbé de Choisy : On a oublié ce que l'on m'a promis ; mais assurément je ne donnerai point la lettre du roi qu'à ma hauteur. Le vase d'or où on l'avait mise avait un grand manche d'or de plus de trois pieds de long ; on avait cru que je prendrais ce vase par le bout du manche pour l'élever jusqu'à la hauteur du trône où était le roi ; mais je pris sur-le-champ mon parti et je résolus de présenter au roi la lettre de Sa Majesté, tenant en main la coupe d'or où elle était. Étant donc arrivé à la portée, je saluai le roi, j'en fis de même à moitié chemin, et lorsque je fus proche de l'endroit où je devais m'asseoir, après avoir prononcé deux paroles de ma harangue, je remis mon chapeau sur la tête, je m'assis et je continuai mon discours qui était conçu en ces termes :

« SIRE ,

« Le roi mon maître, si fameux aujourd'hui
« dans le monde par ses grandes victoires et par
« la paix qu'il a souvent donnée à ses ennemis et

« à la tête de ses armées, m'a commandé de venir
« trouver Votre Majesté pour l'assurer de l'estime
« particulière qu'il a conçue pour elle.

« Il connaît, Sire, vos augustes qualités, la sa-
« gesse de votre gouvernement, la magnificence
« de votre cour, la grandeur de vos États, et, ce
« que vous vouliez particulièrement lui faire con-
« naître par vos ambassadeurs, l'amitié que vous
« avez pour sa personne, confirmée par cette
« protection continuelle que vous donnez à ses
« sujets, principalement aux évêques qui sont les
« ministres du vrai Dieu.

« Il ressent tant d'illustres effets de l'estime que
« vous avez pour lui, et il veut bien y répondre de
« tout son pouvoir ; dans ce dessein, il est prêt à
« traiter avec Votre Majesté pour vous envoyer de
« ses sujets, afin d'entretenir et d'augmenter le
« commerce, de vous donner toutes les marques
« d'une amitié sincère, et de commencer entre les
« deux couronnes une union aussi célèbre dans la
« postérité que vos États sont éloignés des siers
« par les vastes mers qui les séparent.

« Mais rien ne l'affermira tant en cette résolu-
« tion et ne vous unira plus étroitement ensemble
« que de vivre dans les sentiments d'une même

« créance. Et c'est particulièrement, Sire, ce que
« le roi mon maître, ce prince si sage et si éclairé,
« qui n'a jamais donné que de bons conseils aux
« rois ses alliés, m'a commandé de vous représen-
« ter de sa part.

« Il vous conjure, comme le plus sincère de vos
« amis, et par l'intérêt qu'il prend déjà à votre
« véritable gloire, de considérer que cette suprême
« majesté dont vous êtes revêtu sur la terre, ne
« peut venir que du vrai Dieu, c'est-à-dire d'un
« Dieu tout-puissant, éternel, infini, tel que les
« chrétiens le reconnaissent, qui seul fait régner
« les rois et règle la fortune de tous les peuples ;
« soumettez vos grandeurs à ce Dieu qui gouverne
« le ciel et la terre. C'est une chose, Sire, beau-
« coup plus raisonnable que de les rapporter aux
« autres divinités qu'on adore dans cet Orient et
« dont Votre Majesté, qui a tant de lumières et de
« pénétration, ne peut manquer de voir l'impuis-
« sance.

« Mais elle le connaîtra plus clairement encore,
« si elle veut bien entendre durant quelque temps
« les évêques et les missionnaires qui sont ici.

« La plus agréable nouvelle, Sire, que je puisse
« porter au roi mon maître, est celle que Votre

« Majesté, persuadée de la vérité, se fait instruire
« dans la religion chrétienne ; c'est ce qui lui
« donnera plus d'admiration et d'estime pour
« Votre Majesté ; c'est ce qui excitera ses sujets à
« venir avec plus d'empressement et de confiance
« dans vos États ; et enfin c'est ce qui achèvera de
« combler de gloire Votre Majesté, puisque, par
« ce moyen, elle s'assure un bonheur éternel
« dans le ciel, après avoir régné avec autant de
« prospérité qu'elle le fait sur la terre. »

Cette harangue fut interprétée par M. Constance ; après cela, je dis à Sa Majesté, que le roi mon maître m'avait donné M. l'abbé de Choisy pour m'accompagner avec les douze gentilshommes que je lui présentai ; je pris alors la lettre des mains de M. l'abbé de Choisy et je la portai dans le dessein de ne la présenter que comme je venais de me déterminer de le faire. M. Constance, qui m'accompagnait, rampant sur ses genoux et sur ses mains, me cria et me fit signe de hausser le bras de même que le roi ; je fis semblant de ne pas entendre ce qu'on me disait et me tins ferme. Alors le roi, se mettant à sourire, se leva, et se baissant pour prendre la lettre dans le vase, se pencha de manière qu'on lui vit tout le corps; dès qu'il l'eut prise, je lui fis un profond salut et je me remis sur mon siége. Le roi de Siam me demanda ensuite des nouvelles de Sa Majesté ainsi que de toute la famille royale; il ajouta qu'il chercherait tous les moyens pour donner satisfaction au roi sur tout ce que je lui proposais. Monseigneur l'évêque de Métellopolis était présent, il interpréta plusieurs choses que le roi me demanda. Ce monarque avait une couronne enrichie de diamants, attachée sur un bonnet qui était presque semblable à ceux de nos dragons. Sa veste était d'une étoffe très-belle à fond et à fleurs d'or, garnie de diamants au col et aux poignets, en sorte qu'ils formaient une espèce de collier et de bracelets. Ce prince avait aussi beaucoup de diamants aux doigts.

Ce monarque est âgé d'environ cinquante-cinq ans, il est bien fait, mais un peu basané comme tous les gens de ce pays-là; il a l'air gai, des inclinations tout à fait royales; il est courageux, grand politique, gouvernant par lui-même, magnifique, libéral, aimant les beaux-arts; en un mot, c'est un prince qui, par la force de son génie, a su s'affranchir de diverses coutumes bizarres en usage dans son royaume, pour emprunter des pays étrangers, surtout de ceux de l'Europe, ce qu'il a cru le plus digne de contribuer à sa gloire et à la félicité de son règne.

Pendant cette audience, il y avait quatre-vingts mandarins dans la salle; ils étaient prosternés la face contre terre et ne quittèrent point cette posture. Ils n'avaient ni bas ni souliers, et, du reste, ils étaient vêtus d'habits magnifiques. Chacun d'eux avait une boîte pour mettre l'arec, le bétel et le tabac. C'est par ces boîtes qu'on distingue leur qualité et leur rang. Après que le roi m'eut entretenu pendant une heure, il ferma sa fenêtre et je me retirai. Le lieu de l'audience était élevé d'environ douze à quinze marches; le dedans était peint de grandes fleurs d'or depuis le bas jusqu'en haut, le plafond était de bossages dorés, et le plancher couvert de tapis très-beaux. Au fond de cette salle il y avait deux escaliers des deux côtés, qui conduisaient dans une chambre où était le roi, et au milieu de ces deux escaliers était une fenêtre brisée devant laquelle il y avait trois grands parasols par étages, depuis le bas de la salle jusqu'au haut, et de toile d'or dont le bâton était couvert d'une feuille d'or; l'un était au milieu de la fenêtre et les deux autres aux deux côtés ; c'est par cette fenêtre qu'on voyait le trône du roi et c'est par là qu'il me donna audience. M. Constance me mena ensuite dans le reste du palais où je vis l'éléphant blanc à qui on donne à boire et à manger dans des vases d'or. J'en vis aussi plusieurs autres très-beaux, après quoi je retournai à mon hôtel avec la même pompe avec laquelle j'étais venu. Cette maison était assez propre et toute ma suite était assez bien logée.

Le 22, le roi m'envoya plusieurs pièces de brocard, des robes de chambre du Japon et une garniture de boutons d'or, et aux gentilshommes qui m'accompagnaient quelques étoffes brochées d'or et d'argent ; car la coutume du pays est de faire des présents en arrivant afin qu'on puisse s'habiller à leur mode. Pour moi, je n'en fis point faire d'habits et il n'y eut que les gentilshommes de ma suite qui en usèrent de cette façon.

Le 8 novembre, le roi partit pour *Louvô*, qui est une maison de plaisance où il demeure huit ou neuf mois de l'année, et qui est à vingt lieues de Juthia.

Le 15, je partis pour m'y rendre ; je couchai en chemin dans une maison qui avait été bâtie pour moi; elle était de la même manière que celles où j'avais été logé depuis mon débarquement jusqu'à la capitale; elle était proche d'une maison où le roi va coucher quand il habite *Louvô;* j'y restai le 16 et le 17; j'arrivai à *Louvô* sur les huit heures du soir. Cette maison est assez bien bâtie, à la mode du pays; en y entrant, on passe par un jardin où il y a plusieurs jets d'eau; de ce jardin on monte cinq ou six marches et on entre dans un salon fort élevé où l'on prend le frais; j'y trouvai une belle chapelle et des logements pour tous ceux qui m'accompagnaient.

Le lundi 19, le roi me donna une audience particulière; l'après-midi, je me promenai sur des éléphants, dont la marche est si rude et si incommode, que j'aimerais mieux faire dix lieues à cheval qu'une sur un de ces animaux.

Le 23, M. Constance me dit que le roi voulait me donner le divertissement d'un combat d'éléphants, et qu'il me priait d'y mener les capitaines des vaisseaux qui m'avaient amené. C'était MM. de Vaudricourt et de Joyeuse; nous y allâmes montés sur des éléphants.

Le roi fit venir ces deux messieurs et leur dit qu'il était bien aise qu'ils fussent les premiers capitaines du roi de France qui fussent arrivés dans son royaume, et qu'il souhaitait qu'ils s'en retournassent aussi heureusement qu'ils étaient venus. Il leur donna à chacun un sabre dont la poignée et la garde étaient d'or, et le fourreau presque tout couvert aussi d'or, une chaîne de filigrane d'or bien travaillée et fort grosse, comme pour servir de baudrier, une veste d'une étoffe d'or, garnie de gros boutons d'or. Comme M. de Vaudricourt était le premier capitaine, son présent était plus beau et plus riche. Le roi leur dit de se donner de garde de leurs ennemis en chemin ; ils répondirent que Sa Majesté leur donnait des armes pour se défendre et qu'ils s'acquitteraient bien de leur devoir. Ces capitaines lui parlèrent sans descendre de dessus leurs éléphants. Je vis bien que, sous prétexte d'un combat d'éléphants, il voulait faire ce présent aux capitaines devant beaucoup d'Européens qui étaient présents, afin de donner une marque publique de la distinction particulière qu'il voulait faire de la nation française.

Le dimanche 2 décembre, M. Constance m'envoya des présents, il en fit aussi à M. l'abbé de Choisy et aux gentilshommes qui m'accompagnaient. Ces présents étaient des porcelaines, des bracelets, des vases de Chine, des robes de chambre, des ouvrages du Japon faits d'argent, des pierres de bézoard, des cornes de rhinocéros et autres curiosités du pays.

Le 11, j'allai voir la chasse d'un éléphant sauvage. Le roi, qui y était ce jour-là, m'envoya chercher par deux mandarins, et, après m'avoir parlé de plusieurs choses, il me demanda le sieur de Lamarre, ingénieur, pour faire fortifier ses places. Je lui dis que je ne doutais pas que le roi mon maître n'approuvât fort que je le lui laissasse, puisque les intérêts de Sa Majesté lui étaient très-chers et que c'était un homme habile dont elle serait satisfaite. J'ordonnai donc au sieur de Lamarre de rester à Siam pour rendre service au roi, qui voulut alors lui parler, et lui fit présent d'une veste d'une étoffe d'or.

Comme je comptais partir le lendemain pour me rendre à bord, je lui présentai les gentilshommes qui étaient avec moi pour prendre congé de Sa Majesté. Ils le saluèrent et le roi leur souhaita un heureux voyage. Monseigneur l'évêque de Métellopolis voulut lui présenter MM. l'abbé de Lionne et Levachet, missionnaires qui retournaient en France avec moi, pour prendre aussi congé de lui ; mais il dit à monseigneur l'évêque qu'ils étaient de sa maison, qu'il les regardait comme ses enfants, et qu'ils prendraient congé de lui dans son palais. Le roi se retira ensuite, et je le conduisis jusqu'au bord de la forêt.

Le mercredi 12, le roi me donna audience de congé ; il me dit qu'il était très-content et très-satisfait de moi ainsi que de toute ma négociation ; ce fut alors qu'il me fit présent d'un grand vase d'or qu'ils appellent bossette, et c'est une des marques les plus honorables de ce royaume, de même que si le roi en France donnait le titre de duc. Le roi me dit qu'il n'en faisait point les cérémonies parce qu'il y aurait peut-être eu quelque chose qui ne m'aurait pas été agréable à cause des génuflexions que les plus grands du royaume sont obligés de faire en pareille circonstance. Il n'y a, parmi les étrangers qui sont à sa cour, que le neveu du roi de Camboge qui ait reçu une semblable marque d'honneur, laquelle signifie que l'on est phaja, dignité qui, selon ce que je viens de dire, est comme celle de duc en France. Ce monarque eut la bonté de me dire ensuite des choses si obligeantes en particulier, que je n'oserais les raconter, et dans tout mon voyage il m'a fait rendre des honneurs si grands, que j'aurais peine d'être cru, s'ils n'étaient uniquement dus au caractère dont Sa Majesté avait daigné m'honorer. J'ai reçu aussi mille bons traitements de ses ministres et du reste de sa cour. MM. l'abbé de Lionne et Levachet prirent en même temps congé du roi, qui, après leur avoir souhaité un bon voyage, leur donna à chacun un crucifix d'or et de tambac avec le pied en argent. Au sortir de l'audience, M. Constance me mena dans une salle entourée de jets d'eau qui était dans l'enceinte du palais. Je trouvai là un très-grand repas servi à la mode du royaume ; le roi de Siam eut la bonté de m'envoyer deux ou trois plats de sa table, dont l'un était du riz accommodé à leur mode, et les deux autres de poisson sec et salé qui venait du Japon. Sur les cinq heures, je m'en retournai dans une chaise dorée portée par dix hommes, et les gentilshommes qui m'accompagnaient étaient à cheval. Nous entrâmes dans nos ballons et nous étions accompagnés d'un grand nombre de mandarins. Les rues étaient bordées de soldats, d'éléphants et de cavaliers maures. Tous les mandarins qui m'avaient accompagné jusqu'à mon ballon se mirent dans les leurs et vinrent avec moi ; il y avait environ cent ballons, et j'arrivai le lendemain 13, à Juthia, sur les trois heures du matin. La lettre du roi de Siam et les ambassadeurs qu'il envoyait au roi de France étaient avec moi dans un très-beau ballon, accompagné de plusieurs autres. Le roi me fit présent de porcelaines pour six à sept cents pistoles, de deux paires de paravents de la Chine et de quatre tapis de table en broderie d'or et d'argent de la Chine, d'un crucifix dont le corps était d'or, la croix de tambac, qui est un métal plus estimé que l'or dans ces pays-là, et le pied d'argent, avec plusieurs autres curiosités des Indes ; et comme la coutume de ces pays est de donner à ceux qui portent les présents, je fis distribuer aux conducteurs des ballons du roi qui m'avaient servi, huit à neuf cents pistoles. A l'égard de M. Constance, je lui fis présent d'un meuble que j'avais apporté de France, qui valait plus de mille écus, et d'une chaise à porteurs très-belle, qui m'avait coûté en France deux cents écus, et je fis présent à son épouse d'un miroir garni d'or et de pierreries d'environ soixante pistoles.

J'avais oublié de dire que le roi de Siam avait fait pour sept à huit cents pistoles de présents à M. l'abbé de Choisy. Ces présents consistaient en vases de la Chine, ouvrages d'argent du Japon, plusieurs porcelaines très-belles, et autres curiosités des Indes.

Le 14, sur les cinq heures du soir, je partis de Juthia accompagné de M. Constance, de plusieurs mandarins, avec un grand nombre de ballons, et j'arrivai à *Bangkok* le lendemain de grand matin. Les forteresses que nous trouvâmes sur notre route et celle de *Bangkok* me saluèrent de toute leur artillerie. Je restai un jour dans cette ville, parce que le roi m'avait dit, que comme j'étais un homme de guerre, il me priait d'en voir toutes les fortifications, et de lui mander ce qu'il y avait à faire pour la bien fortifier, et d'y marquer une place pour y bâtir une église ; j'en fis un devis que je donnai à M. Constance.

Le 16, au matin, j'en partis accompagné des mandarins ; les forteresses me saluèrent encore, et sur les quatre heures j'arrivai à la barre de Siam dans les chaloupes des deux navires de Sa Majesté, où je m'étais mis.

Le 17, la frégate du roi de Siam, dans laquelle étaient ses ambassadeurs et sa lettre pour le roi de France, vint mouiller proche de mon navire ; j'envoyai ma chaloupe qui amena d'abord deux des ambassadeurs, et la renvoyant une seconde fois, elle revint avec le troisième ambassadeur et la lettre du roi de Siam qui était sous un dais ou pyramide toute dorée et fort élevée. Cette lettre est écrite sur une feuille d'or roulée et mise dans une boîte de même métal; on salua la lettre de plusieurs coups de canon, et elle demeura sur la dunette de mon navire avec des parasols par dessus jusqu'au jour de notre départ. Quand les mandarins passaient près de cette lettre, ils la saluaient à leur manière, leur coutume étant de faire de grands honneurs aux lettres de leur roi. Le lendemain, le navire qui les avait amenés partit en remontant la rivière, et dans le même temps parut un autre vaisseau du roi de Siam, qui vint mouiller près de nous. Il amenait M. Constance qui vint à mon bord le lendemain 19, où il dîna, et, après dîner, il s'en retourna à terre dans ma chaloupe. Je le fis saluer de vingt et un coups de canon, et nous nous séparâmes avec peine, car nous avions déjà lié une très-étroite amitié.

J'étais étonné de n'avoir point de nouvelles de M. Levachet, missionnaire, du chef de la Compagnie Française et de mon secrétaire. Ayant appris qu'ils étaient partis de Juthia dès le 16, avec sept des gentilshommes qui devaient accompagner les ambassadeurs du roi de Siam et plusieurs de leurs domestiques, cela me fit croire qu'ils étaient perdus, et me fit prendre la résolution de partir, car le vent était très-favorable.

Le lendemain 20, une partie de ces gens revinrent à bord, ils racontèrent qu'ils avaient été entraînés par des courants à plus de quarante lieues au large; qu'ils avaient laissé leurs compagnons échoués sur un banc de vase à plus de vingt-cinq lieues de l'endroit où nous étions, et qu'il n'y avait pas d'apparence qu'ils pussent revenir de sitôt; c'est ce qui me fit prendre la résolution de partir dès le lendemain.

Enfin, le 22 décembre 1685, je mis à la voile pour revenir en France.

NOTICE HISTORIQUE SUR M. CONSTANCE OU CONSTANTIN FALCON, PREMIER MINISTRE DU ROI DE SIAM [1].

Constantin Falcon, si fameux sous le nom de M. Constance, était Vénitien d'origine, mais né en Grèce, d'un mariage que contracta le fils d'un gou-

---

[1] Extrait de l'histoire de M. Constance, par le père d'Orléans, de la Compagnie de Jésus, imprimée à Tours en 1690.

verneur de Céphalonie avec une fille de cette île, d'une bonne et ancienne famille. Ses parents furent peu heureux ou peu habiles dans leurs affaires, et leur noblesse leur devint à charge par leur pauvreté.

A peine M. Constance avait dix ans, qu'il s'aperçut de sa mauvaise fortune, et qu'il la sentit vivement. Il ne s'arrêta pas à la déplorer, mais par un courage au dessus de son âge, il prit dès lors la résolution de travailler à la rendre meilleure, et, pour n'y point perdre de temps, il fit dessein de quitter son pays, où il prévoyait bien qu'il trouverait difficilement occasion de s'avancer. Comme le commerce attire à Céphalonie beaucoup de négociants anglais, le jeune Constance se joignit à un capitaine de cette nation, et passa avec lui en Angleterre. Peu de temps après il s'embarqua pour aller aux Indes dans les vaisseaux de la Compagnie Anglaise, au service de laquelle il s'engagea.

Il arriva au royaume de Siam, et après quelques années de services, las d'être subalterne, il acheta un vaisseau, et, toujours plein de ce courage qui ne l'abandonna jamais, il se mit en mer pour aller trafiquer dans les royaumes voisins.

Deux naufrages, qu'il fit coup sur coup à l'embouchure de la rivière de Siam, auraient fait perdre courage à tout autre; et un troisième qu'il fit ensuite sur la côte de Malabar, aurait jeté dans le désespoir un esprit moins ferme que le sien. Il y pensa perdre la vie, et il ne lui resta que deux mille écus de tout son bien.

Ayant été jeté sur le rivage avec ce débris de sa fortune, il se trouva si fatigué, qu'il se coucha pour prendre un peu de repos. Il a raconté plusieurs fois lui-même qu'en ce moment, il avait vu, soit en songe, soit autrement, car il n'a jamais bien pu démêler s'il était éveillé ou endormi; une personne d'une figure extraordinaire, et d'un air plein de majesté, qui, le regardant en souriant, lui avait ordonné de retourner d'où il était venu. Ces paroles, qu'il entendit, ou qu'il s'imagina entendre, lui roulèrent longtemps dans l'esprit; et comme il s'était couché aux approches de la nuit, il la passa tout entière à réfléchir sur ce qui venait de lui arriver.

Il continuait sa rêverie le matin en se promenant sur le bord de la mer, lorsqu'il aperçut de loin un homme qui venait à lui à grands pas. Il n'eut pas de peine à reconnaître que c'était un voyageur échappé d'un naufrage aussi bien que lui; son visage pâle et son vêtement encore tout dégouttant d'eau en étaient des marques trop visibles pour lui permettre d'en douter. La ressemblance de leur aventure leur donna à tous deux de l'impatience de s'aborder et de se connaître. La différence des langues y devait être un obstacle ; mais aux premières paroles de l'inconnu, M. Constance, l'entendant parler siamois, lui répondit dans la même langue. Ainsi, ils eurent dans leur malheur la consolation d'en pouvoir parler ; et ils y trouvèrent dans la suite l'un et l'autre quelque chose de plus.

L'inconnu était un ambassadeur que le roi de Siam avait envoyé en Perse, et qui, en s'en retournant dans son pays, avait fait naufrage dans le même lieu où avait échoué M. Constance. Si celui-ci avait été de ceux que le malheur d'autrui console, il avait la consolation de voir un homme plus malheureux que lui ; car l'ambassadeur n'avait sauvé que sa personne de tout ce qu'il avait dans son vaisseau. Parmi les sentiments de pitié qu'un état si triste inspira à M. Constance, il eut la joie de pouvoir, même dans son malheur, secourir un homme malheureux. Il ne lui laissa pas demander le plaisir qu'il pouvait lui faire ; il lui offrit d'abord de le ramener à Siam, et l'ambassadeur ayant accepté son offre, des deux mille écus qui lui étaient restés, il acheta une barque, des vivres et des habits pour lui et pour son compagnon.

Leur navigation fut heureuse lorsqu'ils n'eurent plus rien à perdre; ils arrivèrent à Juthia sans mauvaise rencontre, et ils eurent le plaisir d'y raconter leurs aventures, l'ambassadeur à ses parents, et M. Constance à ses amis.

Le Siamois ne fut pas ingrat des secours qu'il avait reçus du Grec. Il n'eut pas plus tôt rendu compte de sa négociation au barcalon, qu'il lui parla de son bienfaiteur et lui raconta en détail les obligations qu'il lui avait. Il en dit tant de bien, que ce ministre, qui était lui-même un homme d'esprit, et qui aimait les honnêtes gens, eut la curiosité de le connaître. Il ne l'eut pas plus tôt vu qu'il en fut charmé, et qu'il prit la résolution de s'en servir. Ensuite, l'expérience qu'il fit de son habileté en plusieurs affaires et la probité qu'il trouva en lui, le lui firent regarder comme un homme que le roi devait s'attacher.

Le feu roi de Siam, de l'aveu de tous ceux qui ont voyagé dans les Indes, était un des princes les plus éclairés de l'Orient, qui se connaissait le mieux en habiles gens, et qui en faisait le plus de cas. Le bien que son premier ministre, pour lequel il avait beaucoup de déférence, lui avait dit de M. Constance, l'avait favorablement prévenu pour lui ; mais quelques occasions qu'il eut d'éprouver lui-même ce qu'il valait et ce qu'il était capable de faire, augmentèrent beaucoup l'estime qu'il en avait déjà conçue.

On dit que la faveur de M. Constance commença par l'adresse qu'il eut de supplanter les Maures dans la commission, et qui semblait leur être affectée, de préparer les choses nécessaires pour rendre les ambassades magnifiques, de quoi le roi se piquait fort. Les sommes immenses que ces infidèles tiraient de l'épargne pour cette dépense ayant un jour étonné ce prince, M. Constance se chargea de la commission, et il y réussit si bien, qu'à beaucoup moins de frais il fit les choses avec une tout autre magnificence. On ajouta que les Maures, ayant présenté un mémoire par lequel ils prétendaient que le roi leur était redevable d'une grosse somme, pour des avances qu'ils avaient faites, M. Constance, qui examina leurs comptes, fit voir au roi que c'étaient eux au contraire qui lui étaient redevables de plus de soixante mille écus, et il les en fit convenir eux-mêmes. Le roi de Siam était de ceux qui épargnent pour dépenser à propos; il sut si bon gré à M. Constance de sa judicieuse économie, qu'il se servit depuis de lui dans les affaires les plus importantes et les plus difficiles.

Son crédit devint si grand, que les plus grands mandarins s'empressaient de lui faire leur cour. Sa prospérité néanmoins fut interrompue par une violente maladie, qu'on croyait le devoir emporter. On la cacha quelque temps au roi, apparemment pour ne pas l'affliger; mais il témoigna du chagrin de la discrétion que l'on avait eue là-dessus, et donna à ses médecins des ordres si précis pour travailler à la guérison du malade, qu'il fut bientôt hors de danger.

M. Constance était né de parents catholiques; mais l'éducation qu'il avait reçue parmi les Anglais, auxquels il s'était donné à dix ans, l'avait insensiblement engagé à suivre la religion anglicane. Il y avait vécu jusqu'alors, et le capitaine de la factorerie anglaise, qui avait aperçu en lui quelque penchant à retourner à la foi de ses pères, n'avait rien omis pour le retenir dans l'erreur. Heureusement, pour l'en tirer, le père Antoine Thomas, jésuite flamand, passant par Siam pour ler dans les missions portugaises du Japon ou de la Chine, eut avec lui quelques conversations dans lesquelles, ayant adroitement fait tomber le discours sur la controverse, M. Constance y prit tant de plaisir, qu'il invita lui-même le Père à le venir voir plus souvent, afin qu'ils pussent avoir ensemble de plus amples conférences. Les premières qu'ils eurent furent sur la présence réelle de Jésus-Christ dans l'Eucharistie, de laquelle deux ou trois entretiens convainquirent aisément un homme qui cherchait de bonne foi la vérité.

Quelque occupé que fût M. Constance auprès du roi et du premier ministre, il ne laissa pas, quand il fut à la cour, de ménager du temps pour traiter de religion avec son docteur. Ils parlèrent du Pape, du chef de l'église anglicane, et de l'origine de cette dernière puissance dont le Père lui fit voir si manifestement l'abus, qu'il en demeura persuadé.

Il en était là quand il tomba malade; et il n'avait pas si bien pris son parti, qu'il n'eût peut-être encore différé quelque temps à se déclarer, si la crainte de mourir hors de l'Église n'eût hâté sa détermination. S'étant donc enfin résolu, il fit venir le Père pendant la nuit, et, après lui avoir raconté l'occasion de sa chute dans l'hérésie, il lu exposa la situation présente de son cœur et de so esprit. Comme rien ne pressait encore, quoique l mal parût assez dangereux, on ne conclut rien c jour-là ; mais le lendemain, quoiqu'il y eût une diminution fort sensible, le malade déclara au Père qu'il voulait rentrer dans l'Église, le priant de vouloir bien lui servir de guide et de directeur dans cette grande action, et l'assurant qu'il trouverait en lui une docilité parfaite pour tout ce qu'i lui prescrirait.

Comme le péril diminuait, le Père ne se pressa pas de faire faire abjuration à son pénitent. Il eut seulement soin de l'entretenir, durant le reste de sa maladie, dans la ferveur de ses bons desseins, et attendit, pour faire le reste, qu'il fût entièrement guéri.

Le père Thomas voulant procéder sûrement dans une affaire de cette importance, et rendre son ouvrage solide, engagea M. Constance à une espèce de retraite, durant laquelle il lui fit lire et méditer un peu à loisir les exercices de saint Ignace. Il lui enseigna aussi, durant tout ce temps-là, à faire une confession générale, et lui fit promettre de se marier et de prendre une femme catholique, dès qu'il aurait abjuré l'erreur, jugeant que c'était un point capital pour la solide conversion d'un homme qui était dans les désordres ordinaires aux gens de son âge, lorsqu'ils ne sont pas pénétrés de la crainte des jugements de Dieu.

Les choses étant ainsi disposées, M. Constance fit son abjuration le 2 mai 1682, dans l'église des jésuites portugais établis à Siam au quartier de leur nation. On ne peut dire la consolation qu'il ressentit durant la cérémonie, en pensant qu'il était enfin rentré dans le sein de l'Église après un si long égarement. La reconnaissance qu'il en conçut fut si vive, qu'il disait aux assistants en les embrassant, que puisque Dieu lui avait fait cette grâce, qu'il avait si peu méritée, il tâcherait dorénavant de se rendre utile à la religion dans le royaume de Siam, et d'y procurer aux autres le même bonheur qu'il venait d'y recevoir. Quelques jours après il fit sa communion, dans laquelle sa ferveur ayant encore pris un nouvel accroissement, il s'adressa au Père et lui dit ces propres mots : « Je proteste, devant Notre Seigneur Jésus-Christ, que je reconnais ici présent, que j'emploierai dorénavant tous mes soins à réparer ce que j'ai passé de ma vie dans l'erreur; et à amplifier l'Église catholique. Je prie celui qui m'en inspire le désir de m'en donner la grâce. »

Quelques jours après cette action, il se maria à une jeune Japonaise, considérable par la noblesse de sa famille, et encore plus par le sang des martyrs dont elle avait l'honneur d'être issue, et dont elle imite si bien les vertus. Aussi a-t-il toujours vécu depuis avec cette illustre compagne dans une concorde et dans une paix qui peuvent servir de modèles à ceux que le sacrement a unis du plus étroit de tous les liens. Le roi et tous les grands de la cour lui en firent leurs compliments qu'ils accompagnèrent de grands présents, et les catholiques en témoignèrent une grande joie.

Le cours des prospérités de M. Constance fut si rapide, que le barcalon étant venu à mourir, le roi voulut lui en donner la charge qui est la première de l'État. Il s'en excusa prudemment, pour ne pas s'attirer, dans ce commencement de sa fortune, la jalousie des mandarins; mais s'il n'accepta pas la charge, il en fit presque toutes les fonctions; car tout ce qu'il y avait d'affaires de conséquence passait par ses mains, et le roi s'en reposait si absolument sur lui, qu'il était devenu le canal de toutes es requêtes du peuple et de toutes les grâces du prince.

S'il sut se servir de sa faveur en habile homme pour établir ses affaires particulières, il en usa en homme fidèle pour la gloire de son maître et pour le bien de l'État, mais encore plus en bon chrétien pour l'avancement de la religion. Jusque-là, il n'avait pensé qu'à bien conduire le commerce qui occupe les rois des Indes beaucoup plus que la politique et les affaires publiques. Il y avait si bien réussi, qu'il avait rendu le roi de Siam un des plus riches monarques de l'Asie; mais il crut qu'après l'avoir enrichi, il devait travailler à rendre son nom célèbre, et à faire connaître aux nations étrangères les grandes qualités de ce prince; et comme sa principale vue était toujours l'établissement de la religion chrétienne à Siam, il résolut d'engager son maître à former des liaisons d'amitié avec les rois d'Europe les plus capables de contribuer à ce dessein.

Le nom de notre grand roi, la réputation de sa sagesse et de ses conquêtes, avaient été portés jusque dans cette extrémité du monde. M. Constance, qui en avait encore de meilleures informations que les autres, crut ne pouvoir rien faire de mieux pour la gloire de son maître, que de lui acquérir l'amitié d'un monarque si fameux; et comme il était très-instruit de ce se passait en Europe, il jugea fort sainement que, parmi les princes chrétiens, il n'y avait que celui-là qui fût d'humeur et en état d'entreprendre beaucoup pour la religion.

Le roi de Siam, à qui il communiqua les vues qu'il avait là-dessus, les approuva et entra dans ce dessein, non seulement avec plaisir pour l'intérêt de sa propre gloire, mais encore, ce qui est admirable dans un roi païen, avec une espèce de zèle que son ministre lui avait inspiré pour l'établissement de l'Évangile dans ses États. Cela fit croire à quelques-uns qu'il n'était pas éloigné du royaume de Dieu ; mais l'expérience a fait voir qu'on s'était trompé.

Les avances que fit ce monarque pour rechercher l'alliance du roi de France, donnèrent lieu à Sa Majesté d'envoyer à Siam M. le chevalier de Chaumont, en qualité d'ambassadeur, dans le courant de 1685.

Ce fut en cette occasion que M. Constance, espérant plus que jamais de pouvoir, sous la protection et avec le secours du plus puissant roi de la chrétienté, introduire parmi les Siamois la religion chrétienne, dont toutes les autres nations avaient depuis longtemps le libre exercice dans le royaume, fit voir la vivacité de son zèle pour une si sainte entreprise. Les paroles qu'il adressa à son maître pour seconder celles que l'ambassadeur de France lui portait de la part du roi pour l'engager à se faire instruire, en sont des témoignages d'autant plus incontestables, que dans le fond, ce prince infidèle n'ayant jamais donné aucune marque qu'il eût envie d'embrasser la religion chrétienne, c'était un pas délicat pour son ministre de se joindre ainsi à un roi étranger pour lui en faire l'ouverture, et M. Constance le voyait assez. Le discours qu'il lui fit là-dessus, et que l'on peut voir tout entier dans le premier voyage du père Tachard, montre combien il se ménagea peu, et qu'il savait bien oublier qu'il était ministre du roi de Siam, quand il s'agissait de montrer qu'il était chrétien. La réponse de ce prince fit voir qu'il ne pensait pas à se convertir ; mais elle fut assez modérée pour ne pas enlever l'espérance de sa conversion, et comme d'ailleurs, quelque peu de penchant qu'il eût à embrasser la foi, il témoignait un grand désir qu'elle s'établît dans ses États, la jugeant bonne et avantageuse à ses peuples, M. Constance voulant

profiter de dispositions si favorables pour l'accom
plissement de ce grand ouvrage, prit, pour le faire
réussir, toutes les mesures que pouvait prendre
dans les conjonctures présentes un esprit prévoyan
et éclairé.

Il y avait longtemps qu'il avait pensé à faire
venir à Siam des jésuites, qui, à l'exemple de ceux
de la Chine, introduisissent l'Évangile à la cour par
la science des mathématiques, particulièrement de
l'astronomie. Six jésuites ayant profité de l'occa
sion de l'ambassade de M. le chevalier de Chau
mont pour venir à Siam, d'où ensuite ils devaient
continuer leur chemin jusqu'à la Chine, M. Cons
tance ne les eut pas plus tôt vus, qu'il résolut de
tourner désormais ses sollicitations vers la France
pour en obtenir aussi ; et ce fut particulièrement
pour cela que le père Tachard, l'un des six qu'avait
amenés M. de Chaumont, et en qui M. Constance
avait pris dès lors une confiance particulière, fut
prié de retourner en Europe.

Pendant que le zèle éclairé de M. Constance lui
faisait prendre ces moyens d'établir la religon à
Siam, sa politique, non moins clairvoyante, lui en
faisait prendre d'autres pour la gloire et pour la
sûreté du roi son maître. Ce sage ministre n'igno-

rait pas que ce prince ne pouvait ainsi favoriser la religion chrétienne sans s'attirer, ainsi qu'à sa famille, deux sortes d'ennemis dangereux, les talapoins avec ceux des Siamois qui auraient du zèle pour leurs pagodes, ou qui voudraient paraître en avoir, et les mahométans qui s'efforçaient de lui faire embrasser l'Alcoran, qu'un ambassadeur de Perse, actuellement à Siam, était venu lui apporter.

Ce fut pour proposer au roi de France le plan qu'il avait conçu, que M. Constance ménagea l'ambassade des trois madarins qui arrivèrent en France avec M. de Chaumont en 1686. L'approbation que Sa Majesté donna au projet de ce ministre, et ce qu'elle fit de son côté pour en faciliter l'exécution, marquent combien elle l'estimait solide. Le principal article du traité était que le roi enverrait au roi de Siam des troupes françaises, non seulement pour apprendre notre discipline aux siennes, mais pour être à sa disposition selon le besoin qu'il en aurait pour la sûreté de sa personne ou pour celle de son État; moyennant quoi le roi de Siam donnerait aux Français la garde de deux places, où ils seraient commandés par leurs chefs sous l'autorité de ce monarque.

Après que ce traité fut conclu, que les troupes

furent assemblées, et les douze missionnaires choisis, tout étant prêt pour le retour des ambassadeurs du roi de Siam, on fit le voyage de 1686, que le père Tachard a donné au public avec la même abondance de remarques curieuses que le premier.

Les mahométans s'étaient longtemps flattés de faire recevoir l'Alcoran au roi de Siam et à ses peuples. Ils perdirent cette espérance quand ils virent ce prince si étroitement allié avec les chrétiens, et craignirent quelque chose de pis. La différence que l'on avait faite de l'ambassadeur de France et de celui de Perse dans les honneurs de l'audience, où ce dernier avait prétendu être traité comme le premier, avait tellement augmenté cette appréhension dans ces infidèles, qu'ils prirent la résolution de prévenir le malheur qui les menaçait par une conjuration contre la vie du roi. Les auteurs de ce mauvais dessein furent deux princes de *Champa* et un prince de *Macassar*, tous trois réfugiés à Siam où le roi leur donnait un asile contre des ennemis puissants qu'ils avaient dans leurs pays. Un capitaine malais les seconda par des prophéties qu'il fit courir parmi les zélés de sa secte, dont il eut le crédit d'assembler en peu de temps un assez grand nombre pour exécuter la conspiration si elle n'eût été découverte. Elle le fut par les princes de *Champa*, qui, ayant un troisième frère au service du roi, et actuellement à Louvô où se trouvait alors la cour, lui firent tomber entre les mains une lettre d'avis, mais si mal à propos et d'une manière si bizarre, que, ne sachant ce que c'était, et soupçonnant néanmoins quelque chose, il la porta toute cachetée à M. Constance.

L'activité du ministre le fit bientôt arriver à Juthia après qu'il eut lu la lettre et pris les ordres du roi son maître. Il trouva en arrivant que le gouverneur, qui avait aussi été averti de la conspiration par un des complices, avait pris de si bonnes précautions, que les conjurés qui s'étaient déjà assemblés, voyant leurs trames découvertes, s'étaient retirés chacun chez eux. M. Constance profita de leur consternation pour faire publier une amnistie en faveur de ceux qui avoueraient leur crime, et en demanderaient pardon. Tout le monde le fit, hormis le prince de Macassar et ceux de sa nation, qui, ayant refusé opiniâtrement d'implorer la clémence du roi, éprouvèrent enfin sa justice.

Les Macassars sont les plus braves et les plus déterminés soldats de l'Orient. Quand ils sont

pressés, ils prennent de l'opium, ce qui leur cause une espèce d'ivresse, ou, pour mieux dire, de fureur, qui leur ôte la vue du péril et les fait combattre en désespérés.

M. Constance prit ses mesures pour attaquer prudemment des gens dont il attendait tant de résistance; mais il paya de sa personne dans cette occasion, avec toute la résolution qu'on pouvait attendre d'un vaillant homme; car il poussa vivement cette troupe de furieux, toujours à la tête des plus hardis, et courant toujours du côté où le péril était le plus grand, de sorte que cinq ou six des siens furent tués près de sa personne. Le prince Macassar qu'il cherchait l'ayant aperçu, s'avança vers lui et se mit en posture de lui lancer son dard; mais le ministre, de son côté, s'étant mis en état de parer le coup, le prince, qui ne voulut rien perdre, lança son javelot contre un capitaine anglais. Le capitaine l'esquiva; mais le prince ne fut pas si heureux pour éviter un coup de mousquet qui lui fut tiré par un Français et dont il mourut sur-le-champ. Ce fut la fin de ce combat, où le ministre remporta une victoire qui rendit le roi son maître plus absolu sur ses peuples et plus redoutable que jamais à ses ennemis.

Tout le royaume retentissait encore des louanges que cette action de vigueur avait attirées à M. Constance, lorsque les vaisseaux français arrivèrent. MM. de La Loubère et Ceberet, envoyés extraordinaires du roi pour l'exécution du traité, eurent avec la cour de Siam des contestations sur le cérémonial, ce qui les brouilla d'abord avec M. Constance et causa dans la suite, entre ces ministres, d'assez grandes aigreurs sur d'autres sujets. L'essentiel du service n'en souffrit pas ; M. Constance allant toujours à son but, qui était l'alliance des deux rois pour l'établissement de la religion. Ainsi on donna aux troupes françaises la garde de *Bangkok* et ensuite celle de *Merguy*, les deux postes du royaume les plus sûrs et les plus avantageux pour le commerce.

M. Constance était prévenu d'une si haute estime et d'un si tendre respect pour notre grand roi, et le roi de Siam son maître était entré de telle manière dans ses sentiments là-dessus, que ce prince, ne trouvant pas les Français assez proches de sa personne, résolut de demander au roi, outre les troupes déjà débarquées, une compagnie de deux cents gardes du corps ; et comme il y avait bien des choses à concerter entre les deux monarques pour l'établissement de la religion non seulement à Siam, mais en beaucoup d'autres lieux où M. Constance la voulait répandre, il fut résolu que le père Tachard retournerait en France, accompagné de trois mandarins, pour présenter à Sa Majesté la lettre de leur roi, et que de là, il irait à Rome solliciter auprès du Pape des affaires importantes à la tranquillité et à l'augmentation de la chrétienté dans les Indes.

Le père Tachard, ayant reçu du roi et de son ministre les ordres et les instructions nécessaires, laissa ses confrères entre les mains de M. Constance, et partit de Siam, en compagnie des envoyés extraordinaires du roi, au commencement de l'année 1668. Il arriva heureusement à Brest au mois de juillet de la même année.

Jamais négociation ne réussit plus à souhait que celle-là. Tout occupé qu'était le roi à repousser les armes de presque toute l'Europe que le parti protestant venait de liguer contre lui, il ne laissa pas d'ordonner qu'on équipât des vaisseaux pour porter au roi de Siam la compagnie de gardes qu'il demandait.

Cependant un mandarin, nommé *Pitraxa*, voyant que le roi de Siam n'avait qu'une fille, crut que sans grande difficulté il pourrait usurper la couronne. *Pitraxa* était un faux dévot dans sa religion ; après s'être retiré parmi les talapoins, il s'était laissé rappeler à la cour où, sous un extérieur modéré, il cachait une grande ambition.

Le prétexte de la religion et de la liberté publique, qui est d'un si grand secours aux factieux, ne manqua pas à celui-ci. Il trouva des talapoins zélés pour leurs pagodes menacées, et des mandarins à qui l'établissement des Français à Siam donnait de l'ombrage ; et comme il s'était rendu fort populaire, il engagea dans sa révolte autant de petit peuple qu'il put.

M. Constance était un grand obstacle à ses desseins, ce fut la première victime qu'il résolut d'immoler. Pendant que tout cela se tramait, M. Constance n'ignorait pas les mauvaises intentions de ses ennemis ; mais il ne les craignait pas beaucoup, persuadé que les Français, malgré leur petit nombre, étaient capables de tenir dans le devoir toute la nation siamoise. Ainsi il marchait son chemin et prenait des mesures pour assurer le succès de ses entreprises. Car d'un côté, il donnait des ordres pour faire fournir à M. du Bruant de quoi fortifier *Merguy*, et de l'autre, il procurait à M. Volant tout ce qui était nécessaire pour mettre en défense la forteresse de *Bangkok*.

Au mois de février de l'année 1688 tout paraissait calme, lorsque le roi, qui était infirme et usé, tomba dans une grande maladie. M. Constance, qui avait l'œil à tout, s'aperçut, vers le mois de mars, de quelque mouvement parmi les grands, et il apprit bientôt que *Pitraxa* se faisait chef d'une faction. Le gouverneur de Juthia fut le premier qui l'avertit que ce mandarin, abusant des entrées qu'il avait au palais, s'était servi des sceaux ou les avait contrefaits, pour demander des armes et de la poudre, sous prétexte, disait-il, qu'il fallait pourvoir à la sûreté de la personne du roi. Le gouverneur de *Piply* ayant donné les mêmes avis, M. Constance jugea sagement que, pour couper chemin au mal, il fallait aller à la source, et prenant d'abord son parti, il résolut de faire arrêter *Pitraxa* et de lui faire faire son procès.

Pour exécuter ce dessein, ce ministre vit bien qu'il avait besoin du secours des armes françaises, et fit prier M. Desfarges, qui était alors à *Bangkok*, de vouloir bien venir jusqu'à Louvô, où il avait à lui communiquer une affaire importante au service des deux rois. M. Desfarges usa d'une diligence qui marquait un grand zèle, et alla le trouver sans délai.

Quand il fut arrivé, M. Constance lui envoya deux personnes de confiance qui lui apprirent les secrètes menées de *Pitraxa* contre le roi, la famille royale, la religion chrétienne et les Français, et lui représentèrent l'importance de prévenir les conjurés, de dissiper de bonne heure leur faction, de les étonner d'abord par un coup hardi qui, en leur ôtant leur chef, troublerait leur conseil et déconcerterait leurs assemblées. M. Desfarges reçut cette proposition avec applaudissement, et témoigna même de la joie d'avoir trouvé cette occasion de signaler son zèle par une action si glorieuse. Après un préliminaire si heureux, ils n'eurent pas de peine à convenir, M. Constance et lui, de tout ce qu'il y avait à faire pour l'exécution de leur dessein. Ils eurent une longue conférence, dans laquelle M. Desfarges s'engagea de venir à Louvô avec une partie de sa garnison, et de seconder de tout son pouvoir la résolution du ministre.

Ces mesures étant prises, il s'achemina à *Bangkok* où il ne fut pas plus tôt arrivé, qu'ayant choisi quatre-vingts de ses soldats les plus résolus, et quelques-uns de ses meilleurs officiers, il se mit en chemin pour Louvô où était la cour. Mais, malheureusement pour M. Constance, le général passant à Juthia, trouva des gens qui le détournèrent de poursuivre son entreprise, l'assurant que le roi était mort, que le ministre était perdu, et que *Pitraxa* était le maître. Sur ces représentations, M. Desfarges retourna à *Bangkok*, et fut tellement persuadé qu'il y devait demeurer, que tout ce qu'on lui put dire depuis, pour l'engager à renouer l'affaire, fut inutile et sans effet. Il en envoya faire excuse à M. Constance, le priant de considérer que parmi les bruits qui couraient de la mort du roi de Siam, il ne pouvait prudemment tirer ses troupes de la place pour les occuper ailleurs. Il lui fit offrir en même temps une retraite pour lui et pour sa famille parmi les Français de *Bangkok*.

Dans l'extrémité où se trouvait ce ministre qui voyait la nuée prête à crever, c'était l'unique parti qu'il avait à prendre, s'il n'eût regardé que lui-même. Mais, outre le bien de la religion qu'il crut devoir préférer au sien propre, cette grande âme trouva de l'ingratitude à abandonner le roi son maître à la discrétion de ses ennemis, dans un état où il ne pouvait plus s'en défendre, et regarda comme une tache à sa gloire et à sa réputation de faire dire dans le monde qu'il avait fait donner des places aux Français, moins par un vrai zèle pour la religion, que par une prévoyance de bon politique, pour s'y préparer une retraite contre la fortune et les événements. Ces considérations l'empêchèrent d'accepter l'offre de M. Desfarges, et le déterminèrent à périr plutôt que de s'éloigner de la cour.

Afin, néanmoins, de ne rien omettre de tout ce qu'il crut devoir contribuer à dissiper ou à adoucir l'orage, il s'avisa de proposer au roi de se désigner un successeur. Il alla donc trouver le roi pour lui faire la proposition de nommer un de ses frères à sa place ; mais le monarque, qui les détestait tout les deux, ne voulut jamais y consentir et il nomma sa fille reine et son héritière après lui. Quelques jours après, le roi ayant été informé de la conjuration de *Pitraxa*, donna des ordres pour l'arrêter ; mais celui-ci en ayant eu vent, assembla les conjurés pendant la nuit, et le lendemain matin, qui était le 18 de mai, il se rendit maître sans résistance et du palais et de la personne du roi.

Ce fut là que M. Constance fit paraître son zèle sincère et sa tendresse pour son maître. On l'avait averti de ce qui se passait, et on lui avait conseillé de se tenir chez lui, jusqu'à ce que les conjurés eussent jeté leur premier feu. Il rejeta ce conseil, comme indigne de son courage et injurieux à sa fidélité.

Il y avait alors auprès de lui quelques Français, deux Portugais et seize gardes anglais qu'il entretenait. Ayant rassemblé cette petite troupe, il entra dans sa chapelle avec son confesseur pour se disposer à mourir, d'où, passant dans la chambre de sa femme : *Adieu Madame*, lui dit-il, en lui tendant la main, *le roi est prisonnier, je vais mourir à ses pieds*. Il sortit en disant ces mots, et courant tout droit au palais, il se flattait qu'avec le petit nombre d'Européens qui le suivaient, il se ferait jour au travers des Indiens qui voudraient l'arrêter et pénétrerait jusqu'au roi. Il en serait venu à bout si ceux qui le suivaient eussent été aussi déterminés que lui; mais à peine était-il entré dans une des premières cours du palais, qu'il fut environné tout à coup d'une foule de soldats siamois. Il se mettait en devoir de se défendre; lorsqu'il s'aperçut qu'excepté les Français, tous ceux de sa suite l'avaient lâchement abandonné. La partie était trop inégale pour pouvoir tenir bien longtemps. Il fallut se rendre à la force et céder à la multitude. On le fit prisonnier lui et les Français qui lui avaient tenu compagnie, et on les chargea tous de fers.

Pitraxa, s'étant assuré du monarque et de son ministre, se déclara régent du royaume sous l'autorité du roi captif auquel il voulut conserver cette ombre de la royauté, pour rendre son usurpation moins odieuse. Toute la cour l'eut bientôt reconnu. Il ne prit cependant que le nom de grand mandarin; mais il commença à agir en roi. Peu de gens dans le royaume lui résistèrent. Cependant le gouverneur de la capitale ne se rendit qu'à l'extrémité. Ils eurent une grande contestation touchant un des frères du roi qui était demeuré à Juthia et qu'on gardait dans le palais. *Pitraxa*, qui allait toujours à son but, crut qu'il était de sa politique d'avoir ce prince en sa puissance, et plus encore de ne pas le laisser entre les mains d'un homme qui paraissait disposé à s'en servir contre lui. Dans cette vue, il résolut de le faire transférer à Louvô, et il employa pour cela le nom et l'autorité du roi. Les ordres qu'il envoya ne trouvèrent pas dans le gouverneur de Juthia la docilité qu'il désirait ; cet officier, qui savait bien que le roi ne faisait plus rien que ce qu'on le forçait à faire, étant résolu de n'y point déférer, *Pitraxa* ressentit vivement cette résistance du gouverneur ; mais il la dissimula en habile homme ; et comme il n'était pas encore en état d'agir à force ouverte, il mit heureusement l'artifice en œuvre. Comme on n'avait point encore eu le temps de reconnaître ceux des mandarins qui étaient ses amis, il en aposta quelques-uns qui, feignant d'être mécontents de sa conduite et du changement qu'il venait de faire dans le gouvernement de l'État, sous prétexte de faire leur cour au frère de leur roi, et de lui offrir leurs services pour conserver la couronne dans la famille royale, allaient au palais de Juthia corrompre les gardes de ce prince. Ils y réussirent si bien, que ces gardes infidèles, trompant la vigilance du gouverneur, enlevèrent eux-mêmes leur maître, et l'ayant conduit hors du palais par des chemins et des portes écartées, le livrèrent à une troupe de soldats qui le transportèrent à Louvó, ce qui rendit *Pitraxa* maître de toute la famille royale.

Bientôt, tout plia sous l'autorité d'un usurpaeur puissant et heureux, et la plupart même courbèrent la tête avec plaisir sous ce nouveau joug; les talapoins, regardant *Pitraxa* comme le restaurateur de leur religion, les mandarins, comme un homme fidèle à la patrie qui la délivrait des étrangers, et le peuple, comme l'auteur d'une nouveauté qui lui plaît toujours.

Il n'y avait plus que les Français qui paraissaient à *Pitraxa* pouvoir faire obstacle à sa grandeur, tandis qu'ils conserveraient au légitime roi les deux plus considérables places de l'État. Pour se délivrer de cette inquiétude, avant que de tenter la force, il voulut encore employer la ruse. Il manda aux évêques du séminaire des Missions étrangères de Siam de le venir trouver à Louvô, les assurant que le changement des affaires ne regardait point les chrétiens, et encore moins les Français. M. l'abbé de Lionne, nommé évêque de Rosalie, y alla seul, monseigneur l'évêque de Métellopolis s'en étant excusé sur quelque indisposition.

Quand le prélat fut arrivé à Louvô, le grand mandarin lui signifia qu'il voulait l'envoyer à *Bangkok*, pour amener à la cour M. Desfarges, avec qui il voulait, disait-il, conférer de la part du roi d'une affaire de grande importance; ajoutant que ce général ne pouvait se dispenser de ce voyage sans donner atteinte à l'union qui était entre les deux couronnes et faire naître de fâcheux ombrages.

Monseigneur de Rosalie, s'étant chargé de cette commission, trouva dans M. Desfarges une docilité que les amis de M. Constance n'y avaient pas trouvée. Sur ces entrefaites, six officiers français, qui étaient à la cour, n'y trouvant plus de sûreté, prirent la résolution d'en sortir et de se retirer à *Bangkok*. Ils montèrent à cheval, s'armèrent, et feignant de s'aller promener, s'échappèrent aisément d'un garde que *Pitraxa* leur avait donné pour les accompagner partout. Il est vrai que pour un dont ils s'étaient défaits, ils en trouvèrent, depuis Louvô jusqu'à la rivière, plusieurs troupes d'espace en espace, mais qu'ils n'eurent pas de peine à forcer. Quand ils furent sur le bord du fleuve, y ayant trouvé un ballon plein de talapoins, ils chassèrent les talapoins et se saisirent du ballon. Mais, comme ils ne prirent pas la précaution d'attacher leurs rameurs, ils furent tout étonnés de les voir tous disparaître à la faveur de la nuit et se sauver à la nage chacun de son côté. Contraints de conduire leur ballon eux-mêmes, ils s'en trouvèrent en peu de temps si embarrassés et si fatigués, qu'ils résolurent de descendre à terre et de continuer leur voyage à pied. La chose n'était pas sans difficulté. Le peuple, averti par les talapoins auxquels on avait enlevé le ballon et par les rameurs fugitifs, s'attroupait de toutes parts sur le rivage et les suivait avec de grands cris. Ils sautèrent sur le rivage, malgré cela, et gagnèrent les plaines de Juthia où, pour comble de malheur, ils s'égarèrent. La populace les suivait toujours, et quoiqu'elle n'osât les approcher, elle ne les perdait pas de vue et ne laissait pas de les inquiéter. Ils s'en seraient néanmoins tirés, si la faim ne les eût contraints à entrer en pourparlers afin d'avoir des vivres. On leur répondit qu'on ne leur parlerait point tandis qu'ils seraient armés; ils furent donc obligés de quitter leurs armes. Alors cette lâche canaille, au lieu de leur fournir des vivres, se jeta sur eux, les dépouilla, les mena garrottés à Juthia, d'où ils furent renvoyés à Louvô avec mille traitements indignes. Une troupe de trois cents mahométans, que *Pitraxa*, averti de leur fuite, avait envoyés après eux, et qu'ils rencontrèrent au retour, les traita si brutalement, qu'un nommé Brecy mourut sous les coups. Les autres furent mis en prison à leur arrivée à Louvô.

De cette persécution particulière contre les Français fugitifs, insensiblement les infidèles passèrent à une plus générale contre tous les chrétiens de Siam, surtout, lorsqu'on leur eut appris que M. Desfarges était en chemin pour venir trouver *Pitraxa*; car, depuis ce temps-là, ce tyran s'abandonnant aux défiances que donnent le crime et l'ambition, crut qu'il pouvait ne plus garder ni ménagements ni mesures avec ceux qu'il haïssait. Sa haine contre les chrétiens avait été quelque temps suspendue par un reste de considération qu'il avait encore pour les Français; mais il n'eut pas plus tôt appris la déférence de leur général aux ordres qu'il lui avait envoyés, que, commençant à ne plus rien craindre, il n'épargna personne.

Comme la prison de M. Constance était dans l'enceinte du palais, on ne connaît pas le détail de tout ce qu'on lui fit endurer. Les uns disent que, pour lui faire avouer les crimes dont on l'accusait, on lui avait brûlé la plante des pieds; d'autres, qu'on lui avait serré les tempes avec un cercle de fer. Ce qui est bien sûr, c'est qu'il fut gardé dans une prison faite de pieux, chargé de trois pesantes chaînes et manquant de toutes les choses les plus nécessaires à la vie, jusqu'à ce que madame Constance, ayant découvert où il était, eut obtenu de les lui fournir.

Elle ne put le faire longtemps; car elle en manqua bientôt elle-même. L'usurpateur avait paru d'abord respecter sa vertu, elle en avait même obtenu des grâces; il lui avait fait rendre son fils, que des soldats lui avaient caché, et s'était justifié auprès d'elle assez honnêtement de ce rapt. Ces égards ne furent pas de longue durée. Si la vertu de madame Constance avait adouci pendant quelques jours la férocité du tyran, ses richesses, qu'on croyait immenses, l'irritèrent de telle sorte, que rien ne fut capable de l'apaiser.

Dès le 30 mai on vint lui demander les sceaux des charges de son mari; le lendemain, on lui enleva ses armes, ses papiers, ses habits; un autre jour, on mit le scellé à ses coffres et on en prit toutes les clefs; on mit un corps-de-garde devant son logis et une sentinelle à la porte de sa chambre comme pour la garder à vue. Rien ne l'avait altérée jusque-là; mais cette dernière insulte la consterna tellement, qu'elle ne put s'empêcher de s'en plaindre. *Hé quoi*, s'écria-t-elle en pleurant, *qu'ai-je donc fait pour être traitée comme une criminelle?* Aussi ce fut la seule plainte que l'adversité tira de la bouche de cette courageuse chrétienne pendant tout le cours de ses malheurs. Encore, répara-t-elle bientôt cette faiblesse, pardonnable à une femme de vingt-deux ans, et qui avait jusque-là ignoré ce que c'était que la mauvaise fortune ; car deux jésuites, qui se trouvèrent auprès d'elle en cette occasion, lui ayant représenté doucement que les chrétiens, qui ont leur trésor dans le ciel, et qui le regardent comme leur patrie, ne doivent pas s'affliger comme les païens de la perte de leurs biens et de leur liberté : *Il est vrai*, leur répondit-elle, en reprenant sa tranquillité, *j'ai tort, mes pères; Dieu nous a tout donné, il nous ôte tout, que son saint nom soit béni. Je ne lui demande plus rien dans la vie, que la délivrance de mon mari.*

A peine deux jours s'étaient écoulés depuis qu'on avait mis les scellés, lorsqu'un mandarin, suivi de cent hommes, les vint lever de la part du nouveau maître, et fit enlever tout ce qu'il trouva d'argent, de meubles et de bijoux dans les appartements de ce riche palais. Madame Constance eut la fermeté de le conduire elle-même, et de lui mettre entre les mains tout ce qu'il avait envie d'emporter.

Après quoi, regardant les Pères, qui lui tenaient toujours compagnie : *Enfin,* leur dit-elle, d'un air tranquille, *il ne nous reste plus que Dieu ; mais personne ne nous l'ôtera.*

Le mandarin s'étant retiré avec sa proie et ses dépouilles, on croyait qu'elle en était quitte et qu'on ne demanderait plus rien à ceux à qui on avait tout ôté. Les deux jésuites l'avaient laissée pour retourner à leur logis, personne ne s'imaginant qu'il y eût rien de nouveau à craindre pour une personne à qui on avait pris tout son bien, et qui, n'ayant commis aucun crime, semblait à couvert de tout autre mal. On vit sur le soir qu'on s'était trompé. Vers les six heures, le même mandarin, accompagné de ses satellites, vint lui demander ses trésors cachés. *Je n'ai rien de caché,* lui répondit-elle ; *si vous en doutez, vous pouvez chercher, vous êtes le maître, et tout est ouvert.* Une réponse si raisonnable sembla avoir irrité ce barbare : *Je ne chercherai point,* lui répliqua-t-il, *mais sans sortir du lieu où je suis, je te ferai apporter ce que je te demande, ou je te ferai mourir sous les coups.* En disant ces mots, ce brutal fit signe à deux bourreaux qui s'avancèrent avec des cordes pour la lier, et de gros rotins pour la battre.

Cet appareil étonna d'abord cette pauvre femme abandonnée à la fureur de cette bête féroce. Elle poussa un grand cri, et se prosternant à ses pieds elle lui dit d'un air capable d'amollir le cœur le plus dur : *Ayez pitié de moi!* Mais cet homme barbare lui répondit avec sa férocité ordinaire qu'il n'en aurait aucune pitié, la fit prendre et attacher à la porte même de sa chambre, et il commença à la faire frapper sur les bras, sur les mains et sur les doigts d'une manière impitoyable. A ce spectacle son aïeule, ses parentes, ses servantes, son fils poussèrent des cris dont tout autre que ce barbare aurait été touché. Cette famille désolée se jeta tout ensemble à ses genoux, et frappant la terre du front, lui demanda miséricorde ; mais ce fut inutilement. Il continua à la faire tourmenter depuis sept heures jusqu'à neuf, et n'en ayant rien pu tirer, il la fit enlever elle et sa famille, à la réserve de son aïeule que son grand âge et une grande maladie ne permirent pas de transporter.

On fut quelque temps sans savoir ce que madame Constance était devenue ; mais on le découvrit enfin. Un père jésuite passait un jour devant les écuries de son palais, lorsqu'une tante de cette dame, qu'on y avait renfermée avec elle, pria le gardes de lui permettre de parler à ce religieux pour lui demander quelque argent, leur promettant qu'ils y auraient part. On apprit par là l'état humiliant où était cette illustre affligée, enfermée dans une écurie, où, à demi-morte des tourments qu'on lui avait fait endurer, elle était couchée sur un morceau de natte, ayant son fils à ses côtés. Le Père lui envoya tous les jours de quoi vivre, et ce ne fut que par ce secours qu'elle subsista elle et sa famille à laquelle elle le distribuait avec si peu d'égards pour soi, qu'elle ne s'en réservait jamais qu'un peu de riz et de poisson sec, ayant fait vœu de s'abstenir de viande le reste de ses jours.

Jusque-là, le grand mandarin n'avait osé faire mourir M. Constance, que le général des Français lui avait envoyé demander comme une personne qui était sous la protection du roi son maître; mais, jugeant alors qu'il n'avait plus rien à craindre ni de lui, ni de ses amis, il prit la résolution de s'en défaire. Ce fut le 5 juin, qui était la veille de la Pentecôte, qu'il confia cette exécution au phaja *Sojatan,* son fils, après que, sans autre forme de justice, il eut fait lire dans le palais la sentence de mort portée par lui-même contre ce ministre qu'il accusait d'avoir été d'intelligence avec ses ennemis. Cette sentence prononcée, on le fit monter sur un éléphant, et on le mena, sous bonne garde, dans la forêt de *Thale-Phutson*, comme si le tyran eût choisi l'horreur de cette solitude pour y ensevelir dans l'oubli cette action injuste et barbare.

Ceux qui le conduisirent remarquèrent que, pendant tout le chemin, il avait paru tranquille ; qu'il avait employé ce temps en prières, prononçant souvent à haute voix les noms de Jésus et de Marie.

Quand il fut arrivé au lieu du supplice, on lui fit mettre pied à terre, et on lui annonça qu'il fallait mourir. La vue de la mort ne l'étonna point ; il la vit de près, comme il l'avait vue de loin, et avec la même intrépidité. Il demanda seulement à *Sojatan* encore quelques moments pour achever sa prière, ce qu'il fit à genoux, d'un air si touchant, que ces infidèles en furent attendris. Sa prière faite, il leva les mains au ciel, et protestant de son innocence, il assura qu'il mourait volontiers avec le témoignage intérieur, que lui rendait sa conscience, de n'avoir rien fait dans son ministère que pour la gloire du vrai Dieu, pour le service du roi et pour le bien de l'État ; qu'il pardonnait à ses ennemis, comme il priait Dieu de lui pardonner. Au reste, seigneur, ajouta-t-il, en se tournant vers *Sojatan*, quand je serais aussi coupable que mes ennemis le publient, ma femme et mon fils sont innocents ; je vous les recommande tous deux ; je ne vous demande pour eux, ni biens, ni établissement, mais la vie et la liberté. En achevant ces derniers mots, il leva doucement les yeux au ciel, et fit signe par son silence qu'il était prêt à recevoir le coup.

Alors un bourreau s'avança, et d'un revers de sabre l'ayant fendu en deux, le fit tomber sur le visage, mourant et poussant un profond soupir qui fut le dernier de sa vie.

Ainsi mourut, dans la fleur de ses jours, à l'âge de quarante-un ans, cet homme fameux qu'un génie sublime, une grande habileté dans les affaires, beaucoup de pénétration et de feu, un grand zèle pour la religion, un fort attachement au roi son maître, rendaient digne d'une vie plus longue et d'une destinée plus heureuse.

On ne saurait dire quelle fut la douleur de madame Constance à la nouvelle de la mort de son époux.

Cette illustre fille des martyrs du Japon eut

avec ses ennemis. Cette sentence prononcée, on le fit monter sur un éléphant, et on le mena, sous bonne garde, dans la forêt de *Thale-Phutson*, comme si le tyran eût choisi l'horreur de cette solitude pour y ensevelir dans l'oubli cette action injuste et barbare.

Ceux qui le conduisirent remarquèrent que, pendant tout le chemin, il avait paru tranquille ; qu'il avait employé ce temps en prières, prononçant souvent à haute voix les noms de Jésus et de Marie.

Quand il fut arrivé au lieu du supplice, on lui fit mettre pied à terre, et on lui annonça qu'il fallait mourir. La vue de la mort ne l'étonna point ; il la vit de près, comme il l'avait vue de loin, et avec la même intrépidité. Il demanda seulement à *Sojatan* encore quelques moments pour achever sa prière, ce qu'il fit à genoux, d'un air si touchant, que ces infidèles en furent attendris. Sa prière faite, il leva les mains au ciel, et protestant de son innocence, il assura qu'il mourait volontiers avec le témoignage intérieur, que lui rendait sa conscience, de n'avoir rien fait dans son ministère que pour la gloire du vrai Dieu, pour le service du roi et pour le bien de l'État ; qu'il pardonnait à ses en-

TABLE DES MATIÈRES

CONTENUES

DANS LE DEUXIÈME VOLUME.

———◆———

Pages.

CHAPITRE SEIZIÈME. 1

HISTOIRE DE BOUDDHA.

Les livres sacrés bouddhistes racontent cinq cent cinquante générations du Bouddha actuel *Phra-Khôdom*. — Il n'y a que ses dix dernières générations qui soient vénérées comme canoniques. — Histoire de Vêtsandon. — Sa charité. — Il est exilé pour avoir donné un éléphant blanc. — Il se retire dans les forêts avec sa femme et ses deux fils. — Il donne ses enfants en aumône à un vieux brame. — Il consent à céder son épouse au dieu Indra qui s'était déguisé en brame pour éprouver sa vertu. — Il est rappelé de l'exil. — Histoire de *Phra-Khôdom*. — Lieu et date de sa naissance. — Songe merveilleux de sa mère lorsqu'elle le conçut. — Paroles de Bouddha encore enfant. — Il épouse la princesse *Phimpha*. — Il se retire dans les forêts et se fait bonze. — Ses austérités. — Il acquiert la science universelle. — Il résiste aux tentations et aux attaques de *Phajaman*. — Ses disciples. — Il monte au ciel pour prêcher sa mère. — Les brames, jaloux de sa gloire, cherchent à le calomnier. — Il est justifié par le dieu Indra.— On cherche à le faire périr, et il convertit ses persécuteurs. — Il rétabli la paix entre deux rois. — Il convertit un brigand fameux et en fait un talapoin. — Révolte de son disciple *Thevathat*. — *Phra-Khôdom* enlève les disciples de *Thevathat*, son rival. — Fable de la cigogne et du lion, racontée par *Phra-Khôdom*. — Repentir de *Thevathat*, sa mort, son châtiment. — *Phra-Khôdom* meurt empoisonné. — Ses statues. — Ses funérailles.

CHAPITRE DIX-SEPTIÈME 23

DES PHRA OU TALAPOINS.

Origine du nom de talapoin. — Couvents des talapoins. — Leur costume. — Ordination d'un talapoin. — Les talapoins peuvent quitter l'habit jaune et le reprendre à volonté. — Les anciens talapoins ne défroquaient pas. — Les talapoins doivent quitter l'habit jaune avant de mourir. — Hiérarchie des talapoins. — Prince établi par le roi pour veiller à la conduite des *Phra*. — Punitions infligées à ceux qui sont coupables. — Ils doivent rester trois mois dans leurs monastères. — Manière de vivre des talapoins. — Ils reçoivent l'aumône. — Leurs occupations. — Présents qu'ils reçoivent lorsqu'ils prêchent. — Principales règles des talapoins. — Beaux préceptes que Bouddha donne aux talapoins. — Les talapoins s'inquiètent peu si on suit leur doctrine. — Vénération des Thai pour les talapoins. — Le roi même les honore.— Pourquoi on exige que tous les garçons se fassent talapoins, au moins pour quelque temps. — On affranchit les esclaves pour qu'ils se fassent talapoins. — A la pleine lune, les inférieurs lavent les supérieurs. — Le métier de talapoin est lucratif. — Retraite des *Phra* dans les champs.—Quelques talapoins mènent une vie austère, la plupart n'observent pas leurs règles. — Les talapouines. — Leurs fonctions et leur occupation. — Habitations des talapoins. — Animaux nourris dans les pagodes.

CHAPITRE DIX-HUITIÈME.   46

SUPERSTITIONS.

Les superstitions ne font point partie de la religion, car Bouddha les défend. — Elles viennent de Chine et de l'Inde. — Principales superstitions usitées à Siam. — Astrologues. — Leurs fonctions. — Devins et diseurs de bonne aventure. — Les Siamois croient qu'on peut se rendre invulnérable. — Moyens qu'ils emploient pour cela. — Amulettes. — Magiciens. — — Superstitions quand on plante une maison. — Autels consacrés aux génies tutélaires. — Superstition lorsqu'on construit une nouvelle porte d'une ville. — Avortons. — Sorciers qui envoient des mauvais génies dans le corps des hommes. — Autre méchanceté des sorciers. — Vols par sorcellerie en endormant ceux qu'on veut dépouiller. — Philtres amoureux. — Superstitions pour trouver des trésors. — Cérémonie du *Tham-Khuán*. — Cérémonie pour faire retirer les eaux du fleuve lors de l'inondation. — Cérémonie pour chasser le choléra. — Crédulité des Siamois.

CHAPITRE DIX-NEUVIÈME.   58

HISTOIRE DES THAI, ANCIENNEMENT APPELÉS SAJAM.

Cet abrégé de l'histoire des Thai est tiré des annales du pays. — Il se divise en deux parties. — La première partie est pleine de fables. — La seconde parait assez véritable. — Première partie, jusqu'à la fondation de Juthia. — Deux frères brames fondent le royaume de Siam, l'an 500 avant Jésus-Christ. — La première ville fut appelée *Sang-Khalók*. — *Bathamaràt*, premier roi des Siamois. — Reliques de *Phra-Khódom* renfermées dans une pyramide. — *Bathamaràt* fit bâtir trois autres villes, où il établit rois ses trois fils. — *Aphajakha-Muni*. — La reine des *Nayhas*. — Naissance d'*Arunnaràt*, prédite par *Somana-Khódom*. — *Phra-Ruàng* se délivre de la domination du roi de *Kamphóxa* qu'il rend tributaire. — *Phra-Ruàng* établit une ère nouvelle. — Il va en Chine, avec son frère, pour se venger du roi de cette contrée. — Leur voyage merveilleux. — Le roi de Chine donne sa fille en mariage à *Phra-Ruàng*. — *Rìtthi-Kuman*, frère de *Phra-Ruàng*, est établi ro de *Xieng-Mai*. — Histoire du cerf-volant de *Phra-Ruàng*. — *Phra-Ruàng* disparaît. — *Phaja-Sucharàt*, son fils, fortifie ses villes et les munit d'artillerie. — *Thama-Trai-Pidok*, roi du Lao, vient l'attaquer. — Il épouse la fille de *Phaja-Sucharàt*. — Fondation de *Phìtsanulók*. — Guerres entre les Siamois et les Lao. — Histoire merveilleuse de *Phaja-Krëk* et son avénement au trône, prédit par *Phra-Khódom*. — Fondation de *Phìchìt* et de *Phìxaï*. — *Phra-Chào-Uthong*. — Il fonde Juthia. — Deux versions sur la fondation de cette ville. — Seconde partie. — États qui étaient sous la domination des rois de Siam, en l'an 1350. — *Phra-Rame-Suén*. — *Phra-Borom-Raxa*. — *Phra-Chào Thong-Lan*. — *Phaja-Ram*. — *Intharaxa*. — *Borom-Raxa-Thiràt*. — *Boroma-Trai-Lokhanàt*. — Famine, à Siam. — *Phra-Rama-Thibodi*. — Statue colossale de Bouddha. — *Phra-Borom-Raxa*. — *Raxa-Kuman*. — *Xaja-Raxa-Thiràt*. — Incendie épouvantable à Juthia. — Événements qui suivirent la mort du roi. — *Mahá-Chakra-Phat-Raxa-Thiràt*. — Il s'empare de la capitale du Camboge. — Le roi du Pégu attaque Juthia. — Mort de la reine *Surijóthai*. — Guerre entre les Siamois et les Pégouans, au sujet des éléphants blancs. — Siége de Juthia. — Mort du roi de Siam. — Prise de Juthia. — *Thamma-Raxa-Thiràt*. — *Phra-Narèt*. — Le roi de Pégu lui tend un piége. — Il en tire vengeance. — Ses conquêtes. — Sa mort. — *Eka-Thottarot*. — *Chào-Fa*, le borgne. — *Phra-Chào-Songtham*. — Découverte du vestige du pied de Buddha. — *Phra-Chào-Prasat-Thong*. — Événements qui suivirent sa mort. — *Phra-Chào-Xamphuòk*. — Constantin Falcon. — Prise de *Xieng-Mai*. — Ambassadeurs siamois envoyés en France. — Ce que rapportent les annales de Siam sur la cour de France. — Mort du roi de Siam. — Mort de M. Constantin Falcon. — *Phra-Phet-Raxa*. — *Chào-Dua*. — Guerre civile. — *Chào-Dok-ma-Dua*. — Prise et incendie de Juthia. — *Phaja-Tàk*. — Ses victoires et conquêtes. — Il s'établit à Bangkok. — Famine. — L'idole *Phra-Këo*. — Folie et mort de *Phaja-Tak*. — *Phra-Phuti-Chao-Luàng*. — *Phën-din-Klang*. — *Phra-*

Chào-Prasat-Thong. — Guerre contre le roi Lao. — Expédition contre les Cochinchinois. — *Somdet-Phra-Paramander-Mahá-Mongkut,* roi actuel de Siam. — Son érudition. — Sa politique.

CHAPITRE VINGTIÈME. 102

HISTOIRE DE LA MISSION DE SIAM.

Saint François-Xavier est le premier missionnaire de Siam. — Des jésuites, des dominicains et des franciscains portugais s'établissent les premiers dans le royaume. — Monseigneur de Bérythe, premier vicaire apostolique de Siam. — Il arrive à Juthia, le 22 août 1662, avec six missionnaires. — Il loge dans le camp des Portugais. — On fait courir des bruits contre lui. — Il confond la calomnie. — Il se retire dans le camp des Hollandais. — Il visite le camp des Cochinchinois. — Heureux résultat qu'il obtient de ses instructions. — Il visite le camp des Japonais. — Libre exercice de la religion à Siam. — Cette tolérance des religions accroît la richesse du pays. — Les talapoins cherchent à décrier la religion chrétienne. — Idée de la religion des Siamois. — Monseigneur de Bérythe fait tous ses efforts, de concert avec ses missionnaires, pour convertir les Siamois. — Il prend la résolution d'envoyer M. de Bourges en Europe pour les besoins de la mission. — Il essaie d'aller en Chine, mais il est forcé de retourner à Siam. — Il loge dans le camp des Cochinchinois. — Un aventurier portugais essaie de l'enlever pour le conduire en Portugal; les Cochinchinois chassent l'aventurier. — Les Cochinchinois veulent attaquer le camp des Portugais. — Monseigneur de Bérythe les arrête. — M. de Bourges part pour l'Europe. — Il donne la confirmation à des Portugais, sur la demande de leurs pasteurs. — On lui en fait un crime. — L'affaire est portée à Rome. — La conduite de monseigneur de Bérythe est approuvée. — Monseigneur d'Héliopolis arrive à Siam en 1662. — Il repart pour Rome en 1665. — Le roi de Siam veut voir l'évêque et les missionnaires français. — Caractère du roi. — Audience qu'il donne aux missionnaires. — Il promet de se convertir si les chrétiens obtiennent, par leurs prières, la guérison de son frère.— Retraite et prières des chrétiens.— Le frère du roi recouvre presque entièrement la santé.— Le roi ne tient pas sa parole, mais il se montre favorable aux chrétiens. — Il leur donne un terrain pour bâtir une église et un séminaire. — Le camp de Saint-Joseph.— Conversion d'un talapoin.— Le séminaire se peuple d'élèves.—Guérison miraculeuse opérée par un missionnaire. — Dénuement des missionnaires. — Le roi demande à s'instruire de la religion. — Les mandarins les plus éclairés sont consultés. — Ils trouvent la religion chrétienne très-belle, mais disent que la leur est aussi bonne.— Le second frère du roi se fait instruire dans la religion chrétienne. — Le petit nombre de missionnaires les empêche de faire beaucoup de conversions.— Baptême d'un mandarin.— Ambassadeurs mahométans à Siam. — Arrivée de nouveaux missionnaires.—Mort de M. Lambert, frère de monseigneur de Bérythe. — Le pape envoie à monseigneur de Bérythe des pouvoirs plus étendus. —Celui-ci fait un voyage au Tong-King. — A son retour, il travaille à instruire les élèves du séminaire.— M. Lanneau va à *Phitsilôk* pour former un établissement.— Il est rappelé à Juthia.— Il compose plusieurs livres en langue siamoise. — Il fait bâtir un hospice près du séminaire.— Monseigneur de Bérythe établit à Siam la congrégation des Amantes de la Croix. —M. Perez est rappelé de Jongselang. — Monseigneur d'Héliopolis arrive à Siam en 1673. — Il apporte des lettres du pape et de Louis XIV, ainsi que des présents pour le roi. — Le roi veut donner aux évêques une audience publique. — Elle est retardée par le cérémonial auquel les prélats ne veulent pas s'assujétir. — Le roi les exempte de ce cérémonial.— Relation de l'audience publique accordée aux évêques.—Lettre du pape Clément IX au roi de Siam. — Lettre de Louis XIV au roi de Siam. — Les évêques sont invités par le roi à aller à Louvô. — Réception qu'on leur fait.— Le roi, après plusieurs entretiens particuliers, leur donne une seconde audience publique. — Le roi va voir leur établissement et leur donne un terrain plus considérable. — M. Bouchard est envoyé à Manille chercher des religieux pour aider les missionnaires. — I ramène le père Louis, franciscain. — M. de Chaudebois arrive à Siam avec un jacobin. — M. Lanneau est sacré évêque de Métellopolis le 25 mars 1674. — Il est déclaré vicaire apostolique de Siam. — Il bâtit à Bangkok l'église de la Conception. — Les présents du pape et de Louis XIV pour le roi de Siam, sont pris par les Hollandais. — Le roi délivre un passeport à monseigneur de Bérythe pour la Cochinchine. — Monseigneur de Bérythe revient à Siam, en 1676, avec M. Mahot. — Cinq autres missionnaires arrivent aussi à Siam. — Monseigneur de Métellopolis fait divers établissements. — État de la mission en 1677. — Arrivée de MM. Paumard, Leroux et Charbonneau. — Les missionnaires soignent et guérissent les malades. — Le roi de Siam se montre chaque jour mieux disposé pour les missionnaires. — Mort de monseigneur de Bérythe, en 1679. — Magnifiques funérailles qu'on lui fait. — Arrivée de quatorze nouveaux missionnaires. — Le roi envoie des ambassadeurs avec des présents au Pape et à Louis XIV. — Ces ambassadeurs périssent avec le vaisseau. — M. de Lozeli arrive à Siam, en 1682, avec une lettre et des présents pour le roi. — M. Constantin Falcon. — Le roi envoie de nouveaux ambassadeurs en France avec M. Vachet. — M. de Chaumont arrive à Siam en qualité d'ambassadeur. — Réception faite à l'ambassadeur de France. — Le roi accorde de nouveaux priviléges aux chrétiens. — On établit une factorerie française à Siam. — Le roi envoie de nouveaux ambassadeurs en France et demande des troupes à Louis XIV. — On lui envoie un régiment composé de douze compagnies. — Monseigneur l'évêque de Rosalie arrive à Siam, avec ces troupes, en 1687. — Réception faite aux troupes françaises. — On leur donne la citadelle de Bangkok. — Révolte à Siam, promptement réprimée. — Maladie du roi. — *Phra-Phet-Raxa* est créé grand mandarin par les grands pour administrer le royaume. — Il rend M. Constance odieux aux grands et au peuple. — Meurtre de Monphit. — M. Constance est jeté en prison, et ensuite tué. — *Phra-Phet-Raxa* essaie de faire tomber les Français dans un piége. — Les troupes françaises de Merguy s'embarquent et arrivent à Pondichéry. — On attaque les

Français de Bangkok. — Mauvais traitements faits à monseigneur de Métellopolis. — Les Français obtiennent de se retirer à Pondichéry. — Outrages faits à monseigneur de Métellopolis et aux otages français. — On prend tous les meubles du séminaire. — Les missionnaires et les élèves sont jetés en prison et tourmentés. — Deux officiers anglais prennent le parti des missionnaires et mettent fin aux mauvais traitements qu'on leur faisait. — On rend aux missionnaires leurs livres et quelques ornements.—Dénuement des missionnaires. — Persécution contre les chrétiens. — Arrivée de M. Desfarges avec cinq navires. — Négociations entamées. — Elles n'aboutissent à rien. — M. Desfarges se retire. — Les Hollandais empêchent qu'on ne remette les Français en liberté. — Le 15 août 1690, les missionnaires et les élèves sortent de prison et sont conduits dans une petite île. — Mort de plusieurs d'entre eux. — Arrivée du père Tachard, jésuite, avec une lettre pour le roi. — On rend le séminaire aux missionnaires. — On remet tous les Français en liberté. — Famine. — Mortalité des poissons. — Ravages de la petite-vérole. — Mort de monseigneur de Métellopolis, en 1697. — Monseigneur de Sura arrive à Ténasserim avec plusieurs missionnaires. — Monseigneur de Sabule arrive à Siam en 1702. — Il apporte des présents pour le roi. — Mort du roi. — Son successeur se montre favorable aux chrétiens. — Travaux de monseigneur de Sabule. — Révolte d'un talapoin siamois. — Il est mis en fuite par l'arrivée de vaisseaux français.—Monseigneur d'Auren amène à Siam vingt-deux écoliers tonquinois. — On rachète le terrain et on rebâtit le collége. — Monseigneur Tessier, évêque de Rosalie, est sacré en 1722. — Monseigneur de Cicé meurt en 1727. — Les princes et les grands empruntent des livres de religion aux missionnaires. — Les talapoins, par leurs déclamations, excitent une persécution contre la religion chrétienne.— On fait graver sur des pierres des défenses contre la religion. — On veut placer ces pierres dans les églises. — Monseigneur de Rosalie s'y oppose. — On place ces pierres sur un lieu élevé, près de la porte de l'église. — Guerre civile. — Mort du barcalon, principal auteur de la persécution contre les chrétiens. — Monseigneur de Rosalie demande qu'on enlève la pierre qui contenait les défenses contre la religion. — Sa demande est rejetée. — Des Chinois portent plainte contre l'évêque au sujet de quatre enfants chinois envoyés au séminaire. — Les enfants sont remis à monseigneur de Rosalie. — Les chrétiens sont persécutés à Ténasserim, par le fils du vice-roi, qui est blâmé à la cour. — Mort de monseigneur de Rosalie, en 1737. — Le vice-roi de Ténasserim est châtié pour avoir maltraité les Français. — Famine. — Invasion des Barmas. — Deux missionnaires emmènent les élèves du séminaire. — Ils arrivent heureusement à l'embouchure du fleuve. — Monseigneur Brigot reste au camp de Saint-Joseph avec un missionnaire. — Les Barmas se retirent sans avoir attaqué le camp des chrétiens. — Les deux missionnaires ramènent les élèves à Juthia. — Le roi de Siam se fait talapoin. — La cour félicite les chrétiens de leur valeur. — Célébration du Jubilé. — Baptême d'enfants moribonds. — Révolte des Pégouans. — Ils sont vaincus. — On apprend à Merguy l'arrivée des Barmas. — Ils arrivent à Merguy, dans la nuit du 10 au 11 janvier 1765. — Les missionnaires tombent au pouvoir des Barmas. — Mauvais traitements qu'ils ont à souffrir. — Le pilote Joseph. — Ils sont confiés à ce pilote. — Services que celui-ci leur rend. — Ils sont réunis à un grand nombre de leurs chrétiens. — Ils sont conduits à *Thavai*. — Un Maure charitable les accueille. — Jalousie du pilote Joseph. — Le vice-roi de *Thavai* les interroge. — Il veut les faire mettre à la question. — Ils en sont quittes pour la peur; mais on leur prend tous leurs effets. — Au second interrogatoire, ils sont frappés du rotin, par suite de la jalousie du pilote Joseph. — Mauvais traitements qu'ils endurent. — Le Maure les fait embarquer. — Ils arrivent à Rangon. — Fausse sécurité à Juthia. — Les Barmas s'approchent de la capitale. — Les Siamois païens se réfugient dans le camp des chrétiens. — Les élèves du collége partent pour *Chanthabun*. — Ravages des Barmas autour de la capitale. — Un Anglais arrive avec deux vaisseaux. — Il consent à défendre la ville. — On lui refuse des munitions. — Il part. — On donne des

— 418 —

canons aux Chinois et aux chrétiens. — Les Barmas s'emparent de la loge hollandaise occupée par les Chinois. — Les chrétiens se rendent à des conditions que l'ennemi n'exécute pas. — Prise et incendie de Juthia. — Les chrétiens sont remis entre les mains du pilote Joseph. — Ils arrivent à *Banxang*.— Les chrétiens portugais massacrent leurs conducteurs et se sauvent. — Route pénible pour arriver à *Thavai*. — L'évêque traité avec égard. — Famine. — L'évêque s'embarque et arrive à Rangon. — Il passe ensuite à Pondichéry. — Persécution que les missionnaires éprouvent, en 1767, à Houdât, au sujet d'un prince siamois. — Famine horrible en 1769.— Les pagodes sont pillées par les païens.— Sécheresse. — *Phaja-Tàk*. — Comète extraordinaire. — Arrivée à Bangkok de monseigneur de Métellopolis, en 1772. — Il est bien reçu par le roi à qui il apporte des présents. — Caractère du roi. — Persécution contre les chrétiens à l'occasion de l'eau du serment. — Supplices de l'évêque, des missionnaires et des chrétiens. — Les missionnaires sont accusés par un de leurs domestiques. — On reconnaît la fausseté de cette accusation. — Les missionnaires sont mis en liberté moyennant caution. — Procession superstitieuse ordonnée par le roi. — Sa colère contre les chrétiens qui refusent d'y assister. — On l'apaise. — Malheureux soulagés par les missionnaires. — Le roi refuse la paie aux soldats chrétiens. — Il menace de chasser les missionnaires. — Le roi fait des reproches au barcalon qui l'avait excité contre les chrétiens. — Il fait donner la solde aux soldats chrétiens. — Nouvelle persécution contre les missionnaires. — Ils sont déportés. — Leur misère. — Mort de monseigneur de Métellopolis, en 1780. — Les missionnaires rentrent à Siam en 1782. — Le roi de Siam est atteint de folie. — Ses vexations contre ses sujets. — Révolte des Siamois contre lui. — Le roi se fait talapoin. — Le nouveau roi le fait dépouiller de ses habits de talapoin et le fait massacrer. — On pille le camp des chrétiens. — Monseigneur de Rhési meurt en 1785. — M. Garnault est nommé évêque de Métellopolis. — Persécution contre la famille d'un mandarin chrétien.— Le roi défend de porter des accusations contre les chrétiens. — Prise de *Jongsélang* par les Barmas, en 1809. M. Rabeau, missionnaire, est pris avec les chrétiens. — Il est maltraité. — Il s'embarque. — Révolte de l'équipage contre le capitaine. — M. Rabeau veut le défendre. — Il est jeté à la mer avec le capitaine. — Les coupables sont punis. — Les Anglais s'établissent à Pulopinang. — On y transporte le collége général des missions. — Monseigneur Garnault établit un collége à *Bangkok*. — Il bâtit une belle église dédiée à la Sainte-Vierge. — Sa mort, arrivée en 1811. — Monseigneur Florens est nommé évêque de Sozopolis. — Pendant vingt ans, la France n'envoie aucun missionnaire à Siam. — Arrivée de M. Pécot, en 1822. — Ses succès. — Sa mort. — M. Bruguière est sacré coadjuteur en 1829. — Il est nommé vicaire apostolique de la Corée, et part de Siam en 1831. — Arrivée de MM. Pallegoix et Deschavannes, en 1830. — M. Pallegoix s'établit à Juthia. — Succès qu'il obtient dans sa mission. — M. Deschavannes convertit un village *Lao*. — Sa mort. — Sacre de monseigneur Courvezy, en 1833. — Mort de monseigneur Florens, en 1834. — Cochinchinois prisonniers amenés à Siam. — Réparation des églises. — Mission parmi les Chinois. — Succès de cette mission. — M. Pallegoix est sacré évêque de Mallos, en 1838. — Division de la mission de Siam. — Monseigneur Courvezy, vicaire apostolique de la Malaisie. — Monseigneur Pallegoix, vicaire apostolique de Siam. — Monseigneur de Mallos envoie deux missionnaires à *Xieng-Mai*. — Ils sont obligés de revenir à *Bangkok*. — Le choléra à Siam, en 1849. — Exil de huit missionnaires. — Ils sont rappelés deux ans après. — Relation de l'audience solennelle accordée par le roi de Siam à monseigneur de Mallos et à ses missionnaires, en 1852. — Liste des évêques, vicaires apostoliques de Siam.

CHAPITRE VINGT-UNIÈME. 295

ÉTAT ACTUEL DE LA MISSION.

1. *Population chrétienne.*

Annamites prisonniers remis par le roi entre les mains des missionnaires pour les faire chrétiens.

2. *Personnel de la mission.*

3. *Chrétienté, églises, chapelles.*

Camp de l'Assomption. — Collége-séminaire. — Palais de l'évêque. — Camp du Calvaire. — Camp de Sainte-Croix. — Camp de la Conception. — Camp de Saint-François-Xavier. — Pagode abandonnée par les talapoins, détruite par les chrétiens et dont les matériaux doivent servir à bâtir une église. — Église bâtie à Juthia par le vicaire apostolique. — Église chrétienne à *Chanthabun*. — Description d'une chapelle de mission.

4. *Collége-séminaire.*

La mission de Siam a toujours eu un collége-séminaire. — Le collége-séminaire était autrefois un hangar. — Nouveau bâtiment du séminaire actuel. — Manque de ressources.

5. *Imprimerie.*

L'imprimerie inconnue à Siam avant 1835. — Avantages que la mission retire de l'imprimerie. — Impression des livres en caractères européens. — Impression des livres en caractères *Thai*.

6. *Religieuses, couvents.*

Les premières religieuses à Siam furent les Amantes de la Croix. — Extension de cet ordre dans les pays voisins. — Les religieuses actuelles s'appellent Servantes de la Mère de Dieu. — Leur costume. — Leurs occupations. — Services qu'elles rendent à la mission. — Elles préparent et administrent les médicaments.

7. *Écoles.*

Descriptions des salles d'écoles. — Comparaison entre les écoles des chrétiens et celles des talapoins. — Tous les enfants des chrétiens fréquentent les écoles.

8. *Catéchistes, catéchuménats, hôpitaux.*

Services que rendent les catéchistes à la mission. — Viatique

que la mission donne à chacun d'eux. — Catéchuménat pour les hommes. — Occupations des catéchumènes. — Catéchuménat pour les femmes. — Hôpitaux pour les vieux chinois païens. — Manière dont ils sont traités. — Presque tous se convertissent.

9. *Genre de vie des missionnaires.*

Habitations, costume et nourriture des missionnaires dans la capitale. — Boisson. — Cuisine. — Difficultés que l'on rencontre dans les voyages. — Moustiques. — Fourmis. — Dangers que l'on court. — Arrivée du missionnaire dans la chrétienté. — Réception qu'on lui fait. — Son séjour et ses occupations. — Départ de la chrétienté. — Les persécutions sont rares à Siam. — Il y a cinq ans le roi de Siam a exilé huit missionnaires. — Leur rentrée à Siam.

10. *Propagation de la foi à Siam.*

État florissant de la mission avant la ruine de Juthia. — Causes de sa décadence. — Ce sont surtout les Chinois qui se convertissent à la religion chrétienne. — Les conversions sont aujourd'hui plus nombreuses.

11. *Obstacles aux conversions.*

Les païens n'ont point d'aversion pour le christianisme ni d'attachement à leurs superstitions. — 1° Obstacle aux conversions, la polygamie. — 2° Éducation de la jeunesse dans les pagodes. — 3° Obstacle, craintes que les Européens inspirent aux Indiens par suite des envahissements des Anglais. — 4° Absence d'agent consulaire français à Siam.

12. *Protestantisme à Siam.*

Les ministres protestants s'occupent principalement de l'impression et de la distribution de la Bible traduite en siamois. — Le peu de succès qu'ils obtiennent.

13. *OEuvre de la Sainte-Enfance.*

L'œuvre de la Sainte-Enfance organisée à Siam depuis longtemps.— Ses heureux résultats. — Améliorations que l'évêque se propose d'introduire. — Achat des enfants païens pour être élevés et baptisés.

14. *Ressources de la mission.*

Les chrétiens, généralement pauvres, ne peuvent qu'entretenir les prêtres indigènes et fournir aux besoins du culte. — Les autres dépenses sont supportées par la Propagation de la Foi. — Insuffisance de ces allocations.

15. *Aperçu des besoins de la mission.*

Tableau des dépenses annuelles. — Autres dépenses qui ne sont pas consignées dans ce tableau.

16. *Diverses conditions des chrétiens.*

Les chrétiens employés au service du roi. — Solde annuelle. — Leurs occupations pendant le temps qu'ils ne sont pas tenus au service du roi.— Activité et industrie des Chinois.— Ils réussissent presque tous à s'amasser une petite fortune.— Occupations des femmes chrétiennes. — Introduction parmi les chrétiens de quelques branches d'industrie européenne. — Causes de la pauvreté des chrétiens à Siam : 1° la paresse naturelle à tous les indigènes; 2° le service du roi qui n'est pas régulier; 3° les emprunts usuraires.

17. *Liberté du culte catholique.*

Les chrétiens sont libres de pratiquer leur religion dans leurs camps. — Les terrains affectés aux églises sont exempts d'impôts. — Droit d'asile. — Il n'est pas permis aux païens de troubler les cérémonies des chrétiens. — Punition d'un mandarin.

18. *Persécution envers les nouveaux convertis.*

Les nouveaux convertis sont en butte aux attaques et bientôt aux insultes de leurs parents et amis.— Le chef païen les met aux fers. — Les Chinois qui se convertissent ne sont jamais tourmentés. — Les nouveaux convertis doivent se retirer dans le camp des chrétiens pour n'être pas inquiétés.

19. Défauts et qualités des chrétiens.

Quelques défauts des chrétiens. — Leur piété. — Assiduité aux offices. — Repos du dimanche. — Jeûnes. — Charité.

20. Cérémonies du culte religieux.

Les chrétiens de Siam aiment beaucoup les cérémonies religieuses. — Orchestre. — Instruments de musique. — Description de la solennité de la Fête-Dieu à Siam.

21. Manière de rendre la justice parmi les chrétiens.

Il s'élève souvent des différents pour des causes légères. — Le chef est juge dans des affaires de peu d'importance. — Dans les affaires graves ce sont les missionnaires et l'évêque qui sont les juges en dernier ressort. — Le roi et les grands reconnaissent ce droit de juridiction de l'évêque. — Chef chrétien puni pour n'avoir pas voulu se soumettre au jugement de l'évêque.

22. Enfants chrétiens, esclaves chez les païens.

Causes de l'esclavage des enfants chrétiens. — Mauvais traitements qu'ils subissent chez les païens. — Danger auquel ils sont exposés de perdre leur âme. — Insuffisance des ressources pour les racheter. — Établissements que le vicaire apostolique veut fonder pour les racheter sans beaucoup de dépenses. — Cette œuvre pourrait s'étendre aux enfants des païens.

RELATION DE L'AMBASSADE DE M. LE CHEVALIER DE CHAUMONT A LA COUR DU ROI DE SIAM.

Départ de Brest. — Arrivée à Siam. — Deux mandarins viennent à bord. — M. Constance envoie des provisions aux deux vaisseaux. — Monseigneur de Métellopolis va trouver l'ambassadeur de la part du roi. — Description du voyage de M. de Chaumont, de la barre de Siam à Juthia. — M. Constance est envoyé par le roi pour régler avec l'ambassadeur le cérémonial de l'audience. — Présents envoyés par Louis XIV.

— Toutes les différentes nations qui habitent Siam viennent saluer M. de Chaumont. — Description du cortége de l'ambassadeur se rendant à l'audience. — Entrée du cortége dans le palais. — Audience donnée par le roi à l'ambassadeur. — Harangue de M. de Chaumont. — Portrait du roi de Siam.— Description de la salle d'audience. — Le roi envoie des présents à l'ambassadeur et à sa suite. — Départ pour Louvô.— Les capitaines des deux vaisseaux reçoivent des présents. — Le roi demande M. de Lamarre, ingénieur, pour fortifier ses forteresses. — Audience de congé. — Départ de M. de Chaumont de Louvô.— Arrivée à Juthia. — L'ambassadeur envoie des présents à M. Constance. — Arrivée à Bangkok.— Départ pour la France.

NOTICE HISTORIQUE SUR M. CONSTANCE OU CONSTANTIN FALCON, PREMIER MINISTRE DU ROI DE SIAM.

Son origine. — Pauvreté de ses parents. — Il va en Angleterre à l'âge de dix ans. — Il s'engage au service de la Compagnie Anglaise. — Son arrivée à Siam. — Il fait le commerce à son compte. — Il éprouve trois naufrages. — Vision qu'il a. — Rencontre d'un ambassadeur siamois. — Il retourne à Siam. — Il est employé par le premier ministre. — Ses succès. — Commencement de sa faveur. — Sa maladie. — Il est instruit dans la religion chrétienne par un jésuite. — Il abjure le protestantisme. — Son mariage. — Le roi veut lui donner la place de barcalon. — Sa prospérité. — Il engage le roi de Siam à rechercher l'amitié de Louis XIV. — Ambassade de M. le Chevalier de Chaumont. — M. Constance engage le roi de Siam à embrasser la religion chrétienne. — Il envoie le père Tachard en Europe pour amener des jésuites. — Il persuade au roi de demander à Louis XIV des troupes françaises. — Tentative de révolte à Siam. — Elle est réprimée par l'énergie de M. Constance.— Arrivée à Siam de MM. de la Loubère et Ceberet avec les troupes françaises et les missionnaires. — Contestations entre ces ambassadeurs et M. Constance. — On livre *Bangkok* et *Merguy* aux Français. — Le roi envoie trois mandarins en France avec le père Tachard pour demander des gardes-du-corps. — Réussite de cette ambassade. — *Pitraxa* cherche à usurper la couronne. — Il se met à la tête des factieux. — Le roi tombe malade. — M. Constance s'entend avec M. Desfarges pour faire arrêter *Pitraxa*. — M. Desfarges reçoit à Juthia de fausses nouvelles et retourne à *Bangkok* avec ses troupes. — M. Constance refuse d'abandonner le roi pour se retirer au milieu des Français. — Le roi nomme sa fille héritière du royaume. — Il veut faire arrêter *Pitraxa* qui le prévient et s'empare du palais et de la personne du roi. — Il est abandonné de ses gardes et fait prisonnier. — *Pitraxa* se fait nommer régent du royaume. — Il fait enlever par ruse et transporter à Louvô le frère du roi. — Il envoie monseigneur de Rosalie dire à M. Desfarges de venir à Louvô — Tentative de six officiers français pour s'échapper de Louvô et gagner *Bangkok*. — Ils sont pris et mis en prison. — Tourments que l'on fait subir à M. Constance. — On lui enlève tous ses biens. — Madame Constance est mise à la question. — Elle est mise en prison dans une écurie. — Les jésuites la nourrissent. — Relation de la mort de M. Constance. — Persécutions contre son épouse.

FIN DE LA TABLE ANALYTIQUE.